此书献给 Ken

本书系国家社会科学基金（教育学）青年项目"粤港澳大湾区高等教育与社会互动机制研究"（编号：CIA190280）的阶段性研究成果

高校创新创业教育研究丛书

丛书主编◎黄兆信

美国高校全校性创业教育实证研究

Meiguo Gaoxiao Quanxiaoxing Chuangye Jiaoyu Shizheng Yanjiu

卓泽林 著

中国社会科学出版社

图书在版编目（CIP）数据

美国高校全校性创业教育实证研究/卓泽林著.—北京：中国社会科学出版社，2019.12
ISBN 978 – 7 – 5203 – 5468 – 4

Ⅰ.①美…　Ⅱ.①卓…　Ⅲ.①高等学校—创造教育—研究—美国
Ⅳ.①G649.712

中国版本图书馆 CIP 数据核字（2019）第 232578 号

出 版 人　赵剑英
责任编辑　王　曦
责任校对　孙洪波
责任印制　戴　宽

出　　　版　中国社会科学出版社
社　　　址　北京鼓楼西大街甲 158 号
邮　　　编　100720
网　　　址　http：//www.csspw.cn
发 行 部　010 – 84083685
门 市 部　010 – 84029450
经　　　销　新华书店及其他书店

印刷装订　北京君升印刷有限公司
版　　　次　2019 年 12 月第 1 版
印　　　次　2019 年 12 月第 1 次印刷

开　　　本　710×1000　1/16
印　　　张　19
插　　　页　2
字　　　数　293 千字
定　　　价　108.00 元

总　序

　　2002 年我曾经写过一篇短文"高等学校要向学生进行创业教育"，是基于我自 1999 年高等学校扩大招生以后大学毕业生就业困难而发出的倡议，想说明社会不仅要给大学毕业生提供就业的机会，大学也应该教育学生具备自己创业的意识和技能。2009 年我到温州参加他们学校创业教育的课题结题鉴定会，实地参观了他们的创业园，看到学生开的各种公司、创造的产品、经营的状况，感到非常兴奋。今年又一次访问温州，再一次来到他们的创业园，发现他们的创业园不仅规模扩大了，而且在理念上有了更新，从理论和实践上又上了一个台阶。创业教育学院黄兆信院长详细介绍了他们的研究成果和对创业教育的理念，回到北京，又在《新华文摘》上读到转载的黄老师的文章，更加感到他们学校对大学生的创业教育有很深入的研究。

　　用什么理念来对大学生进行创业教育？是简单地给学生讲授一些创业的知识，还是给学生提供创业的条件，让学生去尝试、体验，毕业以后能够自己创业？黄兆信教授认为，不是那么简单。他认为，"创业是自我实现与自我超越的行为"。因此，"大学教育的目的不仅是传授给学生必要的专业知识和专业技能，更重要的是使大学生更深刻地理解他们所掌握的知识和技能来改变这个世界去实现自我价值的同时为社会的发展作出贡献"。我非常同意他的观点，而且受到启发。创业教育不是大学附加的课程，而是大学本质应有之义。大学的本质是求真育人。求真就是追求科学的真理，创造新的知识和思维方式；育人就是培养具有服务国家服务人民的社会责任感、勇于探索的创新精神和善于解决问题的实践能力的人才。这样的人才就是创业的人才，他在创业中就能实现自我价值和不断地自我超越。

要培养这样的人才，大学教育要改变人才培养模式，深入教育教学改革。在传授知识和技能的过程中，重视创新思维、批判思维的培养。让学生认识到专业知识和技能的社会价值，认识到自身的价值。同时让学生去实践创业。学生创业园的建设就是很好的学生创业平台。学生在创业园中不仅学习到经营产品的技能，而且培养自我创新的意识和管理企业的能力。是一种全方位的体现。

黄兆信教授带领的团队通过十多年的研究和实践，总结了一套"高校创新创业教育研究"丛书。我虽然未能全部阅读洋洋数十万字的全书，但经过这次在温州与他的交谈，已经感受到他的创业教育的深刻思想和他对创业教育的情怀，因此欣然为他的丛书写这几句话。

序

近年来，创业教育研究风行一时。十几年前鲜为人知甚至几乎不被学术界提及的这个词，今天已成为一个热词。学术界对该研究领域的兴趣也越来越浓，似乎对它有一种偏爱。不仅如此，政府和高校层面的领导者也对它寄予很大的期望，可应该承认的是，尽管近年来有关创业教育的研究已经取得汗牛充栋的成果，但坦率地讲，这些研究成果和人们对这一领域的兴趣并不相称。正如有研究者所指出的：在关于创新创业教育的研究方面，尽管当前我国相关成果数量快速增长，但研究范式、研究方法都还需要进一步完善，这或许正好道出了有关创业教育研究数量与质量之间的悖论所在。

我国学术界对于创业教育研究的"热爱"与我国当前体制优势所凸显的"集中力量办大事"特性有必然的联系。可以说，近些年来驱动我国高校创业教育迅速发展、学术界创业教育研究数量迅速增长的最重要的外部力量就是国家层面的战略导向和各级地方政府、教育主管部门的重视和执行。不可否认，这种来自外部的动力极大地提升了创业教育在高校改革与发展中的地位与重要性。说到这种地位的提升必须提及2015年5月，国务院办公厅开始从国家发展战略的高度来推动创新创业教育，并且着重强调高校创新创业教育要面向全体学生，融入人才培养全过程，明确了新时代高校创新创业教育的价值定位。

2015年5月国务院办公厅印发《关于深化高等学校创新创业教育改革的实施意见》，从中央到省市区再到高校层面的各级各类机构，都以空前的热忱投入到高校创新创业教育改革中。近年来，以全校性创业教育为代表的学术研究成果和以清华大学为代表的"深化创新创业教育改革示范高校"所取得的创业教育实践改革成果,均充分彰显了我国高校创新创业教育改革开始进入创业教育面向全体学生的实质性阶段。2017 年 7 月 12 日,国务院常务会议通过的有关文件提出,要把"大众创业,万众创新"推向更大范围、更高层次、更深程度,再次强调了创新创业教育改革的方向和重点。与此同时,从"到 2020 年建成健全的创新创业教育体系"的目标来看,我国高校创新创业教育改革仍然面临诸多难题,亟须对当前的阶段性特征和改革难题做出新研判。

应当指出的是,长期被视为学习榜样的美国高校创业教育同样面临改革难题,如创业教育怎样走出长期依附于商学院或工程学院的困境而面向全体学生,创业教育在向全校范围拓展的同时如何处理好创业教育与专业教育之间的关系,非商学院的二级单位如何以主体身份进行全校性创业教育改革,诸如此类的问题一直困扰着高校领导者和管理者;也正因为如此,美国高校全校性创业教育在实践的推行过程中总面临着必然性与应然性的矛盾。换言之,尽管创业教育在美国高校已有数十年的历史,但在美国高校长达半个多世纪的发展历程中,创业教育主要还是由高校内部的商学院以及少数工程学院承担教学任务。可以说,21 世纪之前,更具体一点,即 2003 年以前,高校创业教育走出商学院的"全校性"现象仅是"冰山一角"。商学院教师在创业教育中发挥主导作用,由于其他学科教师缺乏创业基本知识和经验,同时在观念上认为创业教育仅仅是商学院教师的任务,因此,全校性创业教育的发展初期主要依托商学院和少数工程学院的教师为其他学科学生开设创业相关课程。

2003 年伊始,美国支持创业教育的最大社会独立智库考夫曼基金会(Kauffman Foundation)以考夫曼校园计划(Kauffman Campus Initiative)为名资助一批美国高校进行全校性创业教育的试验。该基金会在 2003 年至 2012 年共支持了全美 13 所高校开展全校性创业教育项目和活动,总资金投入达 2.5 亿美元,美国高校创业教育开始进入了一个新的发展阶段。全校性创业教育是覆盖全校学生、依托全校资源、致力于培养学生创业精神和创业能力的创业教育,其发展具备阶段性特征,发展至今,美国高校的全校性创业教育理念已经彰显主流之势,其全校性创业教育不仅在理念上着重强调把创业教育纳入大学发展愿景与规划,在实际操作过程中也强调创业师资队伍建设、创业课程体系构建以及发挥学校领导层在整个全校性创业教育改革过程中的决定性作用。可以说，美国高校全校性创业教育体系已经基本形成。

尤其当全校性创业教育理念与大学发展愿景相结合时，往往就会突破作为项目的全校性创业教育的时限性瓶颈，即在考夫曼基金会资助的期限内，高校可能会有一些固定的人力及资源投入，但一旦超过资助的期限，高校就会出现全校性创业教育"回潮"现象。全校性创业教育的"回潮"抑或说高校继续由商学院或工程学院主导开展创业教育教学与全校性创业教育的可持续发展形成了悖论，然而从美国高校全校性创业教育推行经验来看，突破这个悖论的关键在于赋予一个广义性的创业教育概念，广义的创业概念是相对创业等同于创办企业或营利性行为（profit making）的狭义定义而言的，即在创业教育的培养目标和宣传上，赋予创业教育更加多元的培养维度，着重强调创业教育除了具有创办企业、营利等经济维度外，还是有培养学生的创业性思维、创业技能、解决问题能力、风险承受能力、组织领导能力等文化、教育和知识维度。而这已经被美国诸多高校证明对于推动全校性创业教育可持续发展是至关重要的因素。通过赋予一个更具包容性的创业教育概念，尽可能多地让不同的学科、不同教师的专业知识都与创业教育有一定的挂钩，这是触动他们积极参与全校性创业教育项目的出发点。

这种广义的创业教育概念对于非商学院单位或教师在开展全校性创业教育过程中的效果更强，尤其是对人文社科领域的二级单位而言，通过拓展创业教育的定义可以让人文社会科学领域的教师和职工觉得他们仍然在从事自己专业知识场域的事项，毕竟对于高校教师而言，在教学、科研以及社会服务三大职能的具体事务的"围攻"之下，几乎不能或不愿意付出其他时间来从事与自己专业领域不相关的研究，尤其是当创业未被纳入大学教师晋升的评价体系时，如果创业仍然定义为仅仅等同于创办企业，那么即使教师对创业感兴趣，但是碍于职业发展，也会表现出力不从心。

卓泽林博士选择美国高校全校性创业教育作为研究对象，利用在美国高校从事访问研究的机会，实证考察了8所在创业教育领域富有代表性和突出特征的高校，对高校的校长、创业教育项目主任、一线创业教育教学教师等利益相关者进行深入访谈,在创业教育研究领域的研究方法和研究范式上突破了以往较多的以二手文献为基础的研究。应当指出的是,作者在专著中对研究方法的运用并非是简单的总结后便宣告结束,而是在文中详细说明了方法的运用过程,这在一定程度上说明作者已经掌握了研究的门径。此外,他还通过多种来源的材料进行相互引证,从而大幅提高研究成果的学术质量。

在国家大力推动"创新驱动"发展战略、构建高校创新创业教育体系的时代背景下,高等教育承担着改革的新使命,卓泽林博士对美国高校全校性创业教育研究的实证研究是有关创新创业教育研究的点睛之作。卓泽林博士曾在我的指导下完成了博士阶段的学习和研究工作,并与我一同完成了《创建创新创业型大学:来自美国商务部的报告》等译作。过去几年里,他在相应的领域也发表诸多研究成果,得到了学术界认可,这对于年轻的创新创业教育领域研究者而言是难能可贵的,我希望他能够在未来的学术研究道路上再接再厉,取得更加丰硕的成果。

赵中建
于上海纽约大学
2020 年 4 月

目　　录

绪论……………………………………………………………………… 1

    第一节　研究背景与缘起……………………………………………… 1

    第二节　核心概念解析………………………………………………… 9

    第三节　国内外相关研究综述………………………………………… 13

    第四节　研究方法与设计……………………………………………… 26

第一章　美国高校全校性创业教育的形成、产生原因与组织架构 … 45

    第一节　美国高校全校性创业教育的形成阶段 …………………… 45

    第二节　美国高校全校性创业教育产生原因的推拉因素

           分析 …………………………………………………………… 55

    第三节　美国高校全校性创业教育的典型组织架构 ……………… 78

第二章　美国高校全校性创业教育的现状……………………………… 103

    第一节　考夫曼院校的全校性创业教育实施进程扫描…………… 103

    第二节　后考夫曼阶段的美国高校全校性创业教育现状……… 127

    第三节　高校全校性创业教育可持续发展的原因分析………… 150

第三章　美国高校全校性创业教育的影响因素与挑战……………… 156

    第一节　高校全校性创业教育可持续发展的主要影响因素…… 156

    第二节　高校推行全校性创业教育面临的主要挑战………… 174

    第三节　小结……………………………………………………… 195

第四章 美国高校全校性创业教育的案例研究
　　——以雪城大学为例 ·· 198

　　第一节 雪城大学开展高校全校性创业教育的背景透析 ····· 198

　　第二节 创建综合性的全校性创业教育项目 Enitiative ········ 205

　　第三节 成立全美第一个全校性的伤残退伍军人创业训
　　　　　练营 ··· 207

　　第四节 探索全校性创业教育新范式：EVB 创新模型 ········ 216

　　第五节 成立全国伤残退伍军人创业训练营联合会 ·········· 219

第五章 美国高校全校性创业教育成效 ························· 222

　　第一节 全校性创业教育对高校本身的影响 ················ 224

　　第二节 全校性创业教育对本州及社区的影响 ·············· 230

　　第三节 全校性创业教育对师生的影响 ···················· 233

第六章 结语 ·· 240

　　第一节 美国高校全校性创业教育可持续发展的经验总结 ····· 240

　　第二节 构建面向全体学生的中国高校创业教育体系的
　　　　　思考 ··· 255

参考文献 ··· 273

致谢 ·· 290

绪　　论

第一节　研究背景与缘起

一　创新驱动——主动对接国家大众创业、万众创新战略

随着国内经济增速放缓，我国经济开始步入了新常态。"所谓'新常态'就是经济从高速增长转为中高速增长，从结构不合理向结构优化，从要素投入驱动转向创新驱动，从隐含风险转向面临多种挑战，以中高速、优结构、新动力、多挑战为主要特征的新常态，其核心是增长模式的转换"，① 其中"中高速增长、结构调整优化和创新驱动是新常态的三个基本特点"②。在新常态下，创新创业不仅承担稳定经济发展、带动产业升级的作用，更为我国创新驱动发展战略背景下长期坚持重大社会改革策略、为新常态时期经济发展注入了强大的动力。为此，在社会层面，政府大力支持大众创业、万众创新，在更大范围内激发和调动亿万群众的创新创业积极性，让创新创业从"小众"走向"大众"，让创新创业理念深入民心，在全社会形成大众创新创业的新浪潮，打造经济发展和社会进步的新引擎。③

在高校层面，我国教育行政部门与国务院先后出台多份政策文件鼓

---

① 冯之浚、方新：《适应新常态，强化新动力》，《科学学研究》2015 年第 1 期。

② 陈宪：《供给侧动力的"三驾马车"：技术进步、人力资本和企业家精神》，http://www.thepaper.cn/newsDetail_forward_1477059，2016 年 11 月 12 日。

③ 万钢：《以改革思维打造大众创业、万众创新的新引擎》，《光明日报》2015 年 3 月 26 日。

励高校构建良性循环的创新创业教育生态体系，例如，教育部先后颁发《教育部关于大力推进高等学校创新创业教育和大学生自主创业工作的意见》（2010）、《普通本科学校创业教育教学的基本要求（试行）》（2012）等政策文件，"这些政策文件既是高校创业教育从边缘性的创业实践与竞赛向人才培养方案融入的过程，也是针对少数学生的精英教育向分层分类的全校性创业教育理念转变的过程。"① 尤其随着2015年《关于深化高等学校创新创业教育改革的实施意见》和《关于加快构建大众创业万众创新支撑平台的指导意见》等一系列政策的出台，创新创业教育纳入人才培养全过程的理念日趋明显，面向全体学生开展创新创业教育的全校性创业教育理念逐渐形成，并且构成了我国高校未来发展议程的重要组成部分。

全校性创业教育（University – wide/cross Campus Entrepreneurship Education)② 着眼于创业教育的广泛性和普及性，是起始于商学院的高校创业教育发展到一定阶段的逻辑性结果，它在教学理念上超越以往针对少数人而开设的精英教育，也不再是仅仅面对商学院学生的商业性教育，换言之，全校性创业教育的内涵是全面培养学生创业精神和创业思维。然而，我国政府和教育行政部门在推动高校创新创业教育体系的建设过程中，也着重强调"面向全体学生""普及创新创业教育""融入人才培养体系"等基本准则。从这个层面上讲，全校性创业教育的教学理念与我国当前正在提倡的面向全体学生的创新创业教育体系建设理念不谋而合，在一定程度上也迎合了《教育部关于做好2016年全国普通高等学校毕业生就业创业工作的通知》中所提出的，从2016年起所有高校都要设置创新创业课程，对全体学生开设创新创业教育的必修课和选修课，并纳入学分管理③的普遍要求。也就是说，在大众创业、万众创新的战略背景下，我国高校创新创业体系的构建要求将创新创业教

---

① 梅伟惠：《我国高校创业教育组织模式：趋同成因与现实消解》，《教育发展研究》2016年第13期。

② 关于 University – Wide Entrepreneurship Education 的翻译，在国内，有学者翻译成"广谱式创业教育"，本书采用"全校性创业教育"这一译法。

③ 教育部：《教育部关于做好2016年全国普通高等学校毕业生就业创业工作的通知》，http：//www. moe. gov. cn/srcsite/A15/s3265/201512/t20151208_ 223786. html.

育融入人才培养全系统、全过程，要面向全体学生，牵动所有教师，进而带动整个社会的发展①。

全校性创业教育是当前美国高校就如何更有效地服务国家创新发展战略，如何积极增强国家竞争力和促进地区经济发展，主动对接国家创新创业的需求和工作岗位增长的诉求。它不但在微观层面满足不同学生群体的创业兴趣和热情，更是在宏观层面迎合国家和当地经济发展的需求。同样，我们必须站在国家实施创新驱动发展战略、促进经济提质增效的高度来充分认识高校全校性创业教育的重要现实价值，及高校全校性创业教育是促进创新型国家建设、创新型人才培养的重要途径。只有这样，我们才能把理论和实践探索相结合，进一步探索高校全校性创业教育的价值。

二 改革困惑——我国高等学校创新创业教育改革之需

在世界各国经济增长持续放缓和社会复杂问题层出不穷的背景下，创新创业是促进经济发展和有效解决社会问题的创新路径。"创新创业是包括中国在内的整个国际社会寻求经济健康和可持续发展的共同选择"②，这种国际共识推动了创新创业教育在高校取得了令人瞩目的地位。"高校不再仅是产生理论家、思想家的摇篮，更要培养出具有现代经营理念的优秀创业型人才"③，创新创业教育也不再局限于教会学生如何创办企业，同样重要的是，培养学生的创业思维、创业意识以及创业精神成为当前创业教育发展的主要理念，换言之，创业教育在培养功能上已经发生根本性的变化。正如领英（Linkedin）联合创始人雷德·霍夫曼（Hoffman，R.）所言："在这么一个工资停滞不前、创造性毁灭动摇整个工业以及全球就业竞争如此激烈的世界里，确保一份工作已经成为过去的事了，当谈到职业发展时我们只能依靠我们自己，面对这样的不确定性，走向成功的关键是要学会像企业家一样：灵活、自力更

---

① 阚阅、周谷平：《"一带一路"背景下的结构改革与创新创业人才培养》，《教育研究》2016 年第 10 期。
② 同上。
③ 陈树生：《创业教育应纳入高校课程》，《光明日报》2005 年 6 月 29 日。

生，具有创新性，学会构建人际网络以及在众人中脱颖而出。"① 可见，现在谈到的创业教育已经远远超越创业教育即创办企业的狭隘概念，培养学生创业型思维、创新精神成为新时期创业教育的主要方向。"我国高校开展创新创业教育，目的不是使每个学生都去创业，更重要的是培养学生的创业精神和创业能力"②。

2015 年 5 月 13 日，国务院办公厅印发的《关于深化高等学校创新创业教育改革的实施意见》（以下简称《意见》）制定了到 2020 年建立健全高校创新创业教育体系、普及创新创业教育的总体目标，与此同时，《意见》也进一步指出当前我国高校创新创业教育在取得积极进展的同时也存在着一些突出问题，主要包括：一些地方和高校重视不够，创新创业教育理念滞后，与专业教育结合不紧，与实践脱节；教师开展创新创业教育的意识和能力欠缺，教学方式方法单一，针对性、实效性不强；实践平台短缺，指导帮扶不到位，创新创业教育体系亟待健全。不仅如此，学术界对于我国高校是否应该，抑或有没有必要推行全校性创业教育这一问题也没有达成广泛共识，例如，2010 年就有学者发文③，从创业教育的本质、教育因材施教的视角以及对创业教育全面性和普适性的质疑三个方面论证了全面推进高校创业教育是不可取的。

然而，在美国，高校全校性创业教育理念已经成为主流，并且呈现快速发展之势。从美国支持创业教育发展的最大社会独立智库考夫曼基金会（Kauffman Foundation）分别于 2003 年和 2006 年推动的考夫曼校园计划（Kauffman Campus Initiatives）在全美 18 所院校推动下的全校性创业教育实践，到美国国会在 2007 年 8 月一致通过的《美国创造机会，以有意义地促进技术、教育和科学之卓越法》（因其英文缩写为 American COMPETECS Act，因此简称为《美国竞争法》），再到 2013 年，全美 142 所研究型大学校长自发联合签名上书美国商务部下属机构

---

① Hoffman, R., Casnocha, B., Griffith, K., *The Start-up of You: Adapt to the Future, Invest in Yourself, and Transform Your Career*. New York: Random House Audio, 2012.

② 刘宝存：《重在培养创新精神和创业能力》，《人民日报》2015 年 12 月 15 日。

③ 刘劲松：《创业教育似无需"全面推进"——兼与中南大学杨芳商榷》，《中国人才》2010 年第 11 期。

国家创新创业咨询委员会，提议在全美高校推动落实创新创业，捍卫国家全球领导力的地位，都说明美国社会对创新创业的重视。① "所有这些实践、报告、国家政策或立法文件都对美国高等教育的改革与发展及其对促进国家创新创业和培养竞争力人才提出要求和寄予厚望"②，而且政府和社会独立私人基金等外部机构在推动高校全校性创业教育上已经形成了合力。

　　美国高校和政府部门、外界组织在推行全校性创业教育上不但构建起共同合作伙伴关系，形成了校内校外的连通机制，还形成坚定的全校性创业教育理念，正如考夫曼基金会前主席卡尔·施拉姆（Carl J. Schramm）所言："假如 10 个美国人中仅仅有一个人准备创办自己的企业，那么我们难道不去帮助其他 9 个人为其未来的成功做好准备吗？"③ 因为尽管有些学生会在毕业后直接创业，但也存在着一大部分学生在毕业若干年之后再度创业的情况。这些"软""硬"条件不但打破了是否有必要推行全校性创业教育的疑问，而且为有效推动全校性创业教育发展提供了基础和保障。因此，系统研究和剖析美国高校全校性创业教育将对我国高校实行深化创新创业教育改革，开展"面向全体学生的创新创业教育"，确保到 2020 年形成健全的高校创新创业教育体系具有一定的借鉴价值。

三　学生发展——个人职业发展之需

　　美国社会是一个崇尚创业英雄的社会，创业者在美国具有很高的社会地位。从注册创业教育学生数量、正式成立创业中心、跨校商业竞争计划、新创业课程与项目和捐赠教席的增长中，均可以看出创业教育在

　　① U. S. Department of Commerce. The Innovative and Entrepreneurial University：Higher Education, innovation & Entrepreneurship in Focus. Washington DC：Office of Innovation and Entrepreneurship, Economic Development Administration, 2013.

　　② 参见赵中建《创新引领世界——美国创新和竞争力战略》，华东师范大学出版社 2007 年版。

　　③ ［美］杰弗里·迪蒙斯、小斯蒂芬·斯皮内利：《创业学》，周伟民、吕长春译，人民邮电出版社 2005 年版。

美国高校得到了显著的发展，① 而且创业教育研究者不断推陈出新，探索有效的创业教育实施方式，越来越多的非商学院学生对创业表现出很大的兴趣，他们都希望成为自己职业生涯的主宰者，这不仅仅是因为创业教育对推动经济发展的贡献，对学生而言，创业可以使他们从众多的学科（包括人文社会科学）思考如何将他们的教育转化为实用的理念，进而为社会变革和创造经济价值做贡献。② 已经有些文理教师（liberal arts faculty）把创业教育作为一种提高文科水平进而为学生提供另一种职业生涯渠道选择的方式。③

有研究表明，其他学科领域的学生也对创业教育产生了兴趣。④ 同时，参与创业教育的学生比例也在不断增加，例如，美国百森商学院、麻省理工学院、康奈尔大学、斯坦福大学、宾夕法尼亚大学接受创业教育的学生比例已经分别达到了 70%、15%、20%、15% 和 10%；⑤ 再以美国匹茨堡大学为例，每年超过 16000 位本科生和 8000 位研究生以及日益增长的匹茨堡社区学生试图通过自己的创意、创新来改变自己的命运和影响他们生活的世界。⑥ 从以上两个方面都可以看出，学生对创业教育学习的兴趣和激情不断膨胀，不管他们以后从事什么职业，越来越多的学生意识到使用企业家思维方式进行思考和解决问题是非常重要的。简而言之，美国人乐于将自己视为自由市场和创业激情的拥护者，而且一直比多数西方国家更欢迎创业家。对此，考夫曼基金会前主席卡

---

① Ewing Marion Kauffman Foundation. Entrepreneurship in American higher education. http：// www. kauffman. org/ ~/media/kauffman_ org/research% 20reports% 20and% 20covers/2008/07/entrep_ high_ ed_ report. pdf，2006：06.

② Mathew，M. M.，Gary，R.，Socially Oriented Student Entrepreneurship：A study of Student Change Agency in the Academic Capitalism Context. *Journal of Higher Education*，2012（83）.

③ West，G. P.，Gatewood，E. J.，Shaver，K. G.，*Handbook of University – wide Entrepreneurship Education*. Northampton，MA：Edward Elgar，2009：60 – 72.

④ Morris，N. M.，Kuratko，D. F.，Pryor，C. G.，Building Blocks for the Development of University – wide Entrepreneurship. *Entrepreneurship Research Journal*，2014（4）.

⑤ National Agency for Enterprise and Construction. Entrepreneurship Education at Universities—A Benchmark Study（2016 – 11 – 02）. http：//www. ebst. dk/file/3053/Enterpreneurship_ 2004. pdf，2004：17.

⑥ Giudice，M. D.，Peruta，M. D.，Garayannis，E. G.，*Student Entrepreneurship in the Social Knowledge Economy：Successful Cases and Management Practices*. Switzerland：Springer，2014：15.

尔·施拉姆把美国人对创业的热情形象地比喻为："对普通的美国人而言，创业就如同他们生活中的结婚生子一样普遍。"[1]

从国内情况看，首先，中国高校传媒联盟的抽样调查显示，大约有84%的在校大学生认为创业能够让自己收获更多，其中大约有66%的在校大学生产生过创业的念头。而所有接受调查的已经创业的在校大学生，在创业之前都认为自己将在创业经历中得到"收获"，[2]显然，这66%的学生并不都是商学院的学生，如果能够通过全校性创业教育对他们的创业念头进行巩固，并且让他们在接受全校性创业教育的专业基础上与创业实践相联系，将有助于提高他们创业成功的可能性。实际上，近年来我国大学生创业也已经取得积极的成效，其中自主创业的学生所占的比例显著提升，如2014届大学毕业生自主创业的比例为2.9%，高于2013届的2.3%、2012届的2.0%和2011届的1.6%，[3]而且自"2014年3月12日商事制度改革实施以来，全国平均每天新注册企业由改革前的6900户上升至1.04万户"[4]，同年，浙江省大学生创业比例已经突破了5%，远高于全国的平均水平[5]，我们应该利用全校性创业教育继续强化和巩固高校大学生创业群体的多样化。另外，随着国际与我国周边国家自由贸易体系的不断完善，也将释放出越来越多的就业与创业机会，这在一定程度上也将激发更多大学生加入创业生力军。

其次，全校性创业教育有助于推动不同群体的学生纵向流动。"教育是现代社会代际传承与流动的主要机制，它既是社会上层成员完成自身再生产的中间环节，也是社会底层成员实现社会流动的主要手段。"[6]

---

① Wasley, Paula, Entrepreneurship 101: Not Just for Business School Anymore. *The Chronicle of Higher Education*, 2008 - 06 - 20.

② 杨惠明、郑海鸿、施思：《当"创业"与学业狭路相逢》，《中国青年报》2015年12月21日。

③ 麦可思研究院：《自主创业持续上升，"重心下沉"趋势初显——2015年中国大学毕业生就业报告》，《光明日报》2015年7月17日。

④ 辜胜阻、曹冬梅、李睿：《创业创新引领新常态》，《中国金融》2015年第3期。

⑤ 郑继伟：《要为大学生搭建创新创业教育平台》，http://edu.people.com.cn/n1/2016/0315/c367001 - 28201726. html。

⑥ 唐俊超：《输在起跑线上——再议中国社会的教育不平等（1978—2008）》，《社会学研究》2015年第3期。

四十多年的改革开放，极大地改善了我国人民的生活水平，但收入分配制度、社会基本保障、城乡二元经济结构等社会问题依然存在，来自社会底层的大学生在职业生涯和发展路径上仍面临各方面的障碍。尤其是在一些就业率较低的领域，如法学、体育、教育等市场"冷门"专业，培养学生的创业精神和创业能力更显得极为紧迫，因为有研究指出，"就业率高的专业就业愿景较高，创业愿景不强但创业行为和途径不少；而就业率低的专业就业愿景较低，创业愿景高但创业方向不明确，创业成功率低"①。在这样的现实背景之下，推动全校性创业教育不是一句简单的口号，也不是在高校刮起一阵风，而是通过政府的一系列政策制度安排，让每个有创新创业愿望的学生都拥有自主创业的空间，让每个有梦想的人都拥有人生出彩的机会，让全校学生特别是来自社会底层的大学生有更多的上升渠道。

最后，全校性创业教育有利于满足人的最高需求。马斯洛需要层次理论将自我实现视为人的最高需求。越来越多的人需要通过创造来满足自我实现的需求，创业最终是关乎人的事情，关乎理解人们的需求、愿望以及潜力，关乎提升人们生活的质量，为人们提供更好的价值，使人们充分地享受生活的乐趣。② 全校性创业教育的根本目标就是使不同群体的学生，不管他们的专业背景如何，家庭背景如何，都有机会参与到创业教育学习过程中，经过创业教育的学习之后，创造出满足人生需求、实现人生价值的发展渠道，让自主发展的精神在全校当中蔚然成风，让学校的每个学生都保持不断追求卓越的积极心态和精神面貌。总之，"全校性创业教育的发展反映出随着创业教育影响力的增大和需求的增多，创业教育的传统理念发生改变，创业教育的供应不再限定在商学院或者管理学院，对创业感兴趣的任何专业学生都有机会获得创业教育"。③

---

① 刘鹏、陈鹏：《高校弱就业愿景学科创业教育体系的构建》，《江苏社会科学》2011年第12期。

② Ma, H., Tan, J., Key Components and Implications of Entrepreneurship: A 4P Framework. *Journal of Business Venturing*, 2006 (21).

③ 梅伟惠：《美国高校创业教育研究》，博士学位论文，浙江大学，2009年。

第二节　核心概念解析

一　考夫曼校园计划（Kauffman Campus Initiative）

尤因·玛瑞恩·考夫曼（Ewing Marion Kauffman）是一位通过制药产业发展的企业家和人道主义者，他于 1966 年在美国密苏里州的堪萨斯市成立了考夫曼基金会（Kauffman Foundation），其使命是帮助人们通过教育上的成就和创业成功来实现经济独立。如今，考夫曼基金会已成为全美最大的非营利性、专门支持创业教育、创业活动的社会独立智库，其总资产高达 20 亿美元。

2002 年考夫曼基金会聘请约翰·霍普金斯大学卫生政策和管理教授兼企业家卡尔·施拉姆（Carl Schramm）担任主席。2002 年之前，考夫曼基金会已经向麻省理工学院、斯坦福大学等高校拨款数百万美元，帮助它们进一步开发现有的创业教育项目，但是当时所资助的创业项目主要还是由商学院和工程学院负责。施拉姆成为考夫曼基金会主席之后，开始着手改变考夫曼基金会在支持创业项目时仅仅局限于商学院和工程学院的传统。创业教育应该走出商学院，因为施拉姆认为商学院似乎想很"随意"（casually）地处理创业教育的相关研究。而且施拉姆明确认为非商学院在研究创业上有一定的道德义务（moral duty），应该把创业研究划为自己的研究领域，并且学校也有一定的责任让其他非商学院的学生有机会学习创业，让他们掌握成为企业家的一些基本知识。为此，施拉姆在把创业教育移出商学院和工程学院的理念之下实行考夫曼校园计划。

2003 年 12 月，考夫曼基金会进行第一批考夫曼校园计划筛选时邀请了 32 所高校进行试验，因为没有前期的筛选标准可资借鉴，考夫曼基金会在首次的筛选过程中参考学校的校长对创业教育是否大力支持、学校是否与当地社区构建起相关的拓展项目和学术创业项目（课程）等方面的标准。换言之，参与第一批遴选的院校必须在全校做好充分的前期准备并且开始欣然接受全校性创业教育才有机会被选中。诚然，为了凸显参与院校的多样性，第一批成功获得考夫曼校园计划拨款的学校一共有 8 所（见表 0 - 1）。

表 0 - 1　　　　　　　考夫曼校园计划两批受资助院校名单

2003 年接受考夫曼校园计划院校	2006 年接受考夫曼校园计划院校
维克森大学	威斯康星大学麦迪逊分校
霍华德大学	
罗切斯特大学	雪城大学
佛罗里达国际大学	
伊利诺伊大学香槟分校	普渡大学
华盛顿大学圣路易斯分校	马里兰大学
得克萨斯大学埃尔帕索分校	
北卡罗来纳大学教堂山分校	亚利桑那州立大学

2006 年，考夫曼基金会开展了第二批的考夫曼校园计划。经过三年多的试验，第二批考夫曼校园计划筛选摒弃第一批遴选过程中着重强调各院校侧重于创业课程构建的倾向，其具体筛选标准主要基于以下六个方面：（1）高校是否使创业教育成为全校学生普遍和可获得的教育；（2）各高校校长的参与度；（3）高校全校性创业教育配套资金的能力；（4）高校是否形成一种创业模式为其他学院或者大学所学习；（5）推行创业路径的创新性；（6）高校推行全校性创业教育项目对转变校园文化和形成可持续创业精神的可能性。第二批考夫曼校园计划遴选出 10 所高校（亚利桑那州立大学、普渡大学、雪城大学、威斯康星大学麦迪逊分校、马里兰大学、鲍德温 - 华莱士学院、伍斯特学院、海勒姆学院、伊利湖学院和奥柏林学院），由于鲍德温 - 华莱士学院等五所文理学院是与伯顿·摩根基金会（Burton D. Morgan Foundation）共同资助，所以并不划入本书的研究对象。

必须提及的是，两批获得考夫曼校园计划的院校都必须对所获拨款进行资金配套。由于获得第一批拨款的院校缺乏这方面的经验，而且小规模的学校占据的比例较大，所以第一批学校的资金匹配基本都在2∶1左右；从第二批开始，接受资助的学校基本上都是大规模的公立研究型大学，它们的资金配套比例是 5∶1。考夫曼基金会总共投入了 4500 万美元，而接受全校性试验的学校从 2003 年至 2012 年结束时共配套了 1.48 亿美元。考夫曼校园计划于 2012 年停止。

在卡尔·施拉姆主席的引导下，考夫曼基金会实行了考夫曼校园计划，其主要目的是让每个学院的学生，无论他们的专业背景如何，都有机会接受可获得的创业教育，以此来培养学生的创业视角、创业精神和创业思维。但是在推行考夫曼校园计划的过程中并没有对创业教育进行统一的概念界定，也就是说每个学校都可以根据自身的情况对其进行划定，或许这也正是考夫曼基金会为各高校在推行全校性创业教育中留有自我发挥的余地。

二 全校性创业教育

全校性创业教育概念提出的一个前提条件是人们意识到商学院以外的学生也具有创办企业的创造理念，而且，创业本身就具有跨学科的性质，通过与商学院以外的其他学科相联系可以促使创业研究走向繁荣。所以，以全校为导向，把创业整合到制度基因中，嵌入到大学的文化和运作模式中，① 是全校性创业教育的理想方式。总之，大学推行全校性创业教育最本质的改变还是大学的创业文化。

全校性创业教育如何定义，学术界至今仍没有达成共识，它是否仅仅是从商学院所设置的创业教育延伸至其他学术领域所生成的概念，还是一个围绕创业主体的跨学科合作模式？它是否更关注向其他学科引入创业概念，抑或借助其他学科内容来提升对创业教育的理解？简言之，全校性创业，这个争议中的概念至今仍含混不清。

正如创业教育作为一种商业活动或一门学科，一直以来受到学术界的广泛批评，并一直为自身合法性地位苦苦挣扎着，② 探索整个大学范围内如何成功地推行全校性创业教育同样要继续处理创业教育的遗留问

---

① Morris, N. M., Kuratko, D. F., Pryor, C. G., Building Blocks for the Development of University – wide Entrepreneurship. *Entrepreneurship Research Journal*, 2014 (4).

② Katz, J., Fully Mature but not Fully Legitimate：A different Perspective on the State of Entrepreneurship Education. *Journal of Small Business Management*, 2008 (4).

题。王占仁①认为，国内高校之所以深入开展"广谱式"创新创业教育，主要是因为当前一些高校实施的创新创业教育，或片面注重教育的覆盖面，却忽略了创新创业教育与学科教育的紧密结合；或更多关注少数学生如何创办企业的单纯的创业性教育，却忘记了对多数学生的创业精神和创业意识的培养；或将创新创业教育拓展为塑造气质的教育，却忽略了少数学生在大学期间或毕业时就想创业的实际需求；或只关注在校大学生的创新创业教育，却缺乏对毕业后进行创业的毕业生进行持续教育、咨询、服务的重视与观照。"广谱式"创新创业教育就是要解决现存教育体系的不分阶段、不分层次所导致的目标不清、方向不明以及教育的性质、对象、途径、方法不正确的突出问题，推动高校创新创业教育迅速摆脱困境，实现拓展。②

从美国高校推行全校性创业教育的背景来看，考夫曼基金会是推动全校性创业教育的最主要力量，考夫曼基金会从 2003 年开始分为两期对美国雪城大学、马里兰大学等 13 所高校拨款，支持它们在全校范围内开展创业课程，使得任何研究领域的任何学生都可以得到创业培训，考夫曼基金会在美国高校推行考夫曼校园计划的初衷是鼓励全国大学生的创业思维，而不仅仅局限于创办企业的狭隘内涵。但是，随着创业资金的耗尽，考夫曼校园计划在有些高校逐步走向衰亡，有些高校的举措显得更为谨慎和零散，有些则缺乏明确的目标和策略定向，所面临的挑战有资金、人事等。总之，全校性创业教育面临的困难相当大。③

因此，当创业教育在全校范围的不同学科进行宣传时，在整个学校内部形成一个关于创业教育的统一定义是很有帮助的，"共同的概念基础可以提升不同学科之间的交流与合作，减少不同利益相关者的误解和困惑"。④ 所以，本书中的全校性创业教育的目标定位于为大学共同体中每一个成员培养创办企业的创业思维和行动力，对音乐、艺术、法

---

① 王占仁：《"广谱式"创新创业教育的体系架构与理论价值》，《教育研究》2015 年第 5 期。

② 同上。

③ Morris, N. M., Kuratko, D. F., Pryor, C. G., Building Blocks for the Development of University – wide entrepreneurship. *Entrepreneurship Research Journal*, 2014 (4).

④ Ibid..

律、公共政策、医学、医药、农业、工程学和社会学，创业思维和创业活动都非常重要。本书把全校性创业教育定义为，旨在面向全体学生，无论他们专业背景如何，家庭出身如何，都有机会参与到创业教育的学习中，创业教育也不仅仅是创办企业，同时也注重对学生的创业思维、创业精神和创业意识的培养。

第三节　国内外相关研究综述

一　国外高校全校性创业教育研究

（一）全校性创业教育的实施模式

在 2004 年，黛博拉·斯德特（Streeter，D. H.）和约翰·加奎特（Jaquette，J. P.）通过对美国 38 所高校创业教育的实施模式等因素进行统计分析后得出结论，认为，所调查的高校中有 79% 在推行全校性创业教育，其中有 21 所采用了"磁石模式"。具体而言，他们将高校创业教育的实施模式分为聚焦模式（focused）和全校性创业教育，并进一步把全校性创业教育分为以商学院为主导，向全校学生开放创业教育资源的磁石模式（magnet model）和由商学院以外的其他院系提供创业教育的辐射模式（radiant model），以及同时采用以上两种模式运作的混合模式（mixed model）。在此基础上，研究者从内涵定义、动机、课程和实践策略四个方面比较了磁石模式和辐射模式的异同。① 这一研究就研究方法和整体研究的广度和深度来讲可以说是学术界对美国高校全校性创业教育领域较早的思考和探索，因此该文也是后期学者探讨相关专题引用较多的文献。

在美国高校全校性创业教育深入发展之际，2014 年谢里·荷西金森（Hoskinson，S.）和唐纳德·库拉特科（Kuratko，D. F.）在《21世纪大学创业的创新路径》（*Innovative Pathways for University Entrepre-*

----

① Streeter, D. H., Jaquette, J. P., University – wide Entrepreneurship Education: Alternative Models and Current Trends. *Southern Rural Sociology*, 2004, 20（2）: 44 – 71.

neurship in the 21*th Century*）① 专著中也专列一章探讨了全校性创业教育的实施模式，作者从考夫曼基金会对全校性创业教育的资助背景出发，以康奈尔大学、罗切斯特大学、雪城大学为例，着重分析了全校性创业教育的辐射模式，并考察了全校性创业教育辐射模式的历史、"加速器"和挑战，最后还进一步分析了考夫曼校园计划的管理与组织、项目与活动以及经验与趋势三个方面的内容，为全校性创业教育的拓展总结了经验。

同年，卡茨等撰文再次探讨全校性创业教育的实施模式，他们认为当前高校推行全校性创业教育的模式主要包括聚焦型（单一学科）、合作型（多学科）、磁石型、辐射型和混合型。需要指出的是，除了探讨全校性创业教育的模式之外，作者在指出全校性创业教育的三大推动力的同时还比较研究了美国和欧洲全校性创业教育的发展进程，得出全校性创业教育在美国的可持续发展得益于私营基金会的参与和贡献，在欧洲的发展则是《奥斯陆议程》（*Oslo Agenda*）整体框架下的政策实施效果。②

与以上研究者着重从教学渠道上来探讨全校性创业教育的实施模式不同的是，学术界亦有不同的学者从不同的维度探讨了高校全校性创业教育的实施模式。例如，尼兰杰·帕蒂（Pati, N.）主张孵化器是全校性创业教育中跨学科合作的基础，是丰富创业人才培养路径的一种选择。③ 丹尼斯·莱德利（Ridley, D.）也认为，高校可通过跨学科创造力和创新中心的模式来培养学生的创业思维，研究者对中心的使命、组织结构、课程以及实践活动进行了探讨。④ 而对于具体的教学模式，罗伯特斯（Roberts, J.）提出，"模块"（modules）是将创业注入艺术和其他学科中的最佳方式，他还以具体的案例解析了模块化创业教育的教

---

① Hoskinson, S., Kuratko, D. F., *Innovative Pathways for University Entrepreneurship in the* 21*th Century*. Wagon Lane, Howard House: Emerald Group Publishing Limited, 2014.

② Katz, J., etc., Perspectives on the Development of Cross Campus Entrepreneurship Education. *Entrepreneurship Research Journal*, 2014, 4（1）: 13 - 44.

③ Pati, N., Focusing on University - wide Entrepreneurship and Using Incubators as Proving Grounds for Multidisciplinary Collaborations. *Decision Line*, 2013, October: 7 - 12.

④ Ridley, D., Developing an Entrepreneurial Mindset Across the University Curriculum: USASBE Conference 2015: Proceedings of United States Association of Small Business and Entrepreneurship, Tampa, January 22 - 25, 2015. Whitewater: USASBE, c2015.

学，最终在此基础上提出可通过前后验证的方式（pretest - posttest approach）来评价模块化创业教育的效果。①

威尔士（Welsh，D.）与他人合作设计了评估全校性创业教育中学生创业倾向的模型，该模型考察了学生在改变（change）、风险承担（risk taking）、目标设定（goal setting）、反馈（feedback）、成就（achievement）、责任（responsibility）、成功动机（success motivation）和意图（intentions）共 8 个方面的表现，而她的测试结果也为证实全校性创业教育项目对学生的影响提供了有利的证据，② 是全校性创业教育中较为完善的一类评估模型。

菲利普·里弗斯（Reeves，P.）等则以案例中全校性创业创新辅修专业的学生为对象，通过以下四个方面的评估来探究学生在创业学习中的变化：第一，人口统计数据问题（demographic questions），指的是学生在参与此项学习之前接触创业的机会，包括有关的个体和课程等；第二，创造性自我效能（creative self - efficacy）；第三，创业自我效能（entrepreneurial self - efficacy）；第四，创业技能（entrepreneurial skills），③该研究对评估全校性创业教育对学生的影响和作用提供了借鉴和参考。

（二）全校性创业教育的影响因素

在提交给考夫曼基金会的正式报告《培植全校性创业：考夫曼校园计划早期实施的经历》（*Seeding Entrepreneurship Across Campus：Early Implementation Experiences of Kauffman Campuses Initiative*）④ 中，劳拉·赫尔茜（Hulsey，L.）等对实施考夫曼校园计划的早期经验进行了全面的总结，报告共分为五章，第一章介绍了整个计划和报告的内容；第二章解析了创业计划的管理和结构，并解构了全校性创业教育的管理、人

---

① Roberts，J.，Infusing Entrepreneurship within Non - business Disciplines：Preparing Artists and others for Self - employment and Entrepreneurship. *A Journal of Entrepreneurship in the Arts*，2015，1（2）：53 - 63.

② Welsh，D.，Tullar，W.，A Model of Cross Campus Entrepreneurship and Assessment. *Entrepreneurship Research Journal*，2014，4（1）：95 - 115.

③ Reeves，P.，etc.，Assessment of a New University - wide Entrepreneurship and Innovation Minor：ASEE Annual Conference & Exposition 2014：proceedings of the American Society for Engineering Education，Indianapolis，June 15 - 18，2014. Washington DC：ASEE，2014.

④ Hulsey，L.，etc.，Seeding Entrepreneurship Across Campus：Early Implementation Experiences of Kauffman Campuses Initiative. Princeton：Mathematica Policy Research，Inc.，2006.

力以及资金的供给方式；第三章则论述了创业课程、活动以及与社区的
联系；第四章探讨了学校教师员工和学生对全校性创业活动的认识、参
与以及提升师生对全校性创业教育的认识和投入的策略；第五章剖析了
开发和维持全校性创业教育计划的重点，提出应当在校园内为项目建立
身份认同，在项目的实施和后期的发展中提供物质和人力资源。这一报
告对了解全校性创业教育的结构和可持续发展具有重要的参考价值。

凯利·沙维（Shaver，K.）则从高校推行全校性创业教育时处理不
同学科之间融合度来分析推行全校性创业教育的影响因素，作者以文理
学科创业联合会（Consortium for Entrepreneurship in the Liberal Arts）的
发展和考夫曼基金会致力于将创业注入文理学科的全校性计划为对象，
探究了全校性创业教育在文理学科中的现状，提出两者能够融合的原因
是在批判性思维、独立思维和思想交流上的知识共性；此外该研究者指
出，在文理学科中推行创业教育需要注意三个问题：第一，教师对创业
的认知；第二，组织管理的过程对创业提出的要求；第三，学生对创业
的认识和投入。[①] 无独有偶，盖里·贝克曼（Gary Beckman）则研究了
全校性创业教育扩展到艺术领域的过程，对艺术创业课程的结构和增长
等进行了深入分析，并主要从管理者和学生的角度探讨了推行全校性创
业教育所面临的教师的创业知识认知和学生参与创业时间短缺等方面的
挑战。在对案例展开实证研究的基础上，威尔士及其合作者提出，全校
性创业教育项目这类合作的灵活方法，是应对上述挑战的可行办法，能
够为艺术创业者带来益处。[②] 此研究也揭示了将全校性创业教育推广到
全校的积极影响和可能的方向。

与以上研究者从学科融合的视角切入不同的是，弗兰克·简森
（Janssen，F.）和苏菲·巴克（Bacq，S.）[③] 从学生的学习、目标以及

---

① Shaver, K., Reflections On A New Academic Path: Entrepreneurship in the Arts and sciences. *Peer Review*, 2005, spring: 21 – 23.

② Welsh, D., etc., Responding to the Needs and Challenges of Arts Entrepreneurs: An Exploratory Study of Arts Entrepreneurship in North Carolina Higher Education. *A Journal of Entrepreneurship in the Arts*, 2014, 3 (2): 21 – 37.

③ Janssen, F., Bacq, S., Cultural and Outcomes – related Issues in Implementing an Interdisciplinary Cross – campus Entrepreneurship Education Program. *Journal of Small Business and Entrepreneurship*, 2010, 23: 733 – 746.

具体的教学方法上来探讨影响高校全校性创业教育的影响因素。他们提出了实施全校性创业教育项目过程中的两类问题：第一类是与文化有关的问题，分别表现为大学教育缺乏创业文化和对创业的兴趣、创业仍然被一些教授认为是非学术性科目、现有学术环境仍然非常不利于跨学科项目的推广；第二类是与成果有关的问题，具体体现在大学教育的延迟效应（delayed effects）迫使学生重视创办企业及选择偏见（selection bias），即学生因为雇主看重创业在其履历中的作用而选择了创业教育项目是另一个潜在的影响因素。

宝拉·维斯里（Wasley，P.）从创业教育的基础课程入手，在全校性创业教育逐渐壮大的情况下思考了其中存在的教学、价值取向和受到的阻力等问题。[1] 该研究者以多数美国高校设置的全校性创业基础课程为依托，从一个宏观的视角去思考了很多微观的问题。

斯德特（Streeter，D. H.）及其合作者则从大学排行榜入手，以四家杂志社对美国高校创业的排名为数据来源，研究了排名对创业教育发展的影响，质疑四家杂志社排名的信息覆盖面和完整性，并认为这样的排名向社会传递了错误的信号——全校性创业教育的首要目标是创办企业，进而提出要构建更好的信息系统，改变信息系统的信息量、管理和技术。[2] 这一研究的视角反映了学术界就各类大学排名对高等教育发展的影响进行的"冷思考"。

科克·哈利奥特（Heriot，K.）和里奥·辛普森（Simpson，L.）以一所大学的综合性新式创业项目为例（该项目涉及 150 个活跃的创业辅修专业和 1 个全新的创业专业），剖析了创建和维持全校性创业教育项目的五个核心议题：教学内容、教学原因、教学方式、评价及领导支持，为其余高校开设类似项目提供了参考。[3] 马克·韦弗（Weaver，M.）等的研究关注三所不同的高校在全校范围内构建跨学科创业项目

① Wasley, P., Entrepreneurship 101: Not Just for Business School Anymore. *The Chronicle of Higher Education*, 2008 – 06 – 20.

② Streeter, D. H., etc., University – wide Trends in Entrepreneurship Education and the Rankings: A Dilemma. *Journal of Entrepreneurship Education*, 2011, 14: 75 – 92.

③ Heriot, K., Simpson, L., Establishing A Campus – wide Entrepreneurial Program in Five Years: A case study. *Journal of Entrepreneurship Education*, 2007, 10: 25 – 41.

的机制，以及在跨学科合作中如何维护单个学科的身份（disciplinary identity）。①

玛德哈文·帕沙萨瓦西（Parthasarathy，M.）等以美国科罗拉多大学（The University of Colorado）开设的生物创新和创业方向的项目为例，全面而深入地探讨了这一项目的运作方式和成功经验，并对创业和生物创业中的"传统"（traditional）和"非传统"（non - traditional）方式以及创业和生物创业教育中的"特殊"（specialized）和"普遍"（generalized）方式的利弊进行了比较分析，② 该研究队伍的后续研究从管理、收费和成就等方面审视了全校性创业教育的发展现状和成功经验。③ 霍华德·范·奥肯（Auken，H. V.）等的个案研究则将侧重点放在了创业教育与已有课程的整合上，从概念开发、行动组织和计划实施三个方面探讨了具体的融合过程。④

布鲁斯·金玛（Kingma，B.）等以雪城大学为例，根据该校推行全校性创业教育的经验，分析了全校性创业教育的理念内涵、结构和功能、课程和教学项目等问题，全面而详尽地解析了全校性创业教育的发展，并对其在全美国高校中被奉为圭臬的伤残退伍军人创业项目进行了详细的解读。⑤

（三）全校性创业教育的基本理论研究

2005 年，唐纳德·库拉特科（Kuratko，D. F.）在美国创业教育领域的核心期刊《创业理论与实践》（*Entrepreneurship Theory and Practice*）

---

① Weaver，M.，etc.，Promoting Entrepreneurship Across the University：The Experiences of Three Diverse Academic Institutions. *Journal of Small Business and Entrepreneurship*，2010，23：797 – 806.

② Parthasarathy，M.，etc.，The University of Colorado Certificate Program in Bioinnovation and Entrepreneurship：An interdisciplinary，cross – campus model. *Journal of Commercial Biotechnology*，2012，18：70 – 78.

③ Parthasarathy，M.，etc.，The University of Colorado Certificate Program in Bioinnovation and Entrepreneurship：An update and current status. *Journal of Commercial Biotechnology*，2015，21（2）：69 – 75.

④ Auken，H. V.，etc.，Entrepreneurship Across the Campus：experience at Iowa State University：USASBE Conference 2008：proceedings of United States Association of Small Business and Entrepreneurship，San Antonio，January 10 – 13，2008. Whitewater：USASBE，c2008.

⑤ Kingma，B.，*Academic Entrepreneurship and Community Engagement—Scholarship in Action and the Syracuse Miracle*. Northampton：Edward Elgar，2011.

上刊发了对于 21 世纪创业教育发展趋势和挑战的研究成果。在梳理创业教育发展历史和现状的基础上，他提出创业教育面临的第一个挑战是成熟性和合法性问题，主张全校性创业教育已经部分合法，但远未达到成熟。① 基于对创业教师获得终身教职的数量、创业研究者是否升任学院院长以及商学院在创业期刊的排名等方面的质疑，库拉特科和卡茨在全校性创业教育的成熟性上持相反意见。但是学术的发展和全校性创业教育的未来就需要这样的批判和质疑。

　　在 2008 年，卡茨又在另一份创业教育核心刊物上发文回应了库拉特科。卡茨借用格里高利·戴斯（Dess，G. G.）等②的研究方法，提出从产品设计的低需要、市场增长的高水平，以及生态位（niches/segments）的大数量三个方面去分析创业教育的发展，继续坚持自己对创业教育已经成熟的看法；但是在合法性问题上，卡茨参考了霍华德·阿尔德里奇（Aldrich，H. E.）和玛丽恩·菲奥尔（Fiol，M. C.）③对合法性的定义，提出创业教育的合法性可根据强度由高到低，分为管理合法性（regulatory legitimacy）、道德合法性（moral legitimacy）和认知合法性（cognitive legitimacy），并在综合考察这三个维度的合法性之后提出创业教育只实现了部分合法——在这一点上与库拉特科达成一致。④两人在创业教育成熟性与合法性上的争论对于全校性创业教育的理论建设和实践推广具有重要的意义，是反思全校性创业教育的已有成绩和未来发展规划的重要理论支撑。

　　同样属于全校性创业教育基本理论命题的探讨，约翰·苏博（Soper，J. C.）等以不同学院合作开设跨学科创业辅修专业为例，辨析了全校性创业教育中"全校"（cross – campus）和"全学科"（cross –

　　① Kuratko, D. F., The Emergence of Entrepreneurship Education：Developments, Trends and Challenges. *Entrepreneurship Theory and Practice*, 2005, 9：577 – 597.

　　② Dess, G. G., Lumpkin, G. T., Eisner, A., *Strategic Management：Creating Competitive Advantage* 3rd edition. Boston：McGraw Hill, 2006.

　　③ Aldrich, H. E., Fiol, M. C., Fools Rush in？ The Institutional Context of Industry Creation. *Academy of Management Review*, 1994, 19（4）：645 – 670.

　　④ Katz, Jerome, Fully Mature but Not Fully Legitimate：A Different Perspective on the State of Entrepreneurship. *Journal of Small Business Management*, 2008, 46（4）：550 – 566.

disciplinary) 两个概念的内涵和实践意义。① 这样的研究对于将创业教育从商学院或工程学院推广到传统的人文和社会科学学院中具有一定的启发意义。萨德斯·麦克艾文（McEwen, T.）和博义耳·麦克艾文（McEwen, B.）探讨了将创业教育整合到通识教育（general education）课程中的基本原理：（1）创业是一项生活技能；（2）创业竞争力和通识教育竞争力相似；（3）年轻人渴望创业教育；（4）全球经济需要创业教育；（5）为创业做好准备对所有大学生来说都很重要；（6）创业的内涵不只是商业；（7）创业教育为整合学习（integrative learning）和高度迁移的技能提供了最佳的学习机会，② 以通识教育为载体推行创业教育，无疑是实现创业教育"面向全体学生"的一个好选择。

有必要指出的是，2009 年帕赫·韦斯特（West Ⅲ, G. P.）等主编的论文集《全校性创业教育手册》（*Handbook of University - wide Entrepreneurship Education*），共收录了 16 篇文章，其中前言部分探究了全校性创业教育的合法性，其余三个部分则从哲学与理论、规划与实施、跨界合作与具体实践三个方面来阐述全校性创业教育的发展现状和面临的问题。③ 这部论文集对全校性创业教育的发展发挥了承前启后的作用。阿德碧逸·阿博赛德（Abosede, A. J.）与其合作者将创业和知识主义（intellectualism）相结合，运用新古典主义经济学、奥地利学派在信息不对称方面的观点、知识产权与知识溢出理论（knowledge spillover theory）等知识，探究了知识创业（intellectual entrepreneurship），即在不同学科和校内外的知识分子之间建立起综合的关系，进而推动学科之间、学院和公私部门之间的无缝衔接的重要性，提出排在第一位的就是知识创业为维持全校性创业教育的发展提供了一个坚实的哲学基础。④

---

① Soper, J. C., etc., What is the Meaning of "Cross - campus" or "Cross - disciplinary" Entrepreneurship Program? Allied Academies International Conference 2010: proceedings of the Academy of Entrepreneurship, New Orleans, April 14 - 16, 2010. Cullowhee: DreamCatchers Group, LLC, c2010.

② McEwen, T., McEwen, B., Integrating Entrepreneurial Learning into the General Education Curriculum. *Business Journal for Entrepreneurs*, 2010, 4: 63 - 80.

③ West Ⅲ, G. P., Gatewood, E. J., Shaver, K. G., *Handbook of University - wide Entrepreneurship Education*. Northampton MA: Edward Elgar, 2009.

④ Abosede, A. J., Onakoya, A. B., Intellectual Entrepreneurship: Theories, Purpose and Challenges. *International Journal of Business Administration*, 2013, 4 (5): 30 - 37.

克里斯托弗·温克勒（Winkler，C.）主张将创业教育视为一个动态过程，认为可以运用社会认知理论，从环境、行为和个人三个维度来理解和研究全校性创业教育，进而提出行动研究来联系创业教育研究中的理论和创业教育实践中的操作。① 科林·本杰明（Benjamin，C.）等运用管理学中的质量功能部署（quality function deployment）理论，整合了全校性创业教育项目开发过程中所有利益相关者（管理者、教师、学生和社区）的投入，② 为规划和实施全校性创业教育项目提供了新的视角。

约瑟夫·罗伯特斯（Roberts，J. S.）等提出，在全校性创业教育发展的过程中，因为非商学院的学科所追求的创业的本质和结果不同于传统的创业，进而从商业化创业中分化出了一个新的领域：社会创业（social entrepreneurship）。③ 上述理论研究分别从全校性创业教育的本质、过程和发展切入，运用多样化的方法来探究支撑其发展的理论基础，相对较为成熟。

克罗索·萨（Sá，C. M.）和安德鲁·克雷茨（Kretz，A. J.）则探讨了全校性创业教育在艺术创业、文理学科和社会创业领域的发展成果和遭受的阻力，在充分肯定全校性创业教育在北美洲的发展势头的情况下，强调应当思考很多容易被忽视的问题，例如教师和学院院长对全校性创业教育项目的质疑和反对。④

迈克尔·莫里斯（Morris，N. M.）等将全校性创业教育的内涵解读为具有转型功能的、多维度的力量，这一力量不仅提升了大学的创新特性，还增强了大学的风险承担能力和积极性；创业在校园内的体现形式包括技术商业化计划、跨学科研究项目和全校性商业计划竞赛等共

---

① Winkler, C., Toward a Dynamic Understanding of Entrepreneurship Education Research across the Campus – Social Recognition and Action Research. *Entrepreneurship Research Journal*, 2014, 4（1）：69 – 93.

② Benjamin, C., etc., A QFD Framework for Developing Campus – wide Entrepreneurship Programs. *International Journal of Business Strategy*, 2007, 7（3）：25 – 43.

③ Roberts, J. S., etc., The Challenges of Infusing Entrepreneurship within Non – business Disciplines and Measuring Outcomes. *Entrepreneurship Research Journal*, 2014, 4（1）：1 – 12.

④ Sá, C. M., Kretz, A. J., *The Entrepreneurship Movement and the University*. New York：Palgrave MacMillan, 2015：83 – 87.

18 种；全校性创业教育的治理结构可以分为独立的大学创业办公室和单独的创业中心；全校性创业包含了五个方面的内容：跨学科研究、课程与学位项目、课外活动、社区参与和大学运作；而一个成功的全校性创业模型包含了以下元素：学术带头人（academic champion）、一致性定义、明确的目的、治理结构、支持性基础设施、课程模式、课外活动、资源模式、奖励、积极的宣传、预期的成果、评价标准。[①] 这一研究总结了全校性创业教育发展的理念、结构和模式，对已有的发展起到了很好的归纳作用，并有助于未来研究的深化。

戴安娜·威尔士（Welsh，D.）的专著《创造性跨学科创业：全校性项目的一种实践指南》，共分为 7 章，第一章关注全校性创业教育存在的意义和作用；第二章构建创业型大学的策略和方法；第三章对跨学科课程的理念、设计和实施方式等进行了全面的分析；第四章的重点是课外的互动模式和资源；第五章主要探讨了创业学习的保障和认证问题，并同时探究了创业教师的培训和创业者成就的评价问题；第六章以北卡罗来纳大学格林斯波洛分校为例，剖析了该校全校性创业教育的具体实施；第七章为结论，重点分析了全校性创业教育面临的挑战和发展机会。[②]

二 国内高校全校性创业教育研究

（一）全校性创业教育的实施模式与影响因素

关于全校性创业教育的实施模式，梅伟惠的研究具有较强的代表性。她结合百森商学院、康奈尔大学探讨了全校性创业教育的磁石模式和辐射模式的运作原理和区别，进一步指出，美国全校性创业教育主要由政策制定者实现经济发展的需要、高校实现改革和发展的需要、学生创业热情的高涨、商业界人士对创业教育兴趣的不断增加以及校友试图改革母校教育项目五个原因促成。[③] 左文敬也结合案例研究的形式来分

[①] Morris，N. M.，etc.，Building Blocks for the Development of University – wide Entrepreneurship. *Entrepreneurship Research Journal*，2014，4（1）：45 – 68.

[②] Welsh，D.，*Creative Cross – Disciplinary Entrepreneurship：A Practical Guide for a Campus – Wide Program*. New York：Palgrave MacMillan，2014.

[③] 梅伟惠：《美国高校创业教育研究》，博士学位论文，浙江大学，2009 年。

析美国全校性创业教育的辐射模式和磁石模式，且根据大学设置创业教育中心的数量进一步把磁石模式区分为单一磁石模式和多重磁石模式。①

　　王占仁则遵循分层次、分阶段、分群体进行创业教育的逻辑，构建了"广谱式"创业教育（即全校性创业教育）范式，提出应当针对全体学生开展"通识型"的创业启蒙教育，针对各个学科专业的学生开展"嵌入型"创业整合教育，针对"有明确创业愿望的学生"开展"专业型"创业管理教育，针对"初创企业者"开展"职业型"创业继续教育。② 在大规模实证研究的基础上，立足于我国高校的实际情况，提出了操作性较强的全校性创业教育范式。此外，针对创业教育的教学实践，王占仁还探究了案例教学法应用于"广谱式"创业教育的适切性，提出要关注案例选材、教师角色和适用性三个关键问题，并给出了解决这些问题的方案和对策。③ 张等菊则主张将"广谱式"创业教育分为通识教育段、嵌入演练段、专业渗透段、职业实践段四个阶段，通过相互衔接的分段和具体的步骤来促进创业和教学的深度融合，使创业教育的课程和管理策略发挥应有的功能和价值。④ 张等菊和王占仁的观点存在共通之处，但两者对全校性创业教育的划分存在细微的差别，前者倾向于将创业教育分为前后连接的四个阶段，而后者趋向于将学生按照层次和特点来划分，并强调分专业推行全校性创业教育所构建的体系更为复杂。杨晓慧等开展了对"广谱式"创业课程体系的研究，在整合多种课程设计取向的基础上确定课程体系的构成模块，并从课程目标、形式、教学方式和教学评价等方面设计了具有操作性的课程实施方案，为我国高校创业教育的转型和升级提供了可供参考的范例。⑤

　　沈陆娟从创业教育的理念和目标、创业教育的实践路径、外部合作伙伴构建等方面比较分析了约翰逊县社区学院、北爱荷华州社区学院和

---

① 左文敬：《中美高校"全校性"创业教育组织模式的比较研究》，硕士学位论文，东北师范大学，2013 年。

② 王占仁：《"广谱式"创新创业教育概论》，人民出版社 2016 年版。

③ 王占仁：《案例教学法与"广谱式"创业教育》，《教育发展研究》2013 年第 9 期。

④ 张等菊：《"广谱式"创新创业教育的意蕴、策略及路径研究》，《高教探索》2016 年第 10 期。

⑤ 杨晓慧等：《大学生就业创业教育研究》，经济科学出版社 2015 年版。

斯普林普尔德技术社区学院三所典型社区学院在推行全校性创业教育的模式、策略和特色，并提出对我国推行高职院校创业教育的借鉴意义。① 臧玲玲在国际比较的视野下考察了欧美等发达国家推行全校性创业教育的经验，提出这些国家主要通过普及创业课程、多途径培养创业教师、实施多样化的组织管理模式和建立创业型大学等方式来推动全校性创业教育的发展，进而提出我国高校要突破观念枷锁、创新体制机制、复制推广成功经验。②

（二）全校性创业教育的基本理论研究

梅伟惠指出，全校性创业教育是覆盖全校学生，依托全校资源，以培养学生创业精神和创业能力为目标的创业教育，其发展具有阶段性特征；其阶段性特征表现为初级阶段以数量增长为特征，中级阶段以组织转型为特征，高级阶段以理念提升为特征。③

王占仁则认为"广谱式"创业教育的核心理念是"面向全体学生""结合专业教育""融入人才培养全过程"；基本目标是在面向全体学生推行创业教育的同时，根据学科和学生的差异性对创业教育进行区分；理论价值是实现创业教育的转化，理顺创业教育与就业教育的关系，贯通创业教育与素质教育的本质、特征和目标。④ 此外，王占仁还从历史、方法、评价、学科发展和趋势等方面论述了全校性创业教育的发展。⑤

三　国内外高校全校性创业教育研究综述的评析

（一）国内外已有研究在数量上的特点

通过对比总体数量，发现国内外的研究差异并不大，各种类型的研

---

①　沈陆娟：《美国社区学院全校性创业教育策略评析》，《比较教育研究》2014 年第 2 期。

②　臧玲玲：《推进全校性创业教育的国际经验及启示》，《创新与创业教育》2015 年第 5 期。

③　梅伟惠：《创业人才培养新视域：全校性创业教育理论与实践》，《教育研究》2012 年第 6 期。

④　王占仁：《"广谱式"创新创业教育的体系架构与理论价值》，《教育研究》2015 年第 5 期。

⑤　王占仁：《"广谱式"创新创业教育概论》，人民出版社 2016 年版。

究都有分布，但一方面国外文献的检索结果中有 4 份会议记录和 1 份研究报告，而国内却没有相同类型的研究结果，这在一定程度上说明，相关的学术活动和专题研讨会在国内还存在较大的空白；另一方面，国内文献的检索结果中有 3 篇学位论文，美国尚未有以全校性创业教育为主题的学位论文，虽然这些学位论文在选题上都与全校性创业教育有着不同程度的联系，但是以其中联系最为紧密的题为《中美高校"全校性"创业教育组织模式的比较研究》学位论文为例，其研究的重点只在于全校性创业教育的组织模式，并且只是在文献研究的基础上进行了中美全校性创业教育实践模式和影响因素的对比，缺乏对全校性创业教育的全面考察和实证研究。

（二）国内外已有研究在方法上的差异

相比之下，国外有关全校性创业教育的研究在方法上较为多样。国外的研究中有根据典型案例所进行的质性研究，也有依据美国多所高校的数据所进行的量化研究，以及综合运用质性和量化方法的混合研究，而国内的研究更多采用文献研究法，理论和实际脱节的问题亟待解决。此外，国内研究中缺乏以典型案例剖析全校性创业教育发展的成果，已有的成果也只是对国外高校的典型做法进行引介，缺乏实证的研究，同时这种现象也从某种意义上揭示了我国全校性创业教育发展的现状，即在政府选择的 9 所试点高校以外，鲜有高校在这一领域取得重要的突破和成就。

（三）国内外研究整体质量的对比

国内研究的整体质量有待进一步提高，高水平的研究主要集中于少数研究者。总体研究在数量和质量上分布于不同层次，亟须不同的观点和研究来丰富创业教育的理论和实践。而笔者对比国内外的研究后发现，无论是全校性创业教育的模式和影响因素的研究，还是基本理论的研究，以简单的介绍和分析进行全校性创业教育的研究在国内占据较大的比重。

李康杰等就对考夫曼校园计划有过简单的介绍和分析，但是，学界对考夫曼校园计划所推动的美国高校全校性创业教育的实施情况如何，是否取得可持续的全校性创业教育文化，尤其是 2012 年考夫曼校园计划结束以来，受资助院校是否存在可持续的全校性创业教育文化等问题都缺乏探讨和追踪。因此，本书以考夫曼校园计划推动的全校性创业教育为背景，主要探讨美国高校的全校性创业教育研究，因为考夫曼基金会在推行考夫曼校园计划后更多的是一种对资助院校不干预的态度。更为重要的是，已有对全校性创业教育的研究基本都是通过文献研究方法的形式分析得出，而本书则在质性访谈法的基础上，通过考察考夫曼院校[1]全校性创业教育推行的质性研究，相比以往研究，在研究方法上也有新的突破。

第四节　研究方法与设计

美国作为创业教育的诞生地，其对创业教育研究的文献在过去三十年以来已经汗牛充栋，国内学者对此也进行了多方面的探讨。然而，关于美国高校全校性创业教育的研究，无论是国内还是国外，无论是管理学领域还是教育领域，均显得不够全面与深入。有学者就指出，"在关于创新创业教育的研究方面，尽管当前我国相关成果数量快速增长，但研究范式、研究方法都还需要进一步完善"。[2] 尤其是美国考夫曼校园计划 2012 年结束以来，对于该计划在受资助院校推行的全校性创业教育具体情况如何，是否达成考夫曼基金会如期的愿景，除了考夫曼基金会获得资助院校的相关报告之外，没有学者对其系统地研究过，这种状况表明，当下对美国全校性创业教育的研究，在理论探讨上的挖掘欠深入。对此，本书以考夫曼基金会在 2003 年和 2006 年实行的两期支持全校性创业教育的计划为背景，剖析美国高校全校性创业教育的实施情况及后期的发展现状，并在此基础上考察全校性创业教师是如何改变美国大学文化的，最后以美国私立研究型大学（雪城大学）为案例进一步深入分析，探讨其推行全校性创业教育的具体举措。

一　整体研究问题与内容

考夫曼校园计划推动下的美国高校全校性创业教育是创业教育未来

---

[1]　实施考夫曼校园计划，接受考夫曼基金会资助的美国高校。以下用此名称。
[2]　梅伟惠、孟莹：《中国高校创新创业教育：政府、高校和社会角色定位与行动策略》，《高等教育研究》2016 年第 8 期。

发展的趋势，而"引入全校性创业最重要的还是改变学校的文化"①。但是转变大学文化也是最为困难的，因为，相较于社会上存在的其他组织，拥有 900 多年历史的大学是转型最为缓慢的机构之一。② 因为组织文化是把机构各方面紧密联系在一起的内在因素，如果现状被打破，那么大学的环境、使命、社会化、信息流、策略和领导权等都会随之变化，大学资源在这方面也会随之转变，教师在创业教育上可能会受到限制。从这方面来讲，创业教育向商学院以外的全校范围进行拓展可能对其他学科造成了很大压力。因此，全校性创业教育是如何改变大学的文化是本书的落脚点，也是研究的难点。总体而言，本书试图回答以下几个重要问题：①结合本书的访谈和收集到的资料，分析美国高校全校性创业教育发展历程、产生的原因和现有的组织结构是什么？②考夫曼校园计划推动下的全校性创业教育在美国高校（13 所受资助院校）是否取得成功？如果成功，那么推动其成功的因素主要是什么？③美国高校在推动全校性创业教育过程中是否遇到障碍或挑战？④ 2012 年考夫曼校园计划结束后，美国高校是否继续存在可持续性创业文化？

二　研究思路

本书的基本思路是，在尽可能全面地收集美国全校性创业教育研究文献，尤其是 2003 年至 2012 年考夫曼校园计划推动下的全校性创业教育在每个学校的研究报告、档案资料以及其他相关政府文件的基础上，结合本书的访谈资料展开分析。首先，通过运用文献和质性访谈的手段分析美国高校全校性创业教育形成的发展历程，根据特点划分为几个阶段，分析推动高校全校性创业教育产生的原因有哪些，再根据考夫曼校园计划资助的学校特点，分析和归纳它们采用哪几种较为典型的组织架构，并分析其组织结构的优缺点是什么。

其次，探讨考夫曼校园计划推动下的全校性创业教育在雪城大学、威斯康星大学麦迪逊分校、亚利桑那州立大学等 13 所高校的推行情况。

---

① Morris, N. M., Kuratko, D. F., Pryor, C. Building Blocks for the Development of University - wide entrepreneurship. *Entrepreneurship Research Journal*, 2014 (4).

② 樊艳艳：《中国现代大学制度起源》，博士学位论文，华中师范大学，2010 年。

根据考夫曼基金会相关文件，制定评价全校性创业教育的成功的维度或标准，来衡量全校性创业教育在13所高校是否取得成功：如果成功，进一步归纳推动成功的因素是什么，通过何种方式推动的，采取了什么样的路径，以及是否存在可持续性的全校性创业教育举措。同时，分析13所高校在推动全校性创业教育中是否遇到困难，它们是如何克服这些困难的。

再次，在此基础上，继续考察2012年考夫曼校园计划结束之后，受资助的大学是否存在继续推动全校性创业教育的举措和其他专项创业基金投入，尝试从"全校性创业教育项目发展如何""大学领导层是否继续积极支持和投入费用推动全校性创业教育项目""非商学院教师是否积极参与全校性创业教育项目"以及"是否存在持续专款创业基金的投入"等几个方面来衡量和归纳美国高校全校性创业教育在考夫曼校园计划结束后是否存在可持续的全校性创业教育文化。

最后，通过具体案例的形式深入挖掘雪城大学在推广全校性创业教育研究中的举措和路径，进而归纳它们的成功经验，在此基础上进一步分析美国高校全校性创业教育在推动国家和地区经济发展中的作用，主要从参与型大学（Engaged University）、高校参与地区经济发展的典型模式、高校联合社区开展的拓展性创业活动以及通过培养伤残退伍军人创业大本营等路径和举措进行深入分析。本书结语部分在归纳美国高校全校性创业教育成功经验的基础上，结合我国国务院印发的《关于深化高等学校创新创业教育改革的实施意见》的政策背景，探讨和分析我国高校如何有效地构建一个"面向全体学生"创新创业教育的教育体系。

三　研究方法

（一）文献研究法

文献研究法是本书的最基本方法，也是第一阶段研究主要使用的方法。为了解决以上的研究问题，本书在初始阶段对考夫曼基金会网站、雪城大学、威斯康星大学麦迪逊分校、亚利桑那州立大学等13所受考夫曼校园计划资助的院校的网站、政策文本、校史、学校规划和年度财政报告以及考夫曼校园计划的经验报告进行初步的阅读，并在此基础上制定了访谈提纲，因此这些也是主要的文献来源。但"由于报告和理解都是'结构不良的'"，[①] 对研究者来说，在一定程度上保证对状况、观察、报告和阅读的判断仍然是至关重要的，不管如何解释精确性，研究者当然希望精确，希望被承认。[②] 因此，为了减少误解，研究者运用了多种方法，对于质性研究个案（与本书的方法相符）来说，这些方法通常被称为"三角测量"，三角测量一般被认为是运用多种视角去阐明意义的方法，证实观察和解释的可重复性。[③]

同样，本书在数据收集的基础上，不仅通过文献研究法，还将对接受考夫曼校园计划资助的院校的全校性创业的利益相关者进行访谈，并以此为主要的一手资料来源，尽可能多地收集更多的资料来减少研究误差。

（二）质性访谈法

质性访谈法是本书最为重要的方法，也是最主要的数据来源。质性访谈研究尤其擅长描述社会和政治过程，也就是事物怎样变化和为什么变化。通过质性访谈可以理解和重构那些你没有参与的事情。[④] 访谈法是质性研究的一种主要研究方法。质性研究处理的对象资料通常是文字而不是数字，研究者可以借助质性资料对一个可辨识的地方所发生的事件过程，做出有实据、丰富的描绘与解释；也可借它们保留住时间流程，准确地看出哪一件导致哪一件，并引出精彩的解释。[⑤]

本书所要解决的问题有考夫曼校园计划推动下的全校性创业教育在美国高校是否取得成功。如果成功，推动成功的因素是什么？它们是如何推动的？全校性创业教育是如何影响美国高校文化的？尤其是在后面这个问题上，显然无法用量化的方法进行衡量，通过质性访谈的开展可以帮助本书收集影响高校文化变化的组织决策转变、组织成员反应、组

---

① 诺曼·K. 邓肯、伊冯娜·S. 林肯：《定性研究：策略与艺术》（第 2 卷），风笑天等译，重庆大学出版社 2007 年版。

② 同上。

③ 同上。

④ 赫伯特·J. 鲁宾、艾琳·S. 鲁宾：《质性访谈方法：聆听与提问的艺术》，卢晖临、连佳佳、李丁译，重庆大学出版社 2010 年版。

⑤ Miles, M. B., Huberman, A. M.：《质性资料分析：方法与实践》，张芬芬译，重庆大学出版社 2008 年版。

织隐形文化等资料，诠释和分析所获得的资料，所以对本书来说，质性访谈法对于解决本书的有些问题是最佳的选择。

本书共对27位直接参与全校性创业教育的学校领导、行政人员和执教于创业教育的受访人员进行深度访谈。具体而言，接受访谈的27名受访者中，教职员工有26人，学生1人。27名受访者的服务情况如下：副校长2人（其中1人还兼任教务长）、高级副教务长1人（并同时担任院长和创业项目顾问）、执行副院长1人、教育政策中心主任1人、校外创业机构前主席2人（现在任大学教师）、创业中心主管7人、创业项目主管6人、创业教授或导师3人、创业分析师1人、创业项目协调员1人、校园服务协调员1人、学生1人。研究中的27位受访者分别来自纽约、加利福尼亚、佛罗里达、伊利诺伊、密苏里共5个州的7所研究型大学，其中公立大学3所，私立大学4所。

（三）案例研究法

案例研究是质性研究中最常用的方法之一，案例研究与其说是一种方法论的选择，还不如说是对研究对象的选择，根据罗伯特·茵（Yin，R. K.）的观点，案例研究通常有六种数据来源，包括文件证明、档案记录、访谈、直接观察、参与观察以及实体作品，[①]

案例研究所归纳的研究结论没有较强的应用普遍性，但它却是研究者在研究过程中无法忽略的研究方法，尤其是想对一件具体的事物进行深入分析和挖掘时，案例研究更是首选，它在研究方法选择中的重要性是值得重视的。对此，诺曼等人认为："不管用什么方法，我们总要研究个案，我们可以通过反复测量，用分析的方法或整体的方法来研究个案，也可以从诠释的、有机的、文化的角度或多种角度研究个案。"[②] "再者，当研究者对事件发生过程感兴趣时，个案研究也是一个合适的研究设计"[③]，"其基本过程是根据案例所呈现出的特点，提出研究问题

---

① Yin, R. K., *Case Study Research: Design and Methods* (3rd ed.). Thousand Oaks: Sage Publications, 1994: 35.

② 诺曼·K. 邓肯、伊冯娜·S. 林肯：《定性研究：策略与艺术》（第2卷），风笑天等译，重庆大学出版社2007年版。

③ Merriam, S. B., *Qualitative Research and Case Study Applications in Education*. San Francisco: Jossey - Bass, 1998.

及理论命题，通过现场调查收集资料、编写和分析案例，最后推导出研究结论"。①

考夫曼校园计划推动的全校性创业教育涉及 13 所院校，如果对 13 所考夫曼院校进行全部研究，这个数量对笔者而言难度较大，为了避免研究过程中出现的"大题小做"，本书在对 13 所考夫曼院校整体现状进行分析和把握的基础上，具体选取了雪城大学作为案例进行深入研究。

为什么选择雪城大学？雪城大学作为考夫曼校园计划的第二批资助院校，在受资助的第二年便成立了 Enitiative 这一转型性的全校性创业教育项目，着重研究体验教育、学生和教师创建企业以及为经济发展服务。尽管 2007 年以前雪城大学就拥有传统的创业教育项目，但是 Enitiative 的全校性创业教育计划促使雪城大学通过更具包容性地成为当地经济发展的轴心机构，从而成为城市经济发展和企业创建的引擎。而且，在全校性创业教育的推动下，雪城大学惠特曼管理学院（Whitman School of Management）在 2011 年成立了全美第一个士兵创业大本营（Entrepreneurship Bootcamp for Veteran）项目，旨在培养伤残退伍军人的创业技能和自我雇佣能力，让他们拥有与其他学生一样的创业机会和技能，真正体现了全校性创业教育中的普遍性和广泛性特征，凸显创业教育最为根本的人文价值和关怀，这也是高校全校性创业教育中的包容性创业本质。

（四）资料的收集、整理和分析的实质及相关概念的界定

1. 资料收集、整理和分析的实质

收集资料是我们在研究计划指导下进行的系统活动，收集资料不是一成不变的活动，可能会随着研究的开展，因为各种主客观的原因而不得不调整计划。在资料收集中很有可能出现不能收集到所需资料的情况，也可能会获得"意外的惊喜"。

整理和分析资料指的是根据研究目的对所获得的原始资料进行系统化、条理化，然后用逐步集中和浓缩的方式将资料反映出来，其最终目

---

① 欧阳桃花：《试论工商管理学科的案例研究方法》，《南开管理评论》2004 年第 7 期。

的是对资料进行意义解释。① 在收集了丰富的资料之后，若想解释现象背后的原因，就必须对其进行整理和分析。

在概念上，整理和分析资料这两个活动似乎可以分开进行，理清两者的界限。但是在实际操作时，它们是一个同步进行的活动，整理必须（也必然）建立在一定的分析基础之上，而任何一个整理行为又都受制于一定的分析体系。② 所以我们在整理和分析的过程中，要谨记研究的初衷，在整理和分析工作不断深入的同时，及时回顾整理和分析成果，完善已有的分析体系。

2. 相关概念的界定

在质性研究中，我们会获取大量的复杂资料，让我们无从着手，因而在展开分析工作之前，需要先弄清楚相关的概念。在阅读原始资料的时候，我们除了应该采取一种向资料自身以及我们自己的感受"投降"的态度，还必须完成在资料中寻找意义的任务。③ 我们在初步整理和分析资料的时候，要去悬置自己的已有观念，再去解读材料。

码号是资料中最小的意义单位，是分析过程中的核心概念。研究者通过直接阅读和分析材料，确立码号并建立编码系统。编码的过程即是分析的过程，分析的进展又可以为完善编码系统提供反馈。设码即设定码号，研究者在确立了码号之后，需要用具体的概念来表征相应的码号，这一过程即为设码。设定的码号将会有一一对应的代码。而编码则是将这些码号编辑起来，构成一个完善系统的过程。构建编码系统的意义不仅仅在于确保研究的顺利进行，还有助于后期的查验和校对。

登录是寻找意义的主要方式。登录是资料分析中最基本的工作，是一个将收集的资料打散，赋予概念和意义，然后再以新的方式组织在一起的操作过程。④ 通俗地讲，登录就是找到资料中有用的部分，然后再将它们统一起来的过程。登录可以理解为登记和录入，即对材料中有价值的、蕴含了普遍信息的内容进行登记——而这个登记的过程既包含了大脑对于资料所进行的看不见的处理，也包括对资料进行编码这样可见

---

① 陈向明：《质的研究方法与社会科学研究》，教育科学出版社 2000 年版，第 269 页。
② 同上书，第 270 页。
③ 同上书，第 278 页。
④ 同上书，第 279 页。

的操作；录入则是将这些登记和编码的信息录入到整个研究分析过程中，而不仅仅是将这些信息或码号录入到编码表里。检索则是根据编码系统表，寻找码号及相应原材料出处的过程。

码号有着多种分类方式，本书采用的是根据码号的上下位关系，将其在编码系统中分为一级码号和二级码号。就所代表的意义单位而言，一级码号大于二级码号。例如在研究中，"影响推行全校性创业教育的推拉因素"作为一级码号，"对创业教育的需求和兴趣"则作为二级码号。具体码号可根据码号索引表进行检索（见表0-2）。

表0-2　　　　　　　　　　　　码号索引表

序号	一级码号	指代内容	二级码号	材料出处	备注
1	QT	与全校性创业教育有关的其他问题	形成	材料性质＋材料出处	与全校性创业教育形成过程中各个阶段相关的问题
			原因		推动全校性创业教育产生的原因
			组织架构		高校全校性创业教育的组织架构
2	TLL/TLT	影响推行全校性创业教育的推拉因素	对创业教育的需求和兴趣	材料性质＋材料出处	根据具体是推力还是拉力，来选择"TLL"（表示推拉因素中的拉力）或"TLT"（表示推拉因素中的推力）。满足师生对于创业教育的需求是发展创业教育的一个主要因素
			社会独立智库的影响		社会独立智库，主要是基金会的影响
			同行学院的影响		同类型学院之间对于推行创业教育的实践和理念所产生的影响
			校友的支持		校友所提供的支持，尤其是资金上的支持也推进了创业教育的发展
			公共资源的持续减少		政府等公共资源的持续减少迫使高校推行全校性创业教育
			商学院功能的局限		校内商学院功能的局限是学校将创业教育扩展到全校的原因之一
			地区经济的发展		学校在地方经济发展中所肩负的责任也是一大因素

续表

序号	一级码号	指代内容	二级码号	材料出处	备注
3	FZ	全校性创业教育的可持续发展	项目或活动	材料性质＋材料出处	学校创业领域的各类项目或活动是衡量其发展现状的一大标准
			全面论述		对创业教育的发展展开全面的论述，包含了多个方面
			创业课程		通过创业课程来衡量其发展
			对创业的研究		学界对于创业的研究充斥着各类学术期刊，表明其所受重视的程度
4	CG	促进全校性创业教育取得成功的因素	资金与资源	材料性质＋材料出处	例如，"CG资金和资源FT01"表示一级码号为"促进全校性创业教育取得成功的因素"，二级码号为"资金与资源"，材料出处是第一个访谈文本。充足的资金与资源是全校性创业教育取得成功的一大因素
			领导支持		学校有关领导所提供的支持对于全校性创业教育取得成功的推动作用
			宣传和交流		加强对全校性创业教育的宣传和交流，对于推动其发展和取得成就的重要作用
			广泛定义		扩展对"创业"的定义，以尽可能多地囊括更多的对象
			其他		包括风险承担、机制、科学技术、目标、体验式教育、学生需求、专业服务
5	TZ	推行全校性创业教育所面临的挑战	创业认知	材料性质＋材料出处	对创业的本质、作用和影响等的认知是推行创业教育过程中的一大挑战
			地位		创业教育在学校发展中的地位，处于何种重要等级
			资金		推行创业教育所需的资金也是一大挑战
			其他		包括校园文化、创新力、支持、专业限制

续表

序号	一级码号	指代内容	二级码号	材料出处	备注
6	YX	推行全校性创业教育对学校/师生的影响	名声	材料性质＋材料出处	学校通过推行全校性创业教育来提升声誉
			人才		通过推行创业教育来吸引顶尖的人才
			资金		推行全校性创业教育还可以为学校的发展开辟新的资金渠道
			社会贡献		学校通过推行全校性创业教育，做出了培养人才和推动社区发展的社会贡献
			发明或创新		通过推行创业教育，培养了更多的发明或创新
			就业和工作		为师生解决就业问题，提供更多的职业生涯选择
			发挥创业影响力		让师生的创业行为能够发挥影响力，造福社会
			能力和素养		培养了师生的能力和素养

资料来源：研究者自制。

3. 资料的收集、整理及初步分析

研究中收集的资料主要是访谈录音和通过其他途径所获得的文献资料。访谈选取的对象包含推行全校性创业教育的高校中直接参与进来的领导、教职工和学生，而收集其他文献资料（例如考夫曼校园计划进展报告和图片）的方式包括互联网查询、受访者主动提供和实地观察等。对资料的初步分析应当是从收集资料的那一刻就开始了，通过"清空"自己已掌握的知识，在收集和整理资料的过程中把握大致的情况，对其有一个初步的认识。

（1）资料的收集。资料的收集是一个浩大而又复杂的工程，笔者将其分为两类，一个是互联网内的，即通过访问所选学校的官方网站、邮件、数据库等互联网手段来收集与全校性创业教育有关的材料，保证

自己可以在掌握其发展现状的同时，又密切跟踪其最新的动态；二是互联网外的，即主要通过访谈和实地观察，使自己对全校性创业教育有一个更为真实的体会和感悟，让自己的研究与实践紧密结合。收集的资料有大量的文献，包括期刊文章、各院校提交给考夫曼基金会的报告、相关报道、照片以及访谈录音等。

（2）资料的整理。将访谈录音转换成文本是资料整理中投入最多时间的工作。文本须先行校对和核查，然后发给受访者，请其进行再次核对和确认。本次研究共计访谈了 27 个人。在访谈的邀约邮件和计划中是每个受访者大约 45 分钟，但在实际上最长访谈时间有 76 分钟，最短的有 15 分钟，最后将 27 份访谈录音转换成的文本共计 90847 个字。在录音转录完毕之后，全数发回受访者，进行校对和整理，经受访者检查过的文本有 17 个，占总文本数的 62%。

4. 资料的初步分析

（1）将访谈录音转化出来的文本导入分析软件中。访谈录音转录出来的文本在导入 N－vivo 软件（一款支持质性研究和多种研究方法混合使用的分析软件）之前，应先按照"性质＋码号＋目标主体"的编码方式对即将导入的文本进行编码，例如"FT01BruceK"代表访谈中的第一个受访者 Bruce Kingma 的访谈录音转录出来的文件。本书使用的分析软件是 QSR N－vivo10 版本。

（2）对资料进行文本转换后的第一次阅读，并命名相应的节点。在信息系统中，节点（node）指的是分支网络中的终点或连接点。而在 N－vivo 软件的编码系统中，当概念可能出现分支而形成一个由子概念或维度所构成的网络时，概念所处的点就称为节点。① 也就是说，在 N－vivo 中，节点作为一个上位概念，可以将分析过程中碰到或发现的一些子概念集合起来，构成一个更大的上位概念。为了便于分析，N－vivo 中命名的节点和分析编码中的一二级码号相互对应。即对于节点的命名，采取字母加上主要内容的方式，例如访谈提纲中的第 9 题，关注的是促进和组织全校性创业教育成功的因素，就用 CG

---

① Bazeley, P., Jackson, K., *Qualitative Data Analysis with N－vivo*（Second Edition）. California：SAGE Publications Inc，2013：75.

表示促进全校性创业教育取得成功的因素；具体不同节点的命名方式参见表0-3和表0-4。但节点与码号的不同之处在于，码号要录入到码号索引表，便于在访谈内容中注明相应的出处，但是节点则不用考虑这一问题，N-vivo能够定位到指定的编码位置。

推拉因素子节点的命名方式如表0-4所示：

表0-3　　　　　　　　　　　　节点名称统计

序号	节点名称	注释
1	QT 与全校性创业教育有关的其他问题	不来自特定的问题，是对全校性创业教育发生和发展的过程及原因所形成的结构的分析
2	TLL/TLT 影响推行全校性创业教育的推拉因素	影响推行全校性创业教育的推拉因素，共有7个子节点
3	FZ 全校性创业教育的可持续发展	全校性创业教育的可持续发展，主要来自访谈提纲的第1题和部分访谈中直接提出的可持续性问题
4	CG 促进全校性创业教育取得成功的因素	访谈提纲中的第9题，关注的是促进和组织全校性创业成功展开的因素。这些因素包括资金与资源、领导支持、宣传和交流、广泛定义、其他（风险承担机制、科学技术、目标、体验式教育、学生需求、专业服务）
5	TZ 推行全校性创业教育所面临的挑战	在推行创业教育的过程中所面临的挑战，分为创业认知、地位、资金、其他（校园文化、创新力、支持、专业限制）
6	YX 推行全校性创业教育对学校/师生的影响	对学校的影响：学校在推行全校性创业教育的过程中获得了什么，主要分为名声、人才、资金、社会贡献、发明或创新
		对师生的影响：就业和工作、发挥创业影响力、能力和素养

资料来源：研究者自制。

表0-4　　　　推拉因素子节点在 N-vivo 中的命名方式

影响全校性创业教育的推拉因素	推还是拉	命名方式
校友对母校创业教育的支持	拉	TLL 校友的支持
师生对创业教育的需求和兴趣	拉	TLL 对创业教育的需求和兴趣
社会独立智库（私人基金会）的推动	拉	TLL 社会独立智库的影响
同行学院的影响	拉	TLL 同行学院的影响

影响全校性创业教育的推拉因素	推还是拉	命名方式
美国高校商学院功能的局限	推	TLT 商学院功能的局限
承担地方经济发展的责任	推	TLT 地区经济的发展
应对公共资源的持续减少	推	TLT 公共资源的持续减少

资料来源：研究者自制。

（3）设置码号并进行编码。码号的设置必然是一个循序渐进的过程，不可能一蹴而就，在初次的阅读中，主要确定了"成功""挑战""发展""关系"和"推拉因素"5 个一级码号，剩下的 1 个一级码号和其他的二级码号是在后续的分析中增补的。在阅读和分析材料的过程中，将根据两级码号的方式来对资料进行编码。而随着编码系统表的发展和分析过程的深入，将构建一个编码系统表（见表 0 - 5），其目的和用途在于查找和校对有关资料。

表 0 - 5 编码系统表

序号	一级码号	对应代码	二级码号
1	其他	QT	形成；原因；结构（即组织架构）
2	推拉因素	TLL/TLT	对创业教育的需求和兴趣；社会独立智库的影响；同行学院的影响；校友的支持；公共资源的持续减少；商学院功能的局限；地区经济的发展
3	发展	FZ	项目或活动；全面论述；创业课程；对创业的研究
4	成功	CG	资金与资源；领导支持；宣传和交流；广泛定义；其他——包括风险承担、机制、科学技术、目标、体验式教育、学生需求、专业服务
5	挑战	TZ	创业认知；地位；资金；其他——包括校园文化、创新力、支持、专业限制
6	对学校的影响 对师生的影响	YX	名声；人才；资金；社会贡献；发明或创新；就业和工作；发挥创业影响力；能力和素养

资料来源：研究者自制。

在 N – vivo 中进行编码操作时，可以在选择好所要的内容后，编码到已有的节点中；如果是发现了新的码号，则可以随时建立新的节点，然后将其编入新的节点。在深入分析和再次阅读材料的过程中，如果发现之前所选中的材料与归入的节点不相符，可以选择工具栏中的"取消编码"，这样就不会影响后期的统计和分析。至此，已经完成了资料收集、整理和初步分析中的主要工作。接下来的工作是深入开展分析工作。

5. 资料分析的深入和展开

（1）完善编码系统表和码号索引表。上述统计编号和码号的表格并不是在初步分析时就能够完成的，若要深入开展分析工作，获取更多有价值的东西，势必要对之进行补充和完善。而随着分析工作的展开，也会碰到新的码号或更小的码号，这也对相应表格的升级提出了要求。也正是在深入分析的过程中，才确定了两个表格最终的大致形态，最后有小幅度改动，在此便不再赘述。但需要强调的是，已有的研究中大多遵循了常用的码号设置方法。本书中的码号索引表则是在前人研究的基础之上，根据收集到的材料的特点，决定仅采用"一级码号＋二级码号＋材料出处"的方式，为了行文的方便，一级码号和材料出处采用英文字母和数字表示，二级码号采用相应关键字的中文表示，例如"TZ 创业认知 FT05"代表一级码号是"挑战"，二级码号是"创业认知"，材料出处是第五个访谈文本。

（2）统计不同问题的覆盖率。覆盖率（coverage）指的是所编码的内容占据整个材料的比重。覆盖率很好地反映了受访者对某个问题的回答所占总体回答内容的比重，而统计所有受访者对某个问题的回答内容的覆盖率，能够佐证研究中发现的某个现象或是做出的某个判断和推论。除了覆盖率以外，还对相应问题受访者的比例进行统计。

具体的操作：在 N – vivio 分析软件中，选择导航视图中的"节点"，此时就可以看到已经建立的所有节点。随后则根据需要选择指定的节点或者依次打开每个节点，双击节点之后，就会显示出该节点内所包含的所有已编码内容和相应的覆盖率。此时可以选择直接导出带有覆盖率的节点，但是为了便于后期的工作，笔者选择直接利用数据统计软件 Excel 将覆盖率做成直观的统计表。遵照上述操作，对创业教育与文理教育的关系、可持续发展和推拉因素等问题的覆盖率依次进行统计。

（3）借助分析软件，探究全校性创业教育发展的现状和问题。经过一段时间的摸索和学习，笔者发现 N - vivo 中的模型构建功能较为简单，构建出来的模型不能很好地反映各因素之间的关系，于是便根据自己对材料的阅读和分析，利用微软公司的 Word 软件构建出作用于全校性创业教育的推拉因素，以及促进全校性创业教育取得成功及其所面临的挑战的理论模型。但是除此之外，更重要的是结合分析软件统计出的覆盖率以及在分析过程中所写下的备忘录，检验自己在研究初期的假设是否成立，以及是否有新的发现。例如在推拉因素中，用覆盖率来说明哪一种因素的比重最大。

6. 结束分析

何时结束资料分析，还要回到研究资料与研究问题之间的关系上来[1]，这样才能够顺利地完成分析工作。

在结束分析工作之前，笔者再次阅读了导入 N - vivo 软件中的所有材料，并结合在前几次阅读中所写下的备忘录和分析日志，对整个工作进行梳理和排查。在这个过程中，第一件事是确保已有的发现与原材料相符，统计出的覆盖率没有差错。在该过程中会面临这样一个问题，即一句话乃至一个单词是否应该归入某个节点内？对这个问题的回答将会影响相应的覆盖率。因为这些模棱两可的回答容易出现误判的情况，进而会被忽视。因此，解决办法是首先立足于该受访者整个访谈中的态度和倾向，以判断其对于全校性创业教育的认识。并且笔者在碰到困难的时候，选择再次回到访谈录音本身，重构当时的对话，通过多次核查来确认某部分内容的真正意思。此外，此时的阅读还提供一个检查录音转化文本正确性的机会，虽然经过了之前的回访和检查，文本的可靠性已经得到了保证，但是难免会有细小的纰漏，而过了一段时间之后再回过头来阅读，还会发现其中的一些拼写或是标点符号使用有误的情况，并进行改正。这也是确保研究质量不可或

---

① 张立忠：《课堂教学视域下的教师实践性知识研究》，博士学位论文，东北师范大学，2011 年。

缺的一步。

　　分析结束之前的整理工作提升了笔者对于材料的把握，在弄清全校性创业教育发展概况的同时，可以更深入地去思考其中存在的一些问题。例如，学校在推行全校性创业教育时所收获的利益产生了何种影响？该如何去衡量这些影响？而对这些问题的思考又使笔者进一步去改善之前所构建的理论模型，以求能够更好地反映出问题背后的作用机制。

　　7. 研究质量的检验

　　（1）效度，即真实性，用于表征研究结果反映研究对象的真实情况。定量研究中的效度指的是由研究结果所做的推论的正确性或真实性。[①] 定量研究中的效度主要有内部效度、外部效度、结构效度以及统计结论效度，而定性研究中的效度可分为描述性效度、解释性效度、理论性效度、内部效度和外部效度。在本书中，主要强调研究结果的描述性效度、解释性效度和理论性效度。描述性效度指的是对事实的描述是否准确；解释性效度是指研究者对研究内容的解读是否准确；理论性效度是研究中所建构的理论与研究资料是否相符，得出的理论是否可靠。

　　陈向明指出，影响效度的因素有以下几种[②]："记忆问题"——因记忆的偏差或遗忘而造成的影响；"研究效应"——研究对象因知道自己参与了研究，而表现出不同的一面，例如我们熟知的霍桑效应；"文化前设"——研究者和被研究者因文化前设的差异所产生的影响，这是本书中需要特别注意的问题；"间接资料来源"——影响效度的原因是被研究者将来源于非直接渠道的资料提供给了研究者。

　　为解决上述因素的不良影响，确保研究效度，除了及时记录和整理资料以外，笔者还通过与被研究者多次对话，扩展被研究者的来源和反复校对研究材料等方法来提高研究的效度。这些方法中需要强调的是反复的比较法和异常个案分析法。反复的比较法表明，研究者应

---

　　① ［美］伯克·约翰逊、拉里·克里斯滕森：《教育研究：定量、定性和混合方法》，马健生等译，重庆大学出版社 2015 年版，第 230 页。

　　② 陈向明：《质的研究方法与社会科学研究》，教育科学出版社 2000 年版，第 390 页。

当尽量尝试找到别的个案来检验初步假设。[1] 在本书中，通过反复比较各样本间的整体差异，以及同一问题在不同样本间的差异，确保尽可能地反映研究的真实情况。而确定和分析异常个案也能够提高效度。[2] 异常个案有助于我们把握研究领域的全貌，只有经过深入分析异常个案，不过早地下结论，才能让我们更接近于研究问题的本质及其背后的含义。例如在分析促进全校性创业教育取得成功的因素时，多数案例都表明领导支持学校发展这一事业，但是通过寻找异常个案，则发现有极少数领导的支持只是停留在表面，并没有切实的行动或资金投入。而进一步的分析则指出，创业教育是否成为学校领导层的优先事项（priority）是阻碍其发展的一个因素。

（2）信度和推广度。信度指的是不同观察者或同一观察者在不同场合对事例进行分类的一致性程度。[3] 但是质性研究不同于量化研究，"即使时间、地点、问题和研究对象不变，研究的结果也有可能因不同的研究者而有所不同"[4]，因而在此不探讨信度问题。

推广度，即研究结论的可推广程度。因研究取向和研究样本等方面的差别，质性研究是无法像量化研究那样直接将个体的研究结论推论到总体中去的。而在本书中，主要通过深入研究个案（例如威斯康星大学麦迪逊分校）或尽量扩大样本来提高研究结论的推广度。

8. 伦理道德问题

本书重视被研究者的知情权和隐私权等各项权益，并对他们为本书的研究所做的贡献表示诚挚的谢意。伦理规范是帮助我们捍卫所珍视事物的原理和准则。[5] 实际上本书受访的人数远不止 27 人，学校也不止 7 所，但由于其中一所学校的受访资料，受访者代表表示不方便用于任何形式的公开发表，本着遵循研究中的伦理道德，本书在剔除

---

[1] 大卫·希尔弗曼：《如何做质性研究》，李雪、张劼颖译，重庆大学出版社 2009 年版，第 182 页。

[2] 同上书，第 187 页。

[3] 同上书，第 180 页。

[4] 陈向明：《旅居者和"外国人"——留美中国学生跨文化人际交往研究》，教育科学出版社 2004 年版，第 42 页。

[5] ［美］伯克·约翰逊、拉里·克里斯滕森：《教育研究：定量、定性和混合方法》，马健生等译，重庆大学出版社 2015 年版，第 91 页。

该校所有访谈资料的基础上进行分析，这也是对被研究者的尊重。

四　本书的创新与不足之处

全校性创业教育是创业教育发展到一定阶段的必然结果，也是国际创业教育的主要发展趋势。就国内而言，自 2010 年 4 月 22 日，教育部召开的"推进高等学校创新创业教育和大学生自主创业工作视频会议"首次提出"面向全体学生"开展创业教育的理念之后，2012 年 8 月教育部印发的《普通本科学校创业教育教学基本要求（试行）》再次提出"面向全体学生"开展创新创业教育，以及 2015 年 5 月，国务院办公厅印发的《关于深化高等学校创新创业教育改革的实施意见》明确强调"面向全体学生"的创新创业教育部署。我国教育行政部门和政府相继提倡的"面向全体学生"开展创新创业教育的理念，在一定程度上与美国高校当前推行全校性创业教育的理念不谋而合，尽管"面向全体学生"的创业教育理念起步较晚，但已经超越了创业是少数人的事的狭隘观念。与此同时，这也说明了我国高校推行创业教育，尤其是面向全体学生的全校性创业教育仍处于萌芽阶段，对面向全体学生的创业教育该实行哪种模式，或者说哪种模式更加理想，校领导应该扮演什么样的角色，哪些因素有助于推动全校性创业教育等认识都缺乏应有的经验基础。

尽管我国有少数的研究者对美国高校的全校性创业教育做过初步研究，但已有研究基本是基于文献分析得出研究结论，暂时没有研究者运用实证方法对美国高校全校性创业教育进行系统的研究，因此，在研究方法上的突破是本书的主要创新之一。

笔者在美国加州大学洛杉矶分校访学期间，通过洛杉矶加州大学图书馆收集了大量的电子文献资料、研究报告、相关研究著作等资料。不仅如此，在访谈过程中，相继有访谈对象为笔者提供抑或推荐了许多第一手研究文献、研究报告等，这些充裕的资料为笔者深入分析由美国考夫曼基金会推动下的美国高校全校性创业教育研究有一定的基础性作用，也正是在这些文献资料的基础上，笔者才能对美国高校全校性创业教育有一个基本的把握，这对进行下一步的深入研究显然是不可或缺的。因此，利用在美国的访学机会所掌握的大量文献资料，再结合笔者对 27 位访谈对象进行访谈整理的资料对美国高校全校性创业教育经验与教训进行总结和归纳，可以为我国高校在实施面向全体学生的全校性创业教育方面提供经验和参考，而且本书还进一步深入剖析美国高校通过推行全校性创业教育所产生的成效，这将为我们参考发达国家全校性创业教育提供更加具体、深刻的认识。

由于考夫曼校园计划所涵盖的高校高达 13 所，鉴于经济因素和访谈对象的可获得性等方面的原因，笔者无法对 13 所高校中推动全校性创业教育的相关负责人进行全面的访谈，只能在满足现实情况的基础上，尽可能多地对相关院校寻求访谈，例如，笔者对雪城大学负责该校全校性创业教育的主任布鲁斯·金玛教授和考夫曼基金会原主席、雪城大学信息研究学院教授卡尔·施拉姆（Carl Schramm）教授进行访谈。除此之外，笔者还走访了伊利诺伊大学香槟分校、华盛顿大学圣路易斯分校、圣路易斯大学、迈阿密大学等高校，其他无法联系到访谈的高校只能根据笔者所掌握的研究文献、报告等资料进行分析。无法对 13 所考夫曼校园计划院校进行全面的访谈是本书的不足之处。

第一章 美国高校全校性创业教育的形成、产生原因与组织架构

第一节 美国高校全校性创业教育的形成阶段

美国作为创业教育的发源地，尽管创业教育的滥觞最早可以追溯到半个多世纪以前，但是很长一段时间以来，创业教育的教学与研究主要由商学院进行，全校性创业教育的理念和实践仍处于理想状态。我们根据创业教育在美国高校的历史演进及其每个阶段表现出来的显著特征，将美国高校全校性创业教育的形成分为萌芽、探索和成熟三个阶段。

一 高校全校性创业教育的萌芽阶段（2003 年以前）

（一）由商学院承担并采取磁石模式的形式开展创业教育

从 1947 年美国哈佛大学商学院（Harvard Business School）率先开设创业课程至今，创业教育在国外已有半个多世纪的历史，直到 20 世纪 80 年代开始，世界各国以及联合国教科文组织等国际组织机构才开始推动创业教育的发展，使其成为一种世界性的高等教育改革趋势。从高等教育与经济社会发展的互动来看，大力开展创业教育，是高校在知识经济时代主动迎接经济变革、大学生就业挑战的必然选择，是高校自身改革与发展的客观要求。[①] 美国已把创业教育纳入国民教育体系之

---

① 薛浩等：《高校创业教育中的误区反思与对策选择》，《高等教育研究》2016 年第 2 期。

中，并逐步形成了一套完整的创业教育学科和教学研究体系，① 但是，创业教育在美国长达半个多世纪的发展历程中，主要还是由高校的商学院以及少数的工程学院承担教学任务。可以说，21 世纪之前，更具体一点，即 2003 年以前，高校创业教育走出商学院的"全校性"现象仅是"冰山一角"，商学院教师在创业教育中发挥主导作用，由于其他学科教师缺乏创业基本知识和经验，同时在观念上认为创业教育仅仅是商学院教师的任务，因此，全校性创业教育的发展初期主要依托商学院教师为其他学科学生开设创业相关课程。②

换言之，以商学院为主要承担教学单位的全校性创业教育现状，因为资源有限、门槛高以及学院之间激烈竞争等原因，创业教育向非商学院学生辐射的范围还是相当有限的。正如一位研究型大学的受访教授所言："由于我们学校实行新的资金收入模式，非商学院学生向商学院选修创业课程时，他们向学校上缴创业课程注册费最后归商学院所有，例如，历史学院的很多学生喜欢选修我们的创业课程，但是历史学院的教师就不大愿意他们的学生选我们的课程，他们不想让学生的经费流入我们学院，他们想保留这些经费"（QT 形成 FT14）。

由此可见，在美国高校全校性创业教育发展的萌芽阶段，虽然已有少数的高校向非商学院学生开设"象征性"的创业课程，但他们主要是以"磁石模式"③ 的形式开展。对此，康奈尔大学黛博拉·斯特里特（Streeter，D. H.）和约翰·加奎特（Jaquette，J. P.）教授根据 2001 年《美国新闻与世界报道》（*U. S. News & World Report*）的数据分析得出：虽然美国有少数的高校在推行全校性创业教育，例如亚利桑那大学、加州大学洛杉矶分校、印第安纳大学、麻省理工学院、卡内基梅隆大学等，它们都实行了"磁石模式"，只有康奈尔大学（Cornell University）和伦斯勒理工大学（Rensselaer Polytechnic Institute）推行"辐射模式"

---

① 梅伟惠：《美国高校创业教育》，浙江教育出版社 2010 年版，第 229 页。

② 梅伟惠：《创业人才培养新视域：全校性创业教育理论与实践》，《教育研究》2012 年第 6 期。

③ Streeter, D. H. & Jaquette, J. P., University - Wide Entrepreneurship Education: Alternative Models and Current Trends. *Southern Rural Sociology*, 2004, 20（2）：44 - 71.

的全校性创业教育。① 其中康奈尔大学算是美国高等教育学界中推行全校性创业教育最早和较为成熟的高校，早在 20 世纪 80 年代，康奈尔大学约翰逊管理研究生学院（Johnson Graduate School of Management）就要求创业课程在每学期向不同专业和领域的学生开设。几乎在同一时间，创业活动开始在农业与生命科学学院（Agriculture and Life Science）出现，之后工程学院在 1990 年设立了托马斯·克拉克创业教席（J. Thomas Clark Professorship），② 用于鼓励和奖励对创业教育做出巨大贡献的教师。尽管康奈尔大学在 20 世纪 80 年代开始就发展起较为成熟的全校性创业教育模式，但是当时康奈尔大学的全校性创业教育"辐射模式"仅是个案，可以说是美国高校全校性创业教育现象中的"万绿丛中一点红"，尽管引人注目，但毕竟是少数的。

（二）全校性创业教育在学术界仍是一块处女地

必须指出的是，笔者分别使用全校性创业教育的英文表述 University – wide Entrepreneurship education、Cross Campus Entrepreneurship education 或 Campus – wide Entrepreneurship Education 为关键词在 Google Scholar、JSTOR、EBSCO 等数据库进行检索时，发现在 2003 年以前，没有任何以这些关键词为标题或内容的学术文章，笔者在美国访学期间使用加州大学洛杉矶分校图书馆著作的检索也没有发现任何相关的著作。可以看出，在 2003 年之前，美国高校尽管出现了全校性创业教育的萌芽，却鲜有研究者对其进行介绍，更遑论相关的深入分析和研究。学术界对高校全校性创业教育可谓知之甚少，创业教育的"精英"痕迹仍然很明显，创业教育祛魅化的理念没有完全消除。

总体而言，作为萌芽期的美国高校全校性创业教育还远不够系统和深入，呈现出高校参与数量少、主要以"磁石模式"③ 运行、非商学院学生受益面窄以及学术界对此的研究无从谈起等特征，高校全校性创业

---

① Streeter, D. H. & Jaquette, J. P., University – Wide Entrepreneurship Education: Alternative Models and Current Trends. *Southern Rural Sociology*, 2004, 20 (2): 44 – 71.

② Kuratko, D. F., & Hoskinson, S., *Innovative and Pathways for University Entrepreneurship in the 21th Century.* Bingley: Emerald Group Publishing Limited, 2014: 230.

③ Streeter, D. H. & Jaquette, J. P., University – Wide Entrepreneurship Education: Alternative Models and Current Trends. *Southern Rural Sociology*, 2004, 20 (2): 44 – 71.

教育仍停留在个别声望卓越和校内资金充裕的研究型大学（如康奈尔大学推行全校性创业教育的经费主要来自各个学院运作经费和学校校友的捐赠）。多数高校对开展全校性创业教育实践抑或说探索一种理想的全校性创业教育模式呈现出一种"有心无力"的状态。

二 高校全校性创业教育的探索阶段（2003—2012 年）

（一）考夫曼基金会推动全校性创业教育的兴起

2002 年考夫曼基金会聘请了具有丰富创业经验的企业家兼约翰·霍普金斯大学教授卡尔·施拉姆（Carl J. Schramm）担任新一届的基金会主席。上任伊始，施拉姆主席立即对考夫曼基金资助模式进行改革，并在 2003 年首次以成文的形式资助一批美国高校进行全校性创业教育的试验，并以考夫曼校园计划（Kauffman Campus Initiative）为此项目命名。施拉姆主席在受访的过程中也对此进行解释，他说道："作为来到考夫曼基金会的一个经济学家，我对之前在美国高校商学院研究和观察到的他们在创业课程设置和创业教学上所运用的方法很失望，特别使我惊讶的是，他们主要依赖于商业计划写作（business plan writing）的方法来教授创业教育，显然这不是现实世界中创业家所应遵循的，这使我坚信创业课程应该成为其他学科学者的研究对象，我是一位跨学科研究和教学的坚信者，这就是我们认为多元学科方法应该存在的原因。换句话讲，创业教育应该走出商学院，不同学科单位都有权利和道德义务来研究和教授创业教育"（TLT 商学院功能的局限 FT06）。

在第一批接受考夫曼校园计划资助的 8 所院校中，它们有一个必须遵循的硬性要求，即必须成立独立于商学院的中央办公室来监督全校性创业教育的运作，而且要求该中央办公室负责人由学校层面的领导担任（如校长、副校长和教务长），以此来确保创业教育能在商学院以外单位进行运作并且受到学校层面的重视。有必要指出的是，参与此次全校性创业教育角逐的高校有 32 所，目睹美国最大的支持创业教育私人基金会推行考夫曼校园计划之后，并未名声大振但一直以来也默默支持创业教育的另一个私人基金会——科尔曼基金会（Coleman Foundation）也不甘示弱，在 2005 年开启了创业教职研究员项目（Faculty Entrepreneurship Fellows Program），并首次支持了加州州立大学（California State University），① 此举与考夫曼校园计划有异曲同工之妙，亦在所资助院校的全校非商学院部门构建起支持创业教育的机制。2006 年，考夫曼基金会再次独立资助包括威斯康星大学麦迪逊分校（University of Wisconsin - Madison）在内的 5 所高校实行全校性创业教育，并且与伯顿·摩根基金会对位于俄亥俄州北部的奥柏林文理学院等 5 所文理学院进行联合资助，促使文理学院在自身已有知识优势的基础上促进全校性创业教育，② 让部分长期受财政资金匮乏和学生生源稀缺困扰的文理学院迎来了"春天"。

2007 年，受到考夫曼校园计划资助的维克森大学（West Forest University）在本校召开了全校性创业教育的国际研讨会，参会人员来自多个国家，参与者的学科背景亦呈现跨学科现象，分别有商学、人文社会学科、表演艺术、科学以及文理学科等，会议上人们集思广益，对全校性创业教育的现状、面临的挑战、合法性、实践模式和理论基础等方面进行了深入探讨。可以说，此次国际研讨会的召开有助于为相继推行全校性创业教育的高校提供了大致的实践指南和理论思考，是对全校性创业教育研究进行的一次较为全面和系统的前瞻性思想盛会。由 29 位来自不同学科的研究者所提交的论文集成《全校性创业教育手册》，③并在 2009 年正式出版，这是学术界第一本有关全校性创业教育的著作。

实际上，从考夫曼基金会在 2003 年实施的第一批考夫曼校园计划的第二年开始，就有学者通过专业杂志和大众媒体等形式陆续对高校全校性创业教育现状、模式以及理论进行了研究，其中被广泛引用的是 2004 年黛博拉·斯特里特和约翰·加奎特合作的学术论文《全校性创业教育：选择模式和当前趋势》。可以说，从 2003 年开始，全校性创业教育已经成为学术界一个耳熟能详的专有词语，此阶段对全校性创业教

①　Coleman Foundation. Coleman Foundation 2012 Entrepreneurship Education Impact Plan. The Coleman Foundation. （2016 - 01 - 25）　［2016 - 10 - 10］. file：///C：/Users/xc - pa_ 000/Downloads/Entrepreneurship% 20Education% 20Impact% 20PlanPage1，2. pdf. 2012.

②　Torrance，W. E.，Entrepreneurial Campuses：Action，Impact，and Lessons Learned from Kauffman Campus Initiative. Ewing Marion Kauffman Foundation，2013.

③　West，G. P.，Gatewood，E. J.，& Shaver，K. G.，*Handbook of University - wide Entrepreneurship Education*. Northampton，MA：Edward Elgar，2009：7 - 10.

育研究的学术论文也呈现了快速增长的趋势，通过检索学术界在 2003—2012 年对美国高校全校性创业教育研究的部分主要研究文献，得到文章和著作类文献一共 36 份，其中有 26 篇文章、5 本著作、3 份会议记录、1 份研究报告和 1 份报纸。这些文献的关注点包括全校性创业教育的发生和发展、模式以及经验教训等内容，多名研究者分别结合对创业教育发展的长期关注和投入，进行了全面的阐述和分析。

2012 年考夫曼基金会资助的 13 所高校的全校性创业教育项目结束，13 所高校分别向考夫曼基金会提交了各自院校推行全校性创业教育的总结报告，报告内容大体包括几个方面，即学校在全校性创业教育方面取得的成就、经验总结、面临的挑战以及对未来全校性创业教育的计划和展望。有些高校甚至根据考夫曼校园计划期间所推行的全校性创业教育所取得经验整理成专著，例如，雪城大学负责考夫曼校园计划的主任布鲁斯·金玛（Kingma，B.）教授主编的《学术创业和社区参与》，[①] 就是一部主要讲述考夫曼校园计划期间，雪城大学推广诸多的全校性创业教育项目，参与社区服务和推动纽约地方经济发展等方面的著作。布鲁斯教授使用"雪城奇迹"（Syracuse Miracle）为此书的副标题，以此来强调雪城大学在通过全校性创业教育促进雪城地区经济发展方面所取得的积极成效。

（二）高校全校性创业教育开始以点带面向外拓展

总体而言，从 2003 年开始，由考夫曼基金会首次引领的考夫曼校园计划，到科尔曼基金会的创业教职研究员项目，再到考夫曼基金会与伯顿·摩根基金会联合资助一批文理学院进行全校性创业教育等项目的推广，截至 2012 年，美国部分高校已经对全校性创业教育进行了较为深入的探索，一些没有获得考夫曼基金会资助的院校在此阶段也纷纷推动全校性创业教育项目，例如北卡罗来纳大学格林斯波罗分校（The University of North Carolina – Greensboro）、[②] 威斯康星大学普莱维尔分校（The University of Wisconsin – Plattevill）和绿湾分校（University of Wis-

---

① Kingma，B.，*Academic Entrepreneurship and Community Engagement.* Massachusetts：Edward Elgar，2011：ix – xii.

② Welsh，Dianne，*Creative Cross – Disciplinary Entrepreneurship：A Practical Guide for a Campus – Wide Program.* New York：Palgrave MacMillan，2014：133 – 155.

consin – Green Bay）等。

　　从美国高校全校性创业教育发展的历史来看，考夫曼基金会和科尔曼基金会等社会独立智库在高校全校性创业教育的推动方面发挥了重要的作用，做出了积极的贡献，尤其是考夫曼基金会，全校性创业教育之所以能得到学术界的热烈反响和社会上的广泛关注，与其在 2003 年首次推行的考夫曼校园计划有直接的关系，就像雪城大学布鲁斯·金玛（Bruce Kingma）教授在受访中所言：“如果说康奈尔大学是在 20 世纪 90 年代开始推行的全校性创业教育，那么考夫曼校园计划肯定是把美国高校的全校性创业教育提升到一个新的水平”（QT 形成 FT05）。从此，人们对创业教育的关注点悄悄发生了转变，创业教育已不再是商学院的垄断和专属。艺术、历史、政治、科学、教育学等人文社会学科也开始在各自的院系开设创业课程，① 创业教育开始真正地走出商学院，学术界对全校性创业教育的一些基础性问题也有了共识。区别于萌芽阶段的全校性创业教育，此阶段的全校性创业教育呈现出参与高校逐渐增多，主要以“辐射模式”运作，非商学院学生对创业教育的需求得到满足，学术界对全校性创业教育的研究文献逐渐增多，创业教育发展形态多样化，既有一般传授创业技能的创业教育，亦有包容性创业教育②、艺术创业教育③和社会创业教育等特征。④ 简言之，全校性创业教育过渡到了成熟期。

三　高校全校性创业教育的成熟阶段（2012 年至今）

（一）全校性创业教育理念开始融入办学使命

随着 2012 年考夫曼校园计划项目的完结，全校性创业教育在美国

---

　　①　Wasley，Paula，Entrepreneurship 101：Not Just for Business School Anymore. *The Chronicle of Higher Education*，2008 – 06 – 20.

　　②　Shaheen，G. E.，“Inclusive Entrepreneurship”：A Process for Improving Self – Employment for People with Disabilities. *Journal Policy Practice*，2016（15）：58 – 81.

　　③　Beckman，G. D.，“Adventuring” Arts Entrepreneurship Curricula in Higher Education：An Examination of Present Efforts，Obstacles，and Best Practices. *The Journal of Arts Management*，Law，and Society，2007（2）：87 – 112.

　　④　Thorp，H. & Goldstein，B.，*Engines of Innovation：The Entrepreneurial University in the Twenty – first Century*. Chapel Hill：The University of North Carolina Press，2010：53 – 67.

高校已经经过了长达 10 年的探索，逐渐从关注构建全校性创业教育项目向维持这些项目的可持续发展上转变，从全校性创业教育项目的外部支持到融入高校办学使命的理念渗透，[①] 全校性创业教育已经成为高校发展战略规划的重要组成部分。一位担任考夫曼基金会特别顾问的教授在受访中指出，"截至 2012 年考夫曼校园计划的结束，全校性创业教育项目已经从一种理念变为许多高校的重要组成部分"（QT 形成 FT20），全校性创业教育项目在美国高校取得显著的成效。

2012 年，美国《创业家杂志》（*Entrepreneur Magazine*）把考夫曼校园计划资助的华盛顿大学、亚利桑那州立大学、北卡罗来纳大学以及雪城大学列为全美前 25 名培养创业家的机构。[②] 其中华盛顿大学 2009 年在《创业家杂志》中排名由第 25 名上升到考夫曼校园计划快结束时的第 6 名，而该大学的社会创业项目被认定为美国高校创业课程和学习的模范代表。[③] 许多考夫曼院校的全校性创业教育项目也得到了美国国家科学基金会（National Science Foundation）和美国大学创造者和创新者联盟（NCIIA）的认可和资助。[④]

简言之，考夫曼校园计划两次独立资助的 13 所高校（既有小型文理学院、大型州立大学、私立研究型大学等）对全美高校在全校性创业教育领域起到了很好的示范辐射、宣传鼓舞的效应，同时在实践过程中探索出了适合不同类型高校的全校性创业教育发展模式，取得了一定的成效。有些高校已经把在考夫曼校园计划项目期间构建的全校性创业教育项目拓展到其他分校，如威斯康星大学麦迪逊分校通过提供经费和专业人员指导帮助普莱维尔分校和绿湾分校构建全校性创业项目，维克森大学从 1 个校区拓展至 2 个校区，佛罗里达国际大学从 1 个校区拓展

① Fetters, M. L., etc., *The Development of University - Based Entrepreneurship Ecosystem: Global Practices*. Massachusetts: Edward Elgar Publishing Limited, 2010: 184.

② Torrance, W. E. Entrepreneurial Campuses: Action, Impact, and Lessons Learned from Kauffman Campus Initiative. Ewing Marion Kauffman Foundation, 2013.

③ Harrington, K. Philanthropy, Leadership and Relationship. Washington University in St. Louis, 2012. The Ewing Marion Kauffman Foundation. Research Reports. (2013 - 08 - 25) [2016 - 10 - 24]. http://www.kauffman.org/~/media/kauffman_org/research%20reports%20and%20covers/2013/08/kci_washingtonuniversity.pdf.

④ Ibid..

至 3 个校区，雪城大学则从 1 个校区拓展至 6 个校区（见图 1 – 1）。不仅如此，威斯康星大学麦迪逊分校为了带动其他分校也重视全校性创业教育，首次在威斯康星大学系统（共 12 所分校）召开创业峰会（Entrepreneurship summit）。① 而华盛顿大学的"理念活力"（Idea Bounce）全校性创业教育项目已经被许多其他高校引用；② 雪城大学通过参与当地和区域经济发展的创业教育模式已经在经济长期低迷的雪城地区取得一定的成绩。

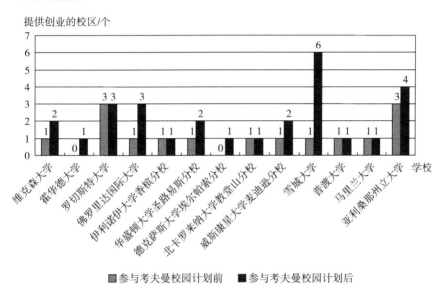

提供创业的校区/个

■参与考夫曼校园计划前　　■参与考夫曼校园计划后

图 1 – 1　13 所考夫曼院校开展全校性创业教育前后校区数量比较

（二）后考夫曼阶段的全校性创业教育已呈燎原之势

更为重要的是，后考夫曼阶段的高校全校性创业教育仍然得到校领导等各方面的支持，尽管有些高校领导层没有在经费上提供帮助，但是全校性创业教育文化已经形成，有些高校已经把创业教育与学校的整体发展相联系，内化为学校的办学使命之一。例如亚利桑那州立大学通过

① Kauffman Foundation. The Impact of the Kauffman Campuses Initiatives at the University of Wisconsin Madison. The Ewing Marion Kauffman Foundation. Research Reports. （2013 – 08 – 25）［2016 – 10 – 24］. http：//www. kauffman. org/ ~/media/kauffman_ org/research% 20reports% 20and% 20covers/2013/08/kci_ wisconsin. pdf.

② Morris，N. M.，Kurako，D. F.，& Schindehutte，M.，*Entrepreneurship programs and the Modern University*. Northampton，UK：Edward Elgar Publishing，2013：246.

构建"新美国大学"① 的组织改革，把创业教育植入大学的办学使命中，② 使其成为大学发展战略规划的重要组成部分。雪城大学全校性创业教育项目主任布鲁斯·金玛教授在受访中谈道："现在创业教育已经嵌入雪城大学的大多数学院的日常活动中，我们现在有 11 所学院在推动全校性创业教育项目，全校范围内设有 7 个创业教育中心来鼓励和推动学生的创业教育和创办企业。尽管我们的校长现在已经没有对我们的全校性创业中心办公室提供财政支持，但是现在创业教育已经成为每个学院的重要组成部分，因此也不需要领导层进行财政援助了"（QT 结构 FT04）。另一所研究型大学的副校长在接受笔者访谈时也指出："我们的校长非常非常支持创业活动，也正是因为她，我们全校范围内的'发现产品'创业项目才能成立，她还请求'校友研究基金会'向该项目提供资金，因此我们这个项目现在有长达三年的经费资助"（QT 原因 FT07）。

可见，2012 年考夫曼校园计划结束以后，美国高校全校性创业教育仍然得到学校等各方面的广泛支持，全校性创业教育在一定程度上突破了经费资助上的"时限性"的困境。不仅如此，高校内不同的学院针对不同的学科特点提供了侧重点不一的创业教育，全校性创业教育呈现和谐共存的协调现状。一言以蔽之，全校性创业教育在美国高校呈现了枝繁叶茂、欣欣向荣的景象。正如一位受访的创业中心主任在谈及全校性创业教育在后考夫曼阶段的发展情况时所说的："我想全校性创业教育项目是可持续的，只要有学生注册创业课程学习，就有足够资金维持运作，同时也能继续支持对创业感兴趣的教师和团队，这看起来就相当稳定，而且我们的很多校友喜欢我们正在推行的全校性创业教育，他们会向我们正在推行的项目捐款"（FZ 项目或活动 FT11）。

特别需要指出的是，此阶段学术界对美国高校全校性创业教育的研

---

① Crow, M. M., A New American University: The New Gold Standard. Arizona State University. Office of the President. (2003 - 01 - 10) [2016 - 11 - 29]. Inaugural Address 2002. https://live - newamericanuniversity. ws. asu. edu/sites/default/files/asu_ inauguraladdress. pdf.

② Kimberly de los Santos, etc., Entrepreneurship and the Shaping of New American University. The Ewing Marion Kauffman Foundation, 2012. Research Reports. (2013 - 08 - 25) [2016 - 11 - 29]. http://www. kauffman. org/ ~ /media/kauffman _ org/research% 20reports% 20and% 20covers/2013/08/kci_asu. pdf.

究也更加深入，研究结果也往理论驱动的方向发展。具体而言，2012年以后美国高校全校性创业教育已经呈现出成熟发展趋势，明显表现出：创业理念上升至学校的办学使命层面、全校性创业教育项目处于健康运作中、越来越多的非商学院学生可以根据自己的兴趣和专业基础选择自己所感兴趣的创业课程、全校性创业教育参与的高校辐射面越来越广、全校性创业生态系统已经建成、大学与社区发展呈现一体化。简言之，向全体学生开设创业教育，无论他们专业背景、家庭处境如何，创业教育的理念都已经形成，这是美国高校开展全校性创业教育的初衷，也是全校性创业教育走向成熟阶段的最基本体现。

第二节　美国高校全校性创业教育产生原因的推拉因素分析

一　推拉理论与影响美国高校全校性创业教育产生的推拉因素

推拉理论（push and pull theory）最早是用于研究流动人口和移民的重要理论之一。它认为，在市场经济和人口自由流动的情况下，人口迁移和移民搬迁的原因是人们可以由此改善生活条件，于是，在流入地那些使移民生活条件改善的因素就成为拉力，而流出地那些不利的社会经济条件就成为推力。[1] 由于推力因素和拉力因素能够很好地透视个体选择创业抑或自我雇佣（self - employed）的动机，近年来，它也被国外研究者引用到创业教育研究领域[2]。具体就美国高校全校性的情况而言，推动全校性创业教育的主体也是高校的利益相关者，换言之，也就

---

[1] 李强：《影响中国城乡人口流动的推力与拉力因素分析》，《中国社会科学》2003 年第 1 期。

[2] 相关研究参见 Eijdenberg, E. L. , etc. , Entrepreneurship Motivation in a Least developed Country：Push Factors and Pull Factors Among MSEs In Uganda. *Journal of Enterprising Culture*, 2013（3）；Walkerman, S. , etc. , Bringing together push and pull through local entrepreneurs. *Enterprise Development and Microfinance*, 2015（3）；Dafna, K. Entrepreneurial Orientations of Women Business Founders from a Push/Pull Perspective：Canadians Versus non - Canadians——A Multinational Assessment. *Journal of Small Business & Entrepreneurship*, 2011（3）。

是人的因素。我们根据访谈整理的文本，经过分类导入 N - vivo10 版本①，最后呈现全校性创业教育推拉因素的节点报告（如表 1 - 1 所示）。

表 1 - 1　　美国高校全校性创业教育推拉因素覆盖率统计　　　单位:%

因素\码号	需求和兴趣	同行影响	地区经济	校友的支持	功能局限	公共资源	独立智库
FT01	6.73	5.09	3.24	—	—	11.21	—
FT02	8.17	4.09	—	1.96	5.65		
FT03	—	4.12	6.11	0.42	2.04	2.49	2.32
FT04	4.11	2.14	1.15	4.12		4.29	1.54
FT05	5.37	2.69	2.81	—	3.86	—	1.48
FT06	—	—	—		8.89	2.32	4.27
FT07	13.37	2.73	1.50	—	—	—	—
FT08	3.18	3.75	12.84	—	—	—	—
FT09	0.99	2.77	3.48	2.91	—	1.49	—
FT10	—	3.52	6.21	—	—	4.12	—
FT11	0.70	2.85	3.91	0.56	—	—	—
FT12	8.72	2.24	8.99	—	13.01	—	—
FT13	10.62	1.54	5.05	—	—	—	—

① 这些调查包括：笔者在 2015 年 9 月 1 日至 2016 年 9 月 1 日在美国加州大学洛杉矶分校访学期间对加州大学洛杉矶分校、华盛顿大学圣路易斯分校、伊利诺伊大学香槟分校、圣路易斯大学、雪城大学、迈阿密大学、考夫曼基金会直接负责全校性创业教育项目（考夫曼校园计划）主席等 27 人进行的结构性和半结构性访谈所获取的资料。必须指出的是，在访谈过程中，这些访谈对象声称他们都是直接参与过全校性创业教育项目构建的。具体针对这部分的访谈问题主要包括："为什么全校性创业教育对美国高校变得这么重要"（Why has University - wide Entrepreneurship has Become Important at the University）；"鼓励和支持全校性创业教育是否与受到其他学校的影响相关"（Is the Support of University - wide Entrepreneurship Related to or Influenced by Other Institutions）；"您认为推动全校性创业教育是为了回应经济萧条、改变大学资源收入渠道，请从其他利益相关者的视角进行回答？"（Do you Think the Promotion of University - wide Entrepreneurship is a Response to Economic Stagnation? Changing Resources Streams? Suggestions from Various University Constituencies or Stakeholders?）或者访谈对象在其他相关问题中体现出推动和拉动美国高校全校性创业教育产生原因的其他因素都列入这部分的分析范围。

续表

因素 码号	需求和 兴趣	同行影响	地区经济	校友的 支持	功能局限	公共资源	独立智库
FT14	8.10	4.65	8.89	4.16	3.62	—	—
FT15	5.58	6.07	7.35	3.76	—	—	—
FT16	7.53	2.84	15.90	—	—	—	2.86
FT17	15.18	3.70	—	—	—	—	—
FT18	19.07	8.61	11.49	—	—	—	—
FT19	3.05	2.84	6.48	—	—	—	—
FT20	15.35	6.51	2.82	—	8.56	—	—
FT21	8.31	7.55	5.17	0.23	—	—	—
FT22	1.62	—	5.29	—	—	—	—
FT23	5.21	2.47	0.88	—	—	—	—
FT24	4.46	1.16	5.97	—	—	—	—
FT25	4.78	1.77	1.95	—	—	—	—
FT26	4.24	—	—	—	—	—	1.15
FT27	3.46	1.62	1.95	—	—	—	—

资料来源：笔者对 27 位受访者就美国高校全校性创业教育产生的推拉因素节点分析报告。

从表 1-1 不难发现，高校全校性创业教育产生的原因主要包括对创业教育的需求和兴趣（需求和兴趣）、同行学院的影响（同行影响）、地区的经济发展（地区经济）、校友的支持、商学院功能的局限（功能局限）、公共资源的持续减少（公共资源）以及社会独立智库（私人基金会等）的影响（独立智库）。下文着重介绍四种因素。

（一）对创业教育的需求和兴趣

"我们需要全校性创业教育的理由是因为学生们需要它"[1] 是北卡罗来纳大学格林斯波罗分校（University of North Carolina - Greensboro）

---

① Dianne, H. W. *Creative Cross - Disciplinary Entrepreneurship: A Practical Guide for a Campus - Wide Program.* New York: Palgrave Macmillan, 2014: 1.

长期致力于推动全校性创业教育的创业学教授戴安娜·威尔士（Dianne H. W.）在其 2014 年出版的《创造性跨学科创业：对全校性项目的一种实践指南》一书的开卷语。确实，学生的兴趣和需求，尤其是非商学院学生对创业教育的兴趣是全校性创业教育获得可持续发展的永恒动力，在创业教育、创业课程、创业杂志、创业教席和其他教学基础设施快速增加的过程中，学生对它们的需求是非常明显的。[1] 例如，斯坦福大学在 2011 年宣布在工程学院成立新的"创新创业教学中心"，该中心的启动资金是 1 千万美元，并获得国家自然科学基金持续五年的资助[2]，特别需要指出的是，创立该中心的主要目的便是满足和更有效地对工程学院的学生进行创新创业的教学，简言之，学生需求是推动创业教育拓展的一个重要因素。[3]

可想而知，没有学生对创业教育的兴趣和需求，开展全校性创业教育根本就是无的放矢。笔者在对 27 位全校性创业教育直接参与者的访谈调查中就"为什么全校性创业教育现在对美国高校变得如此重要"提问时，他们的回复也为此提供了充分印证。例如，"我认为开展全校性创业教育是对学生和教师兴趣的回应，通过全校性创业教育能够更好地匹配学生和教师，让志趣相投的师生能够聚在一起"（TLL 对创业教育的需求和兴趣 FT07）；"我想有许多不同的原因，但是第一个原因是来自学生的兴趣，我们想要满足学生的兴趣"（TLL 对创业教育的需求和兴趣 FT09）；"为了满足自己的兴趣，现在越来越多的学生将创业视为自己的职业"（TLL 对创业教育的需求和兴趣 FT17）；"为了满足学生对创业教育的兴趣，这可能会为他们带来经济上的成功或者丰富他们的履历"（TLL 对创业教育的需求和兴趣 FT04）；"为了满足学生对创业教育的兴趣，以往的工作模式已经过时了，现在需要根据经济的变化来做出相应的调整，同时学生还需要与其他学校出色的学生进行竞争"

---

① Solomon，G.，An Examination of Entrepreneurship Education in the United States. *Journal of Small Business and Enterprise Development*，2007（2）.

② Inventor Digest，MYM10 Million engineering center launched（2011 – 08 – 20）. http：// www. inventorsdigest. com/archives/7000.

③ Sá，C. M.，Kretz，A. J.，*The Entrepreneurship Movement and The University*. Palgrave Macmillan, 2015：144.

（TLL 对创业教育的需求和兴趣 FT15）；"我是法学院学生，全校性创业
教育为我（访谈对象是学生）参与'法律和创业实训中心'（Law and
Entrepreneurship Clinic）提供了很好的机会，我想对其他学生也非常有
利。在这个实训中心，全校学生都能够开发创业的理念，然后大学就会
跟你说，你们看看这些公司，他们就是产生于学校的，这里有好多公司
衍生于学校学生的创业理念"（TLL 对创业教育的需求和兴趣 FT21）；
"许多就读于美术、平面艺术的毕业生，超过一半的人选择从事创业或
自我雇佣，另外有 1/3 的工程师、20% 的学习图书管理学的学生以及
80% 的注册牙科医生都选择创业，所以在一定程度上，创业或全校性创
业教育能够像我在商学院一样通过与美术等专业的人们合作帮助他们学
习有关商业的知识，因为他们在毕业之前由于专业的限制不得不选择创
业，这也是全校性创业教育的价值所在"（TLL 对创业教育的需求和兴
趣 FT12），等等。

值得注意的是，从以上受访者的回答中可以看出，尽管他们都认为
学生对创业教育的兴趣和需求是全校性创业教育的产生的主要拉动力，
但对学生需求内在原因的解释却呈现多样性，例如有"越来越多的学
生视创业为自己的职业"，"能够带来经济上的成功"，"让志趣相投的
师生能够聚在一起"，"学生们所学的专业具有自我雇佣可能性"，等
等。在这里我们要特别对学生在专业上的自我雇佣（self - employment）
驱动学生对全校性创业的内在需求，进而触发美国高校全校性创业教育
的快速崛起做深入的分析，因为相比其他能够在经济上带来成功等内在
因素而言，专业上的自我雇佣可能性的解释更具有独特性。例如，美国
中小企业管理局（SBA）首席咨询经济学家穆特雷（Moutray）对美国
大学本科课程进行长达十年的研究后指出："在毕业后更有可能进行自
我雇佣的是从社会科学专业和其他相关的专业毕业的学生，而不是商学
专业的学生。"①

杰尔姆·卡茨（Katz，J. ）等在研究中把这些专业归纳为"创业性
职业"（Entrepreneurial Occupation），主要包括动物饲养员、葬礼服务

---

① Acs, Z. J. , Parsons, W. , Tracy, S. , High - Impact Firms: Gazelles Revisited. SBA Office of Advocacy, 2008（6）：12.

经理人等非商业性专业。由于具有高比例的自我雇佣专业主要是非商学专业，"学生需要在大学里面接受相关的职业训练以为毕业后进行创业做更充足的准备"①，虽然这些职业只是所有职业中的一小部分，但在一定程度上折射出创业教育应该走出商学院，拓展到全校范围内进行教学的必要性。因为这些具有"创业冲动"的学生平时在大学内部几乎很少接触到有关商业知识的学习和熏陶，他们需要得到商业知识的训练，以便更好地理解和捕捉市场机遇；反过来讲，商学院或具有商业知识的学生或教师与全校范围内具有艺术、人文等其他非商业背景出身的学生和教师相联系能够激发他们有效的创业灵感和理念，因此，大学内部不同学院或学生群体在创业领域的合作能够催生创业在大学内部不同的地方（不局限于商学院）出现，或以不同的形式出现。

这些创业性职业主要是一些实践性比较强的专业，它们主要集中在卫生保健相关的产业和艺术领域，很显然，这些领域的职业门槛基本上都需要高等教育水平的学历背景。"而参与过大学艺术项目的毕业生，在往后的一生中有超过50%的机会进行自我雇佣（创业）"②。于是我们就能理解，当前的高校中艺术创业快速崛起的现象，有助于为艺术专业的毕业生在将来进行创业时做好相应的准备或者在大学期间就为他们的发展方向做好定位。

表1-2中的排名前25位的创业性职业的总自我雇佣人数占2011年美国1510万总自我雇佣人数的60%。很显然，这些职业基本上都是非商学院领域的专业，一旦大学开设相关的专业，就有相应的学生对创业教育的需求，因为这有助于他们在将来进行自我雇佣抑或为创业打好专业基础，当一种专业或职业"先天性"就具有创业的素养和倾向时，为其做好充分的准备是非常有必要的，这些数据不但说明了创业教育走出商学院的必要性，更体现了非商学院学生对全校性创业教育的需求量是巨大的，尤其在美国的高等教育体系中，同行之间处于一种高度的竞争状态，不同的高校只有根据自己学生对创业教育的需求，采用符合自

---

① Katz, J., etc., Perspectives on the Development of Cross Campus Entrepreneurship Education. *Entrepreneurship Research Journal*, 2014 (4).

② Ibid..

身高校文化的全校性创业教育，才能吸引住学生。一所研究型大学的创业学教授兼该校的商业计划竞赛主任在受访中说道："我们需要更好的创业设施和创业课程来吸引全球市场中的学生，我只有把自己打造得更为'迷人'，满足学生的创业兴趣和需求，才能在招生中吸引优秀的学生。其他学科，如文理、英语和历史，我看到他们的学生都在选我们的创业课程，根据我的经验，因为他们的父母也想他们注册一些创业课程，创业听起来就像做生意，做市场和金融，创业教育现在对艺术和历史学生是很容易获得的，感兴趣的学生都可以注册我们的创业课程"（TLL对创业教育的需求和兴趣FT14）。可以看出，学生，尤其是非商学院的学生对创业教育的兴趣和需求是全校性创业教育产生的根本因素，也是全校性创业教育第一拉动力。

表 1 - 2　　　　全美排名前 25 位最高比例自我雇佣职业情况　　单位：人，%

自我雇佣总人数	职业比例	职业
1194796	32.8	经理人
920920	85.4	农民、农工和其他农业经理人
752139	21.8	零售工人的一线督导或经理人
487809	32.5	木匠
419015	27.4	首席执行官
395271	29.2	儿童护理工
377337	29.7	非零售工人的一线督导或经理人
377056	43.5	建筑经理人
360049	40.1	美发师、发型师和美容师
333583	45.7	房地产中介和销售代理
322512	9.4	司机或销售员
316839	18.8	建筑工人
304064	25.6	律师、法官和其他司法人员
289842	20.7	园林护理师
253187	27.2	设计师
251855	29.9	管理分析师

续表

自我雇佣总人数	职业比例	职业
243166	23.6	食品服务经理人
215467	32.3	财产、房地产和社区团体经理人
203554	22.7	医生和手术师
192859	11.8	保姆和家政清洁工
179386	5.0	零售商
166877	27.4	油漆匠、建筑和维修工
160226	11.4	记账员、会计和审计员
159321	57.1	景观美化员、草坪服务员和园丁的一线督导或经理人
157239	8.5	会计和审计员

资料来源：U. S. Census，*Current Population Survey—Employment Supplement*，2012（3）.

（二）同行学院的影响

美国是个高度市场化的国家，在市场化的背景下，美国的高等教育越来越体现出市场的特征，形成了高等教育市场，或者使原有的高等教育市场得到了进一步的发展。高等教育市场是指以市场的方式配置高等教育资源，其基本特点是注重竞争①。总体上说，美国高等教育结构变迁是以市场需求为导向，其内在逻辑是自由竞争的市场机制。② 同样，我们从美国高校全校性创业教育产生的推拉因素节点分析报告中也可以发现，高校推动全校性创业教育过程中，全校性创业教育产生的作用因素在很大程度上也是源自同行高校自由竞争中的拉力因素，高校希望通过开展全校性创业教育活动参与同行院校的竞争。例如，笔者以"鼓励和支持全校性创业教育是否与受到其他学校的影响相关"为题对27位受访者进行访谈时，有24位受访者明确认为高校推动全校性创业教育确实受到同行高校的影响（见表1－3），高校的创业活动，尤其是全校性创业教育成为大学与同行竞争的一个有利条件，一位大型公立研究

① 蒋凯：《高等教育市场及其形成的基础》，《高等教育研究》2013 年第 3 期。
② 韩梦洁、张德祥：《美国高等教育结构变迁的市场机制》，《教育研究》2014 年第 1 期。

型大学原全校性创业教育主任，现已退休的教授在受访中如此说道：
"不同高校之间总是在为获得更好的学生、资源和注意力而彼此竞争
着，所以它们会盯着其他学校正在做什么，院长们去不同学校参加会议
时总是在谈论着他们的所见所闻并且在搜寻同行院校在创业领域的新的
实践模式，高校都想变得与众不同，所以创业就自然而然地引起了公众
的注意力，这对大学而言也有好处，特别是商学院，因为这能够把学校
与社区联系在一起"（TLL 同行学院的影响 FT02）。但必须指出的是，
即使高校在推动全校性创业教育过程中有意识地去观察其他在创业教育
上做得相当成功的院校的做法，但这都不是影响它们开展全校性创业教
育的主要原因。

表 1－3　　　　　　　高校全校性创业教育推拉因素

回答者人数及比例统计　　　　　　　单位：人,%

	需求和兴趣	同行影响	地区经济	校友的支持	功能局限	公共资源	独立智库
人数	24	24	23	8	7	6	6
占总数的比例	88.9	88.9	85.2	29.6	25.9	22.2	22.2

注：所有回答者都给出了一种以上的回答，所以仅统计占总人数的比例。总人数为 27 人。

资料来源：研究者自制。

　　有趣的是，当受访者表述受哪些高校影响较大的时候，他们经常会
提及在全美创业教育领域中颇具声誉的斯坦福大学和麻省理工学院。例
如："……如果我们想通过创业教育吸引那些最聪明的学生，包括那些
对创业教育感兴趣的学生，肯定有其他大学已经推行全校性创业教育，
你知道的，我们会观察斯坦福大学这样的机构是如何做的，然后再考虑
我们应该怎么做，我不确定这是不是我们推动全校性创业教育的主要原
因，但是我们肯定意识到其他机构已经比我们开展更多的创业教育活动
和课程"（TLL 同行学院的影响 FT07）。"我想像斯坦福大学和麻省理
工学院这样的机构正在影响其他机构在创业活动上的崛起；与此同时，
我们也意识到，我们不是斯坦福大学，它是一所相对小规模的私立大
学，作为一所大型的公立研究型大学，我们所做的事情和项目是不一样

的，但是我想我们是受它影响的"（TLL 同行学院的影响 FT18）。"是的，我想有这方面的因素在，你看看斯坦福、MIT 和哈佛，它们在创业上都非常活跃，如果你不做类似的事情，我想你是会吃亏的，但我不认为这是唯一的原因，但是我也认同这肯定是促使大学去探索全校性创业教育的一个原因，以致大学可以与其他大学保持竞争，这可以使你更具有吸引力……"（TLL 同行学院的影响 FT19）

从访谈中可以了解到，斯坦福大学、麻省理工学院和哈佛大学就像美国高校创业历史上树立的"黄金标准"，这个"黄金标准"的源头最早可以追溯到 1937 年，斯坦福大学学生大卫·帕卡德（David Packard）和威廉·休利特（William Hewlett）在其教授的鼓励下成立了惠普公司，20 年后，休利特和帕卡德向母校斯坦福大学捐赠一座建筑，斯坦福大学在创新创业领域上比其他同行都先行一步。在某种程度上，麻省理工学院也一样。受访者认为斯坦福大学和麻省理工学院在创业领域树立了"黄金标准"的部分原因是认为它们都能够通过推动创业活动获得大量的资金收入，美国高校在推动全校性创业教育过程中都希望自己的学生创业成功后能够对母校进行回馈。一位商学院的创业学教授在受访时说道："有一些研究指出，作为校友的企业家会提供更多的私人赠与（gifts）来支持学校，所以我很喜欢学创业的学生，但是成千上万的学生里面也只有一些人会成为企业家，我们现在更好地去帮助他们，为他们提供训练，帮助他们做正确的事情，或许他们以后会成为感激的校友，或许我们最后会获得来自他们的捐助或者抽空过来在课堂上讲讲他们的经历。对此，我们不奢望，但是我们希望他们会这么做"（TLL 校友支持 FT14）。

斯坦福大学和麻省理工学院作为美国高等教育体系中倡导和开展创业教育中的标杆，其他大学都希望在创业教育上以它们为榜样进行效仿。与此同时，其他大学在承认它们创业优势的同时，也意识到自己开设和推动创业教育和全校性创业教育项目中的不足。"你肯定听很多人在谈论斯坦福和麻省理工学院的创业教育，它们已经非常擅长开展创业教育，但是我们还不知道怎么去做，好多大型的公司对它们进行资助，我想所有的大学都希望能与谷歌这样规模的公司进行合作，并从中获得相应的经济支持"（TLL 同行学院的影响 FT15）。

意识到越来越多的高校，尤其是高等教育体系中享有盛誉的斯坦福大学和麻省理工学院等正在加大力度推行全校性创业教育，其他美国高校也都希望抓住考夫曼校园计划资助的机会来推广全校性创业教育项目，谁都不想在开展创业教育项目中落后于其他学校。从这个意义上来说，尽管获得考夫曼校园计划资助的高校在推动全校性创业教育过程中受到同行院校的影响，进而参与到拓展创业教育项目的高校竞争队伍中，但是这个竞争队伍并没有终点，大家只是想在富有创业声誉的高校队伍中寻求一个位置，获得同行的认可。

因为不同的高校在推动全校性创业教育项目中是不同的，斯坦福大学和麻省理工学院在创业领域中的成就固然有其值得肯定的地方，但这并不能说明，所有的大学都在盯着它们，它们如何推行创业教育，其他高校就跟着怎么做，相反，参与考夫曼校园计划的院校有些全校性创业教育项目也有其自身的优势，这些全校性创业教育项目也被引用至其他大学。正如一位全程参与全校性创业教育项目的商学院负责创业教育教学的教授在受访中谈道："我们试图去跟踪其他学校正在做什么，但坦白讲，其他学校也受我们的影响，我们的创业学习共同体项目形成了我们自己的特色，我们的另外一个全校性创业教育项目——创业训练营被印第安纳理工学院（India Institute of Technology）引用，他们是向我们学习的。很有趣的是，我们没有进行彼此的互动，我们向别人学习的同时，别人也在向我们学习"（TLL 同行学院的影响 FT14）。一位工程学院的执行副院长在受访时也说道："当其他大学开设新创业项目时，我们试图去观察它，我们可以从某些方面获得一些经验，然后我们也试图去利用这些经验，但这是间接的，我不知道有没有其他东西可学"（TLL 同行学院的影响 FT10）。换言之，高校推动全校性创业教育在一定程度上受到同行院校的"拉力"作用，但却构不成主要动机和原因，尤其是跟学生对创业教育的直接需求和兴趣的拉力相比，受其他高校影响的拉力因素显得更为弱小，不占主导地位。

高校之间时刻关注彼此在创业教育实践的举措，但具体而言，各高校之间还是形成了符合自身条件和文化的全校性创业教育实践模式，一位长期致力于创业教育研究，并具有三十多年教龄的创业学资深教授在受访中谈道："所有的模式都有存在的理由，因为大学是不一样的，到目前为止，我们的大学还是通过商学院来推行全校性创业教育，因为商学院的人们最具创业激情"（TLL 同行学院的影响 FT12）。由此可见，纵使高校在推行全校性创业教育过程中是盯着同行院校在创业领域的前沿做法，但这毕竟不是激发高校全校性创业教育产生的原始原因，更多的是高校在启动全校性创业教育过程中对已有创业教育项目和互动的进一步修正。确切地讲，同行院校在创业领域的活跃对于高校在构建创业教育项目和活动中投入一定的精力和资源具有触发作用，但这却不是产生全校性创业教育的根本原因。

（三）地区经济的发展

众所周知，20 世纪 80 年代以来，随着美国的各州政府在社会保障等公益性项目上的支出持续增加，作为发展性的高等教育事业从政府获得的资金呈现快速下降的趋势，从 20 世纪 50 年代末直至整个 60 年代的美国大学，尤其是公立大学的"黄金时代"被"紧缩时代"所取代。[①]"美国高等教育面临着重组和'勒紧腰带'的尴尬局面，不少美国高等教育管理者为了生存不得不进行一场'压力锅中的游戏战'"[②]。面对如此现状，密歇根大学安娜堡分校前任校长詹姆斯·杜德斯塔特（James Duderstadt）有句名言："过去的大学是州政府资助（state – supported），然后成为州政府辅助（state – assisted），现在蜕变为仅仅是坐落于州上而已（state – located）。"2014 年《高等教育内部》（*Inside Higher Education*）对全美所有大学的 342 位首席学术官员（如教务长、副校长以及校长）的调查结果指出：即使 91% 的受访者认为他们现在的机构处于"学术健康"（academically healthy）状态，但只有 11% 的人认为上年的财务状况有所改善。71% 的受访者预测他们将削减今年成效不好的学术计划，而 60% 的人说他们会考虑解雇表现不佳的教师。总的来说，受访者强调继续以降低各种成本的做法来最大化他们的预算和简化操作，不仅仅是针对评价项目和教师，也为了与其他机构合作（占 87%）和扩大在线课程（80%）。

---

① 卓泽林：《"紧缩时代"下美国公立研究型大学的应对策略研究——基于密歇根大学的经验、影响及启示》，《现代大学教育》2014 年第 6 期。

② 胡旺盛等：《高等教育市场营销研究》，合肥工业出版社 2008 年版。

　　公共经费上的巨大压力使得美国高校（尤其是公立大学）不得不采取"开源"和"节流"的方式主动谋求发展，其中，大学利用自身的知识资本和平台优势鼓励教师参与市场或类市场的创收来重新配置资源成为大学财政困境下不得已而为之的选择。以此为背景，这里的经济驱动力主要是指大学推动全校性创业教育是为了应对 20 世纪 80 年代以来大学公共资金的持续削减和大学为国家和地方经济发展服务的责任。显然，这两个因素都属于推力因素。

　　那么，在美国高校全校性创业教育产生的过程中究竟是推力大一些还是拉力大一些？虽然以往在分析大学推动创业教育的过程中没有考虑推拉因素，但是对个体的创业动机而言，如前所述，该理论的运用已较为普遍。然而，在个体创业动机的推拉因素分析中，不同社会背景下的推力和拉力是不同的。克里斯托弗·道森（Dawson，C.）和安德鲁·亨利（Henley，A.）对个体创业动机的研究表明，在经济危机和失业率快速上涨的时期，推动个体进行创业的因素可能是缺乏其他就业机会；但是在良好的经济环境下，人们进行创业的原因更多的是与市场机遇、更好的经济收入和个人自主性等积极的拉力因素相联系。[①] 笔者以"您认为推动全校性创业教育是为了回应经济萧条、改变大学资源收入渠道吗"为题，对 27 位访谈对象进行调查时，只有33%（9 人）的人认为高校推动全校性创业教育是为了应对美国当前经济发展迟缓，在这里需要特别指出的是，9 位受访者在进行肯定回答的同时也认为通过创业来提升当地的经济发展和改变大学资金流的收入是不大实际的，而且这也不是大学推动全校性创业教育的主要因素，因为在创业成功的前提下，大学衍生企业产生的经济效益至少也要十几年才能显现，正如一位饱受公共资助持续削减困扰的大型公立研究型大学的副校长在受访中所说："你知道的，即使我们培养的学生成立了公司，将来会通过私人赠与（gifts）回报给学校，但是你知道的，这不是几年之内就能完成的，至少也需要十几年的时间，所以我们推动更多的创业教育项目并不是说想要从中获得更多的经济回报"（TLT 地区经济的发展 FT07）。换言之，

　　[①]　Dawson, C., Henley, A., "Push" versus "Pull" entrepreneurship: an ambiguous distinction? *International Journal of Entrepreneurial Behavior & Research*, 2012（6）.

全校性创业教育产生的部分原因是对公共资源和经济停滞的回应，但却不是主要的原因。这里主要列举了受访者所阐述的一些主要观点进行说明。

比如，"高校性创业教育在一定程度上是对经济停滞的应对，但主要还是出于师生对创业教育的兴趣"（TLT 地区经济的发展 FT16）；"是为了应对经济的停滞，但是还有别的原因，历史和传统，学生的兴趣也占据了一定的地位，学校应努力使学生的思想转化为相应的经济推动力"（TLT 地区经济的发展 FT18）；"美国高校全校性创业教育的产生是为了应对经济的停滞，但这不是主要的因素，主要原因是资金来源的变化和政治的影响"（TLT 地区经济的发展 FT09）；"推动全校性创业教育是为了应对州经济的停滞，但是认为通过创业教育来帮助大学提升经济的做法并不现实，大学经济主要还是因为州政府的主导"（TLT 地区经济的发展 FT11）；"确实是为了应对经济发展的迟缓，纽约北部（雪城大学所在地——笔者注）相比美国其他地区而言的经济发展较为滞后"（TLT 地区经济的发展 FT05）。

有 67%（18 人）的受访者对全校性创业教育的产生是为了对经济停滞的回应的观点持否定回答，并且提出了否定的内在原因。例如，"不是对经济停滞和公共资金削减的回应，我想是对学生和教师兴趣的回应，创办衍生公司进而创造工作岗位，把大学科技发展的理念转化为州的利益，是大学的责任。我不认为是对经济停滞的回应，我也不认为创业教育能够这么做或者这么被计划去做，你知道的，大学要成功孵化出一个衍生公司和培养一个企业家所花的时间是很长的，这不是我们要做的常规事情"（TLT 地区经济的发展 FT08）。

值得注意的是，尽管只有 33% 的受访者认为推动全校性创业教育是为了应对经济停滞和公共资金的放缓，但是，所有受访者都认为大学有责任为国家和地区经济发展服务。这里同样以他们的一些主要观点进行说明。"传统上，大学，像加州大学洛杉矶分校的传统使命是研究和教学，但是现在公立研究型大学有一个新的使命，那就是为经济发展服务。你知道的，大约在 800 年前，教学是现代高等教育的核心使命，大学的存在是为了通过教学向人们传播知识，你认为可以让牛顿在 17 世纪的牛津大学思考创造工作岗位而不是地心引力吗？不，他应该思考革果为什么能从树上掉下来，这个使命在大学存在了几百年，直到最近，加州——其他州也一样——撤回了公立大学的公共资金，我们被迫为保留住当前的预算而把更多时间花在工作岗位创建、增加衍生企业数量所进行的教学和研究上，大学开始建立类似于大学研究园这种地方，在那里他们经常谈论的是，由该研究园产生的工作是怎样的，但是让大学试图证明其在经济发展目标中的作用是近期的事情。可以说，在过去十年创业在大学已经变得越来越重要了，一言以蔽之，就是大学发展优先权的转变，州政府希望能够从大学的投资中获取回报，它们想要增加大学衍生公司数量，想要知道当地有多少人受到雇佣，从那些活动中能够获取多少税收，这就是大学使命的转变"（TLT 地区经济的发展 FT14）。

由此，我们就可以看出，在美国当前的经济背景下，尤其是 20 世纪 80 年代以来所实行的一系列"小政府，大社会"的市场主义导向的公共政策，导致大学尤其是公立大学的公共资源日渐减少，大学被迫为地方和国家经济发展服务，而创业教育，尤其是全校性创业教育成为促进地方经济发展的一个富有成效的途径，因为它不仅可以在税收上带来收益，还可以通过创造更多的工作岗位为就业服务。因此，在全校性创业教育中，高校为地方经济发展服务的推力因素也不可小视。与此同时，在推动全校性创业教育的过程中，高校为应对经济停滞和州政府公共资金缩减的推力却相当弱小。因此，总体而言，经济驱动力的推力因素与受到同行影响和学生对创业教育的需求相权衡，还是拉力所起的作用更大些，尤其是跟学生对创业活动的需求相比，拉力作用则更为明显。

（四）商学院功能的局限

之所以在讨论美国高校全校性创业教育产生原因的推拉因素分析方面单独选择考夫曼基金会原主席卡尔·施拉姆来进行深入讨论，是因为他在担任 10 年的考夫曼基金会主席期间首次推动的考夫曼校园计划使美国 13 所高校（另外 5 所受伯顿·摩根基金会资助，故不在本书讨论范围内）践行全校性创业教育项目成为可能；换言之，如果没有施拉姆主席所推行的两期考夫曼校园计划分别给美国 13 所高校拨款 3 百万至 5 百万美元不等的全校性项目经费，那么，即使美国高校对推动全校性创业教育跃跃欲试，但由于经费问题，也只能停滞在想法阶段，难以出现美国高校现在在全校性创业教育推广上的领先地位。正如雪城大学全校性创业教育项目主任布鲁斯·金玛在接受笔者访谈过程中所提到的："如果没有考夫曼基金会的全校性创业教育项目资金，雪城大学就不可能有全校性创业教育项目，我们也不会强调体验式创业教育"（TLL 社会独立智库的影响 FT05）。可见，施拉姆主席就如同是美国高校全校性创业教育领域的"拓荒者"，他通过考夫曼基金会这个平台大大地推动了美国高校全校性创业教育的发展，对此，"英国《经济学家》把他称作创业精神的福音传教士"。①

在与创业经验、理念和教学经历相关的内容上，也有几个相当明确的理由堪为佐证：首先，作为一个经济学家，施拉姆不仅在美国高校有着丰富的教学经验（担任考夫曼基金会主席之前在约翰·霍普金斯大学从教 15 年，现就职于雪城大学），他同时是一位有着丰富创业经验的企业家，这些经历有助于他对美国高校在创业教育总体情况和美国社会背景下企业发展的认识。因此，施拉姆就职考夫曼基金会伊始就大力推动考夫曼创业基金跟教育领域的联系，突破了该基金会之前资助的对象主要是当地的非营利企业的局限，使考夫曼基金会不仅成为第一个推动美国高校全校性创业教育的非营利基金会，并且是全美第一个拥有自己试验创业教育特许学校的基金会。

其次，创业乃至创业教育一直以来都是施拉姆关注的重心。他不仅在推动创业教育上身体力行，也就创业话题著书立说，例如《创业力——美国的经济奇迹如何改变世界，改变你的生活》② 就是其中一部较有影响力的探讨美国创业和创业教育的著作。施拉姆的创业理论和思路非常明确，仅就高等教育领域而言，施拉姆认为："美国高校从创立之日起，就显示出极高的创业热情，它们强调以直接的方法解决国家的实际问题（尤其是理工科方面）。1862 年《莫里尔法案》（Morrill Act）的出台，标志着政府在高等院校的创业筹备和创业导向方面已经迈出了

---

① 维基百科：Carl Schramm. https：//en. wikipedia. org/wiki/Carl_ Schramm。

② Schramm, Carl, *The Entrepreneurial Imperative*：*How America's Economic Miracle will Reshape the World and Change your Life.* Harper Collins，2006.

转折性的一步。"① 但是现在高等院校在创业传统上却偏离了既定轨道，尤其是仅仅依赖商学院来推行创业教育和培养创业人才是行不通的。下面具体讨论施拉姆关于高校商学院在创业教育教授功能上的局限性的表述，及推动创业教育向全校、向不同学科发展的理由。

在 2006 年出版的《创业力》一书中，施拉姆直截了当地指出，学校面向全校学生开设创业类课程的理由有三个。第一，高校的商学院很少关注公司构建方面的研究；第二，商学院的教师一般都不愿意为非本专业学生开设商业课程，因为大多数商学院都认为自己的课程内容是自成一体的，对于其中涉及的一些见解，非本专业学生是不会感兴趣的；第三，更糟糕的是，人们想当然地认为，非本专业学生并不是商学院的重点教学对象②。他进一步指出，第三点在美国高校创业教育的影响因素中是最大的。正因为这种理念的存在，过去一段时间以来，尽管创业教育在美国出现快速增长的趋势，但更多的受教对象都仅仅局限于商学院的学生，创业教育难以普及。

那么施拉姆通过哪些方面、在什么意义上来讨论他认为的高校商学院在推行创业教育上的功能局限性？结合笔者对施拉姆教授进行的访谈和他在著作等方面的观点，作如下解释。

第一，施拉姆关于商学院在推广创业教育中难以发挥应有的成效的分析是基于美国商学院的发展战略定位跟不上当前国家的经济发展形态的现状。美国经济状况正在不断变化，经济制度的本质也在发生转变，可是商学院的应对速度却显然跟不上，换言之，美国经济已经进入了创业型经济时期，这是美国经济的核心，但还没有成为商学院课堂上的核心内容。③ 施拉姆指出：如今，创业型经济已经成为世界经济发展的主导模式，可美国商学院显然在聘用那些最不可能认识到这一事实的人来担任教师，所以现在的问题就变成美国商学院应该如何通过改革，或者

---

① ［美］卡尔·J. 施拉姆：《创业力——美国的经济奇迹如何改变世界，改变你的生活》，王莉、李英译，上海交通大学出版社 2007 年版，第 104 页。

② 同上书，第 118 页。

③ 同上书，第 126 页。

如何"再次"通过改革，让自己与美国的创业型经济合拍①。根据施拉姆本人的判断，当代的商学院在美国经济发展中根本不起任何作用。确实，商学院的意义和价值受到了许多人的质疑，米·奥吉尔（Mie Augier）和詹姆斯·马奇（James G. March）从学科分析角度的研究指出，由于过分强调学术严谨性，导致现在的商学院分化成了一座座"孤岛"，教授们大多极为精通自身领域，而对其他领域一无所知，因为学术严谨性和多学科研究之间存在冲突，严谨的重要性促使人们专攻一门学科②。2008 年的国际金融危机更是把人们对商学院价值的质疑推到舆论的风口浪尖上。

因此，要发挥商学院在未来经济发展中的建设作用就必须对其进行彻底的改革，使其更加注意创业教育在创业型主导的美国经济形态中的作用。对此，施拉姆强调商学院在未来的改革中应该凸显创业力（entrepreneurial imperative），也就是说，应该在课程改革等方面侧重于介绍经济发展方向，而不是过去的历史，经济学必须成为新课程中的重点科目，毕竟它是唯一一门帮助学生理解市场、个人动机、资本流动和政府政策这四者关系的课程。③

第二，商学院在创业课程内容设置和教学方法上出现单调和空心化现象。作为考夫曼基金会主席，如前所述，施拉姆在推动美国高校全校性创业教育中扮演着"拓荒者"的角色，实实在在地推动了创业教育走出美国高校商学院，向全校范围拓展。那么相比他着重强调要发挥商学院在美国创业型经济上的主导作用而言，施拉姆担任基金会主席期间立即推动全校性创业教育有没有更为具体的原因和依据？笔者问"是什么原因促使您在担任考夫曼基金会主席之后就立即推动全校性创业教育项目"，他回答说：作为来到考夫曼基金会的一个经济学家，我对之前在美国高校商学院研究和观察到的他们在创业课程设置和创业教学上所运用的方法很失望，特别使我惊讶的是，他们主要依赖于商业计划写

---

① ［美］卡尔·J. 施拉姆：《创业力——美国的经济奇迹如何改变世界，改变你的生活》，王莉、李英译，上海交通大学出版社 2007 年版，第 126 页。

② 摩根·威策尔：《商学院的意义何在》，《金融时报》2011 年 9 月 26 日。

③ ［美］卡尔·J. 施拉姆：《创业力——美国的经济奇迹如何改变世界，改变你的生活》，王莉、李英译，上海交通大学出版社 2007 年版，第 126 页。

作（business plan writing）的方法来教授创业教育，显然这不是现实世界中创业家所应遵循的，这使我坚信创业课程应该成为其他学科学者的研究对象，我是一位跨学科研究和教学的坚信者，这就是我们认为多元学科方法应该存在的原因。换句话讲，创业教育应该走出商学院，不同学科单位都有权利和道德义务来研究和教授创业教育"（TLT 商学院功能的局限 FT06）。

确实，美国高校所提供的大量创业课程的特点就是撰写商业计划。① 施拉姆进一步解释："我曾经走访过一些商学院，它们的创业入门课程（为期 13 周，每周两次）是由 26 名成功创业的校友主讲的，内容是介绍他们的创业人生经历。这确实能启发学生的灵感，但其中究竟包含多少缜密分析和演绎推理就不好说了。"② 也就是说，我们必须对案例教学的方式进行考查，尤其是对创业方面的课程进行考查。个案研究是有用的学习工具，它可以让学生分析现实情况、独立思考，真正将课堂教学和生活实际联系起来。但是在运用过程中，一定要把握好合理的度，它不应该成为教学的唯一手段。③ 表 1 - 4 说明了美国主要商学院在教学过程中所采用不同教学方法所占的比例，显然，案例教学是所有商学院最为普遍的方法，其中哈佛大学商学院的案例教学所占比例高达 80%；排在第二位的是讲授方法，而体验和模拟这两种凸显创业实践导向的教学方式仅在个别商学院运用，且其所占的比例也相当低，最高比例分别也只占 25% 和 15%。

表 1 - 4　　　美国主要高校商学院采用不同教学方法所占比例　　　单位：%

商学院	案例	讲授	体验	模拟	其他
加州大学伯克利分校	50	30			20
加州大学洛杉矶分校	30	50			20
卡耐基梅隆大学	30	60			10
芝加哥大学	25	50		5	10

---

① Sá, C. M., Kretz, A. J., *The Entrepreneurship Movement and The University*. Palgrave Macmillan, 2015：81.

② Ibid. .

③ ［美］卡尔·J. 施拉姆：《创业力——美国的经济奇迹如何改变世界，改变你的生活》，王莉、李英译，上海交通大学出版社 2007 年版，第 127 页。

续表

商学院	案例	讲授	体验	模拟	其他
哥伦比亚大学	40	40			20
康奈尔大学	40	25			35
达特茅斯学院	40	30	10	10	10
杜克大学	40	45		15	
哈佛大学	80	15			5
印第安纳大学	40	30			30
麻省理工学院	45	30		10	15
密歇根大学	40	40	20		
纽约大学	37	38			25
北卡罗来纳大学教堂山分校	40	35		10	15
西北大学	33	33			34
宾夕法尼亚大学	55	30	15		
普渡大学	50	25	25		
罗切斯特大学	30	50			20
南加利福尼亚大学	30	50	20		
斯坦福大学	55	30		10	5
得克萨斯大学奥斯丁分校	35	45		5	15
范德堡大学	30	50			20
弗吉尼亚大学	70	15		5	10
华盛顿大学圣路易斯分校	45	25	10	10	10
耶鲁大学	35	60	5		

资料来源：Business School Admission. com（2016 - 06 - 25）. www. businesss chooladmission. com/teaching_ methods. phd, 2008 - 07.

施拉姆根据自己研究和观察到的美国高校商学院在创业教育教学和课程设置上存在的不足，认为高校创业教育应该向全校范围拓展，虽然具有一定的主观性，甚至商学院的教职工不认可这一观点，但不可否认的是，考夫曼校园计划的全校性创业教育项目确实在美国高校全校性创业教育领域掀起了改革的浪潮。如前所述，受考夫曼校园计划资助的院校所推行的全校性创业教育项目已经被其他非资助院校引用和学习。总而言之，施拉姆的全校性创业教育理念在当前的经济背景下是值得认可和传承的。

退一步讲，关于美国高校商学院功能的局限性的问题是有充分的历史根据的。其中最为典型的是 1959 年卡耐基基金会和福特基金会同年出台的两份报告，由于这两份报告分别委托美国高校经济学家撰写，因此报告分别以他们的名字命名，卡耐基基金会的报告由斯沃斯莫尔大学（University of Swarthmore）的经济学家弗兰克·皮尔森（Frank Pierson）教授撰写，因此称之为《皮尔森报告》（*Pierson Report*）；而福特基金会的报告则分别由伯克利加州大学和斯坦福大学的经济学家亚伦·戈登（Aaron Gordon）和詹姆斯·豪威尔（James Howell）两位教授完成，相应地称之为《戈登—豪威尔报告》（*Gordon and Howell Report*）。这两份报告对商学院进行调研和分析的视角不尽相同，例如，《皮尔森报告》主要关注和探讨"高等教育本科在商业教育上的原则""运用这些原则到现有的本科和研究生院的项目中"和"考察一些指定商学院的课程"等主题；而《戈登—豪威尔报告》主要关注的是："商学院的教学目的是什么？""在创业教育中应关注的商业实践的基本要素是什么""商学院毕业生的市场是什么""教育在开发商业竞争力中的作用是什么"等主题。有趣的是，两份报告所得出的结论有着惊人的相似之处，即所有的锋芒都指向了美国高校商学院的教学质量问题。

《皮尔森报告》批评了商学院在市场（marketing）和生产（production）等大量的专业课教学过程中运用简单的教学技能和浅显的分析内容和教育价值，报告指出，应"着重提高商学教育标准向更有扎实基础知识的教育经验发展"；[①] 换言之，商学院的发展应该更加强调基础知识的传授，少一些技能方法的传授。正如在报告中所指出的："应该把主要的精力放在培养学生的清晰分析素养、想象推理和平衡判断，并且在具体的商学环境中运用这些素养……因此不应该提倡更多的专业性（specilization），特别是在本科生阶段。"[②]

---

① Augier, M., March, J., *The Roots, Rituals, and Rhetorics of Change—North American Business Schools After the Second World War*. California：Stanford University Press, 2011：115.

② Pierson, F. C., etc., *The Education of American Businessmen*. New York：McGraw–Hill, 1959：xiii.

　　或许是因为报告出台之前，福特基金会就参与了许多商学院建设项目的筹划，也可能是因为报告内容本身具有更强的连贯性，《戈登—豪威尔报告》与《皮尔森报告》相比更能引起关注（从报告被引用的次数来看），① 该报告得出的主要结论是：美国创业教育的学术标准太低；在教学过程中运用的方法不充分，以致难以培养具备分析和管理能力的未来经理人；管理课程过多地倾向于开发职业性，忽略了建构管理核心竞争力的价值；商学院难以吸引高质量的学生；商学院研究质量和数量的不足导致难以在管理实践和理论上有所建树；商学院的教师整体水平也不高。正如报告所指出的："职业主义者（指商学院教师）倾向于吸引差劲的学生进行一些实践训练，从本身来看，他们对研究毫无兴趣，基本上不会思考商业管理领域的一些问题，仅仅保护自己所研究的领域。"② 报告最后呼吁提高商学院教师和学生的质量，尤其是要重新培训和更新商学院教师的学科基础。在这里特别需要指出的是，该报告还呼吁商学院引进社会科学家（social scientist），即："数学家、统计学家、经济学家、心理学家以及其他主要关注不同学科和能够对商业问题运用分析工具的科学家"③。"这意味着让行为科学家、数学家和统计学家参与到商业问题中（不管他们是否进入商学院），让商业领域博士生候选人和教师进行更多的跨学科研究和训练，从而能够跟得上最新的发展趋势"。④

　　通过以上分析，我们看出，历史和现实总是有着惊人的相似，《戈登—豪威尔报告》和《皮尔森报告》不仅为卡尔·施拉姆主席的论点提供了坚实支撑，也在一定程度上佐证了商业教育、创业教育的跨学科合作和研究为全校性创业教育理念的发展提供了一定的历史基础。

---

　　① Augier, M., March, J., *The Roots, Rituals, and Rhetorics of Change—North American Business Schools After the Second World War*. California：Stanford University Press, 2011：118.

　　② Gordon, R. A., Howell, J. E., *Higher Education for Business*. New York：Columbia University, 1959：349.

　　③ Ibid., 347.

　　④ Ibid., 392.

二　当创业理念与学校整体发展规划相融合时传统推拉因素失效

创业理念渗透是全校性创业教育发展的理想阶段，以理念提升为目标，主要体现为创业精神与学校整体发展相融合，内化为学校的核心使命。① 换言之，当创业教育被列入大学整体发展战略时，鼓励和培养教师和学生的创业精神和创业能力就成为学校的常规活动，所以一般推拉因素就会发生"变形"，甚至失效。

通过以上对推拉因素的分析，我们知道只要存在学生对创业的需求，大学本身有足够大的推动力，那么高校就会开展或推动创业教育或全校性创业教育。但是，当发展创业教育成为大学共同愿景（vision）中的重要组成部分纳入大学未来发展蓝图时，在实践中开展或推动创业教育就成为大学组织成员的努力方向，因为共同愿景是学术共同体为之奋斗的方向，它是否能够实现以及在什么程度上得以实现与每位成员的努力和重视程度息息相关。例如，2002 年 7 月，亚利桑那州立大学校长迈克·克罗（Crow, M. M.）就大学未来发展前景进行规划时指出，致力于构建一个新美国大学（New American University）发展蓝图，而在如何践行这个发展愿景所提出的八条"黄金标准"中，把"重视创业"置于第三的位置②。换言之，克罗校长就是要打造一个以创业为特色的大学，把创业文化植入大学组织文化中。

可想而知，在这种情况下，培养创业能力，鼓励以创业的思维方式思考和解决问题已经成为整个大学的自觉行为。同样的例子也发生在马里兰大学本校区（college park），该校第 33 任校长华莱士·罗（Wallace D. Loh）在 2011 年 4 月就职演说中明确把"发展创新创业"列入自己在任职校长期间的大学未来发展的四大战略，排在第二位，仅次于"学生机遇与成就"，排在"大学未来国际化战略"之前，这一愿景同

---

①　梅伟惠：《创业人才培养新视域：全校性创业教育理论与实践》，《教育研究》2012年第 6 期。

②　Crow, M. M. , A New American University：The New Gold Standard（2016 - 11 - 29）. Inaugural Address 2002. https：//live - newamericanuniversity. ws. asu. edu/sites/default/files/asu_inauguraladdress. pdf.

样是把创新创业精神植入大学的组织文化中，使其成为大学发展战略的努力方向。在这里，我们不能绝对地说，以上两个高校在开展和推动创业教育或全校性创业教育时没有考虑过学生的需求和应对公共资金削减等因素，但是，很显然这些因素并非触发大学推动全校性创业教育的主要推拉因素。正如该校创新和创业中心负责人汤姆·帕克（Tom Park）统计，2014 年参与注册该校创业课程的学生只占本科生总人数的6%—7%，上述分析中的主要拉力因素出现了"功能失效"，对此，我们很难说，该校推广全校性创业教育是为了回应学生的兴趣和需要。因此，这从一般的推拉理论中无法得到解释。根据上述对美国高校全校性创业教育产生的推拉因素的分析，我们构建了推拉因素模型，以方便读者更为直观地理解。详见图 1 – 2。

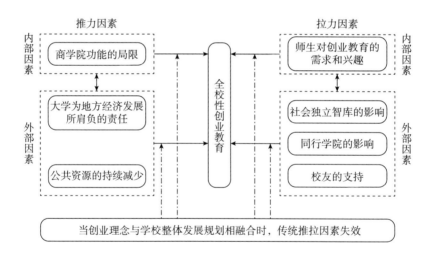

图 1 – 2　美国高校全校性创业教育产生的推拉因素模型

资料来源：研究者自制。

第三节　美国高校全校性创业教育的典型组织架构

虽然考夫曼基金会推广的全校性创业教育项目在 2012 年已经完满落幕，但是13 所受资助的考夫曼院校所推行的全校性创业教育项目却在美国高等教育体系产生了广泛的影响。全校性创业教育仍在如火如荼地进行，当然，这其中也有不少项目遇到一些挑战。除考夫曼基金会之外，其他私人基金会和相关政府附属部门都在不断地加大对全校性创业教育的投资力度，其中有科尔曼基金会推行的创业教职研究员项目，旨在鼓励教师在全校范围内推动学生创业，以及美国国家基金会向在创业组织架构创新上先行一步的俄克拉荷马州立大学的创业学院拨款 30 万美元①，用于资助学生的创业孵化，类似的例子不胜枚举。简言之，全校性创业教育在美国高校扎根并不断受到重视和培养。

　　全校性创业教育繁荣发展的终极目标是在高校内部形成一个良性循环的创业生态系统（见图 1 - 3），而一个健全的创业生态系统反过来又能够确保全校性创业教育的可持续发展，把全校性创业教育的可持续发展视为高校推广创业教育的价值指归，避免创业教育的昙花一现，这也是考夫曼基金会推行考夫曼校园计划的初衷。但是创业生态系统的构建少不了其最基本的创业支持机制（如不同部门的通力合作、

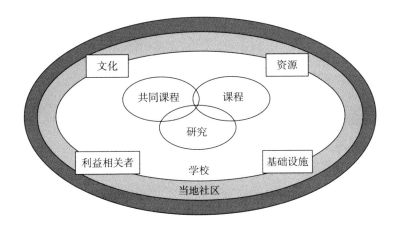

图 1 - 3　美国高校创业生态系统

资料来源：Hoskinson, S., Kuratko, D. F., *Innovative Pathways for University Entrepreneurship in the 21th Century*. Emerald Group Publishing Limited, 2014：31.

------

① Elliott, Dollie, School of Entrepreneurship receive MYM300K National Science Foundation I - Corps grant（2016 - 11 - 02）. http：//spears. okstate. edu/news/2016/02/17/school - of - entrepreneurship - receives - 300k - national - science - foundation - i - corps - grant/.

创业技术支持平台、创业资源等），只有这些创业系统的主要部分彼此联结、发展和演化，才能在高校内部推行可持续性的全校性创业活动。当然，全校性创业教育想要规范、有组织地推行，肯定少不了用于协调与统筹全局的创业教育组织架构，鉴于美国高校多样性的特征，推动创业教育的组织架构亦呈现多样化，并不存在一种放之四海而皆准的统一模式。具体而言，这些组织架构可能附属于商学院，也可能是独立的创业中心；其运行方式可能是呈现分散化（辐射模式），亦有可能是较为集中（磁石模式）的。这就为我们分析美国高校全校性创业教育提供了多种可供参照的组织架构。

一 独立的大学创业办公室

独立的大学创业办公室（Independent University Office of Entrepreneurship，以下简称创业办公室）是美国高校在发展全校性创业教育过程中逐步形成和探索出的创新组织架构，亦是 2003 年考夫曼基金会启动考夫曼校园计划时对参选高校的一个硬性指标，即要求获得全校性创业教育资金的所有高校必须在全校范围内成立一个独立的创业办公室来处理所有的创业活动，并且要求该办公室的主任或负责人由学校的领导层（如校长、副校长或教务长）直接负责。以商学院为中心的学校将不会得到资助①。考夫曼基金会的目的很明显，就是希望创设一个有别于以往商学院那种较为集中的创业传授方式，让创业教育辐射到全校不同学科的教师和学生。但是成立一个大学范围内的独立的创业办公室并非易事，它不仅需要在行政上获得学校领导层或董事会的审批，最为主要的是要有源源不断的资金进行支持，才能确保其基本的运作。也就是说，这类独立的创业办公室目前主要由获得考夫曼校园计划资助的高校在运作。例如，有维克森大学的创业与文理办公室（Office of Entrepreneurship and Liberal Arts）、伊利诺伊大学香槟分校的创业领导力学院（Academy for Entrepreneurship Leadership），等等。

从这些已经成立的独立的创业办公室来看，它们的名称虽然没有全

---

① Morris, N. M., Kuratko, D. F., Cornwall, J. R., *Entrepreneurship Program and the Modern University*. Edward Elgar, 2013：246.

部冠以独立办公室的称谓，但均有类似的功能和目标。例如，制定和开设新的创业辅修学位项目和课程、为大学新生提供创业入门课、建立或拓展社区商业来帮助学生与周边的社区形成互动发展，构建大学与社区一体化双向发展，等等。它们都有着共同的目标，即希望通过独立的创业办公室所制定和开发的各种项目和课程来将创业精神和能力注入大学各个不同学科中，鼓励更多的学生参与到创业队伍中来，培养学生的创业性思维。如果说通过独立的创业办公室开展的创业教育与以往以商学院为中心推行的创业教育有什么区别的话，那么这种区别主要体现在三个"化"中。

（一）课程类型多样化

创业课程是高校践行创业教育的最基本、最重要的载体之一，在全校性创业教育背景下，创业课程类型的多样化能够满足不同专业背景学生群体的现实诉求，比如，工程与技术领域的学生往往有着良好的产品创意，但是缺乏商业化和市场化观念，创业教育可以为这些学生提供知识产权、商业化过程、市场营销、风险投资等知识；针对人文学科的学生，创业教育可以鼓励学生关注社会创业；针对艺术与设计专业的学生，全校性创业教育应鼓励他们开展创造性工作，帮助他们成为自由职业者或自我雇佣者。[①] 简言之，创业课程类型的多样化能够在满足不同学生群体对创业知识的选择性需求的情况下，彰显全校性创业教育人人可获得、可选择的人文关怀，毕竟不同专业学科的学生对创业教育的需求是不一样的，况且不同类型创业课程的教学目标和体现出来的价值也不尽相同。例如，创业基础课着重向学生讲授和展示新企业创建的基本知识和技能，一般通过观摩、阅读、思想沟通、案例等方法来促使学生理解模糊和高度竞争的创业环境，其教学目标是侧重于技能性知识的掌握。而社会创业这种类型的课程主要是向学生介绍社会创业家如何利用创新的方法解决社会的重大需求和困难，进而改变社会和世界，其目的是侧重于唤醒学生社会责任意识，强调社会责任感的培养。

由于服务的学生群体横跨不同专业和学科，独立的创业办公室所开

---

① 梅伟惠：《创业人才培养新视域：全校性创业教育理论与实践》，《教育研究》2012年第6期。

设的课程类型也呈现多样化。当前美国不同高校推行的全校性创业教育项目和课程有：健康创业、群体创业、酒店创业、艺术创业、历史创业、绿色或可持续创业、公共部门创业、社会创业、工程创业、农业创业、医药创业、女性创业、民族和小众创业、体育创业和生活质量创业等等①。

具体以维克森大学为例，该大学是在 2003 年获得考夫曼基金会首期全校性创业教育资金，翌年便成立了创业与文理办公室用于协调和监管一系列的相关创业活动。由于在获得考夫曼创业基金之前，该校没有任何正式创业项目（program）和创业活动（initiatives）来服务对创业教育感兴趣的非商学院学生②，因此开发和设计新的创业课程成为该办公室成立后的主要职责之一，创业与文理办公室通过课程开发资金鼓励不同部门的教师来制定和修订已有创业课程，截至 2012 年，来自 23 个部门的 58 位教师已经设计和讲授了 50 门新创业课程③。表 1 - 5 列出了该独立的创业办公室部分主要新制定的创业课程。

表 1 - 5 　 维克森大学创业与文理办公室提供的主要全校性创业课程

课程代码	课程名称	服务对象	课程类型	课时
ESE100	创造力与创新	非商学院学生	必修课	3 小时
ESE101	创业基础	非商学院学生	必修课	3 小时
ESE205	管理创业型企业：初创企业至前期发展	非商学院学生	必修课	3 小时
ESE100	创造力与创新	商学院学生	必修课	3 小时
ESE205	创业	商学院学生	必修课	3 小时
ESE204	艺术和行动主义	全校	选修课	3 小时
ESE250	企业建构交流	全校	选修课	3 小时

①　Morris, N. M., Kurotko, D. F., Pyyor, C. G., Building Blocks For The Development Of University – wide Entrepreneurship. *Entrepreneurship Research Journal*, 2014（4）.

②　Gatewood, E., Corner, W., West, P., Changing a Campus Culture：The Role of the Kauffman Campus Initiative in Promoting Entrepreneurship at Wake Forest University. Wake Forest University, 2012：2.

③　Ibid., 7.

续表

课程代码	课程名称	服务对象	课程类型	课时
ESE301	创业特别专题	全校	选修课	1.5 至 3 小时
ESE310	艺术创业	全校	选修课	3 小时
ESE315	非营利艺术和教育创业	全校	选修课	3 小时
ESE320	社会创业	全校	选修课	3 小时
ESE321	社会创业与人文学科：创新、公共参与与社会转型	全校	选修课	3 小时
ESE322	宗教、贫困与社会创业	全校	选修课	3 小时
ESE323	社会创业和暑期项目	全校	选修课	6 小时
ESE325	自由贸易、公平贸易：全球市场中的独立企业家	全校	选修课	3 小时
ESE326	有关企业家、活动分子和社区领导的写作	全校	选修课	3 小时
ESE330	科学家创业	全校	选修课	3 小时
ESE335	可持续能源创业：科学、政策和经济	全校	选修课	4 小时
ESE340	科技沟通与创业	全校	选修课	3 小时
ESE350	实习和创业研究	全校	选修课	1.5 或 3 小时
ESE351	绿色科技：科学与创业	全校	选修课	2 或 3 小时
ESE357	生物灵感与仿生学	全校	选修课	3 小时
ESE371	创业经济学	全校	选修课	3 小时
ESE380	美国创业史	全校	选修课	3 小时
ESE384	思维设计和高绩效团队	全校	选修课	3 小时
ESE391	独立创业研究	全校	选修课	1.5 或 3 小时
ESE394	学生创业家行动	全校	选修课	1.5 或 3 小时

　　除了独立的创业办公室提供的创业必修课和选修课以外，维克森大学还制定了另外大约 60 门植入不同部门的创业选修课。[①] 实际上，在学生对创业教育需求不断膨胀的情况下，创业课程类型多样化的情况并

---

① Entrepreneurship & Social Enterprise Minor Requirements （2016 – 04 – 14）. http：//entrepreneurship. wfu. edu/learn – 2/ese – minor/.

非维克森大学独有，而是美国高校推行全校性创业教育的一个重要组成部分和发展趋势。例如，截至 2011 学年度，伊利诺伊大学香槟分校就已经开发了 153 门重要的创业课程，[①] 甚至有些新开发的课程已经引起了全国的关注，产生了广泛的影响，其中较为典型的是由市场专业的马杜·维斯瓦纳坦（Madhu Viswanathan）教授负责开发的"产品与市场生存的市场开发"（*Product and Market Development for Subsistence Market-place*）课程，该课程被《企业》杂志评选为 2011 年全国最好的创业课程。[②] 华盛顿大学圣路易斯分校新开发了近 80 门新创业课程，并把它们分为四种类型：（1）帮助学生理解创业在当今世界中的作用的视角课程（Perspective Course）；（2）讲授方法，分析技能和工具进而构建核心学科素养的技能课程（Skills Course）；（3）运用理论课程和技能课程所学的知识来检验学生的创业能力、自信等的模仿体验课程（Simulated Experience Courses）；（4）通过允许跨学科学生团队合作来进一步增强自我效能感和成熟度，进而启动公司构建的高峰体验课程（Capstone Experiential Courses）[③]。类似的情况在其他致力于推动全校性创业教育的美国高校中也较为普遍。

（二）辐射范围普遍化

独立的创业办公室这种服务于全校的先天性定位本身就决定了它在服务范围上的广泛性和辐射群体上的普遍化。与传统商学院只针对本院学生开设创业教育不同，独立的创业办公室致力于尽可能多地满足不同学科学生和教师的创业需求，彰显创业教育的"有教无类"原则。"这种全校创业理念丰富了曾经只面向商科学生的'创业'概念，力争将创业教育向全校各个部门的管理者、院系职工和学生开放。无论是对音

---

① University of Illinois at Urbana – Champaign. Transforming a Larger, Complex Research University into a more Entrepreneurial Organization. University of Illinois at Urbana – Champaign，2012：13.

② 《企业》杂志官方网站（2016 – 04 – 17）. http：//www. inc. com/magazine/2110401/what – the – students – say – sustainable – product – and – rnarketdevclopmcnt – for – subsistence – marketplaces – at – the – university – of – illinois. Html.

③ Harrington，Ken，Philanthropy，Leadership and Relationship. Washington University in St. Louis，2012：7. http：//www. kauffman. org/ ~ /media/kauffman _ org/research% 20reports% 20and%20covers/2013/08/kci_ washingtonuniversity. pdf.

乐、艺术、法律、公共政策、医学、医药、农业、工程学或社会学来
说，创业思维和创业活动都非常重要"①。换言之，创业教育向其他学
科拓展和渗透所体现出的重要性已经在一定程度上超越了仅仅满足学生
需求的外在表现，更多的是，为创业教育提供了一个跨学科的教学或研
究方法，这种跨学科方法反过来又可以给创业研究带来更多的创造性，
因为不仅一些最具创造性的学生可能来自非商业学科，而且通过增加来
自不同背景和具有不同问题解决方式的学生们之间的互动和冲突，抑或
称之为"创造性的摩擦"（creative abrasions）② 能够为创业教育教学和
课堂注入更多的活力和创造性。

　　自 2003 年起，由大学独立的创业办公室推动的全校性创业教育
的受教对象已经彰显了高度的跨学科性和辐射范围的普遍化。例如，
伊利诺伊大学香槟分校在 2011 学年通过创业领导力学院所制定的 153
门课，在全校范围开设 378 节课，其中不同学院注册这些课程的学生
所占的比例分别是：农业学院和环境科学院占 14%、商学院占 20%、
工程学院占 14%、文理和科学学院占 32%，应用健康科学、教育、
美术与应用艺术、法律、图书馆和信息科学、劳动和就业关系占
20%。总体上，超过 129 个本科专业和 61 个研究生专业的学生注册了
这些创业课程，仅仅在 2010—2011 学年，创业教育注册人数就高达
1.3 万人③。

　　2008 年，雪城大学以 Enitative 为校园催化平台，来自五个合作校
区选择创业课程的学生，从以往的 1800 名增长至每年 7500 名。④ 维克
森大学则通过神学院、医学院、法学院以及艺术与科学院等八个学院拓

---

　　①　Morris, N. M., Kuratko, D. F., Pyyor, C. G., Building Blocks For The Development of University – wide Entrepreneurship. *Entrepreneurship Research Journal*, 2014（4）.

　　②　Morris, N. M., Kuratko, D. F., Covin, J. G., *Corporate Entrepreneurship & Innovation*, *3rd edition*. Mason, OH: Cengage/South Western Publishers, 2011.

　　③　University of Illinois at Urbana – Champaign, Transforming a Larger, Complex Research University into a more Entrepreneurial Organization. University of Illinois at Urbana – Champaign, 2012: 13.

　　④　Syracuse University, The Kauffman Campus Initiative Impact in Central New York. 2012: 6. http://www. kauffman. org/ ~ /media/kauffman_ org/research% 20reports% 20and% 20covers/2013/08/kci_ syracuse. pdf.

展其创业教育，总注册人数高达 6200 人①。可见，创业教育的辐射范围不断扩大，以至在不同学科部门形成全面的覆盖性已是当今美国高校创业教育的一种最为普遍的状况。

（三）管理机制高层化

管理机制高层化主要是指独立的创业办公室的主任直接由高校的校长、副校长或教务长兼任。在考夫曼校园计划的评选指标中，除了要求大学成立独立的创业办公室之外，还有考察大学校长或教务长是否支持创业教育②等指标。学校领导的支持可以理解为学校校长、副校长或教务长对创业教育的支持程度以及认可创业教育在学校发展中的重要性，而学校领导认可创业教育的重要性具体体现在：推行创业教育或全校性创业教育过程中对其所提供的支持。例如，对全校性创业教育发展愿景的支持、主动参与创业教育匹配基金筹款、定期召开或出席学校相关的创业会议，为创业工作提供反馈，等等。

学校领导所扮演的这些角色对促进全校性创业教育的发展是至关重要的。已有研究指出，大学校长的领导力和创新创业取向对推动大学衍生公司、创业活动等技术转化行为发挥着显著作用。例如，20 世纪 80 年代以前加州大学圣地亚哥分校（UCSD）的第 18 任校长罗伯特·戴恩斯（Robert C. Dynes）并不支持大学与产业之间的联系，导致在 1980 年以前，大学从产业界获得的经费几乎为零；1980 年，新校长理查德·阿特金森（Richard Atkinson）上任伊始就推动大学与产业的联系，使大学与当地经济呈现一种共生共荣的美好图景。不仅如此，2015 年刚离任不久的斯坦福大学约翰·亨尼斯（John Hennessy）坚定地支持硅谷之父弗雷德里克·特曼（Frederick Terman）的愿景，在任期间持续推动大学的全校性创业教育，③ 诸如此类，不胜枚举。具体到全校性创业教育，大学领导的参与"一般是为了更好地协调全校范围内的

---

① Gatewood, E., Corner, W., West, P., Changing a Campus Culture: The Role of the Kauffman Campus Initiative in Promoting Entrepreneurship at Wake Forest University. Wake Forest University, 2012: 2.

② Morris, M. N., Kuratko, D. F., Pyyor, C. G., Building Blocks For The Development Of University - wide Entrepreneurship. *Entrepreneurship Research Journal*, 2014 (4).

③ 卓泽林：《世界一流大学如何为地区经济发展服务——耶鲁大学的经验》，《复旦教育论坛》2016 年第 3 期。

创业教育并确保创业课程和项目能够向不同学科的全部学生开放"，①
管理机制高层化也具有一定的象征意义，即向全校师生释放出创业教育
已经获得学校领导支持的信号。

显然，考夫曼基金会意识到了大学领导在推动全校性创业教育过程
中所起的全局性作用的。试想一下，如果创业教育仅仅由商学院来提
供，尽管在考夫曼创业基金的支持下逐步向非商学院的学生开放其创业
课程，但是由于美国高校内部运作是一个高度分权的机构，学院与学院
之间很少进行沟通和合作，那么在这种情况下，商学院在规划创业教育
的发展战略上往往是先基于学院自身发展为前提来考虑，或者说在学院
发展和整体性创业教育行动的推行过程中可能会产生一些彼此冲突或难
以调和的平衡点。诚然，这其中所发挥的作用和校领导层发挥的作用是
截然不同的。学校领导的职务和地位决定了他们所应承担的责任，即应
该从全校的整体发展思路来思考和规划学校的一切事务，尽可能做到不
偏不倚。不仅如此，学校领导本身的职务就说明他们有能力集中不同利
益相关者或调动他们平常交往的"朋友圈"来一起推动创业教育活动。
可见，学校领导的参与是鼓励合作和解决局部发展和整体发展之间张力
的有效途径，亦是鼓励不同学院的学生和教师共同参与到全校性创业教
育活动中的有力保证。

二 大众化的创业中心

相比大学独立的创业办公室而言，创业中心是美国高校实行创业教
育较早和较普遍的组织运作载体，已经成为美国高校提供项目和服务来
促进创业和经济发展的最常见载体②。大部分的创业中心主要是在20
世纪90年代之后成立的，③ 美国高校创业中心数量从21世纪初期的

---

① Sá, C. M., Kretz, A. J., *The Entrepreneurship Movement and The University*. Palgrave Macmillan, 2015: 137.

② Bowers, M. R., Bowers, C., Ivan, G., Academically Based Entrepreneurship Centers: an Exploration of Structure and Function. *Journal of Entrepreneurship Education*, 2006 (9).

③ Menzies, T. V. An Exploratory Study of University Entrepreneurship Centers in Canada: A First Step in Model Building. *Journal of Small Business & Entrepreneurship*, 2000 (15).

100 多所增加到 2012 年的 249 所,[①] 其中有 88.5% 的高校创业中心坐落在高校校园内部[②]。由此可以看出, 21 世纪的前十年是美国高校创业中心增长最快的阶段,它的快速增长趋势响应和实现了美国和全球范围内高校对实现创业教育的价值诉求,成为世界各国推动全校性创业教育的重要组织方式。

创业中心在世界各国高校的普遍应用可以从美国国家创业中心联盟(National Consortium for Entrepreneurship Centers, NCEC)短短 20 年的发展历程中得以窥探。为了帮助解决国内高校创业中心所面临的具体问题和挑战, 1996 年考夫曼基金会与马里兰大学共同筹建了美国国家创业中心联盟,从名称可以得知,起先该联盟只针对美国国内大学的创业中心,而且刚开始也只有像斯坦福大学和麻省理工学院等一些著名的大学参与,但是为了响应世界各国大学携手共同处理创业中心所面临的挑战和为此提供一个信息共享平台, 1997 年,即该联盟成立的第二年,该联盟直接更名为全球创业中心联盟(Global Consortium for Entrepreneurship Centers, GCEC),到目前为止,加入全球创业中心联盟的创业中心会员超过了 350 个,[③] 除了美国国内大学,还有英国、南非等国家的大学参与。据统计,全球已经有超过 600 所大学创建了类似的创业中心或机构,还有一大批大学正在计划筹建中[④]。由此可见,创业中心在加速高校知识创新价值、推动高校从围墙高筑的象牙塔转型为催生创业的孵化器、激励教师和学生投身于创业教育活动中发挥着一种"价值衔接"的作用,无论创业中心以何种方式形成和命名,在高校快速崛起的创业教育及其研究都与创业中心息息相关[⑤]。

---

① Finkle, T. A., etc., Financial Activities of Entrepreneurship Centers in the United States. *Journal of Business and Entrepreneurship*, 2012 (23).

② Finkle, T. A., etc., An Examination of the Financial Challenges of Entrepreneurship Centers Throughout the World. *Journal of Small Business and Entrepreneurship*, 2013 (1).

③ Global Consortium of Entrepreneurship Centers (GCEC) (2016 – 04 – 18). http://kelley.iu.edu/JCEI/AboutUs/GCEC/page17740.html.

④ Morris, N. M., Kuratko, D. F., Pryor, C. G., Building Blocks for the Development of University – Wide Entrepreneurship. *Entrepreneurship Research Journal*, 2014, 4 (1): 45 – 68.

⑤ Finkle, T. A., etc., A Global examination of the financial challenges of entrepreneurship centers. (2016 – 04 – 08). https://www.researchgate.net/publication/264786268_ A_ global_ examination_ of_ the_ financial_ challenges_ in_ entrepreneurship_ centers.

　　然而，从考夫曼院校创业中心的考察来看，每个高校的创业中心内部的组织构成并非完全一致，通过创业中心推行的全校性创业项目和活动更是千差万别。但必须指出的是，几乎所有的创业中心都会成立咨询委员会（boards of advisors）作为它们的智囊提供咨询。咨询委员会主要包括外部咨询委员会和内部咨询委员会，而外部咨询委员会往往更能够发挥重要的作用①。外部咨询委员会主要包括兼有校友身份的成功企业家、投资者。虽然外部咨询委员会成员在创业中心的决策行动中不具有决定权，但是他们对创业活动的大力推广发挥着积极作用，为创业中心制定决策和推广项目过程提供建议、指导、人际关系网衔接和资金支持。"咨询委员会成员构成最少是5—6人，多则40人或50人，最理想的人数构成范围是12—16人"，② 外部咨询委员会成员的人数多少都有其优缺点，人数少可以有效地解决问题以及确保每个人都能够发挥其最大作用，确保没有成员的价值被忽略；而成立规模较大的咨询委员会一般是出于筹资的考虑：成员越多，筹集的资金越多，但这同时也带来了一个明显的问题，即每次召开会议，并不能确保每个人都能与会，尤其在创业项目起步阶段，是经常需要召开会议进行协商的。

　　为了有效地推行全校性创业项目，成立一个内部咨询委员会也至关重要，内部咨询委员会的作用主要不在于提供资源，更多的是帮助全校性创业教育能够在学校内部顺利地推行。借各个咨询委员会成员之手来说服学校内部对创业教育持质疑和异议的教职工，可以说是成立内部咨询委员会的出发点。这在一定程度上就要求内部咨询委员会成员必须是每个学科或者院系的带头人和掌门人且委员会成员必须涵盖全校范围。例如，各个学院的富有声誉的终身教授、院长和其他类似技术转化性质组织机构的主任等，他们的积极参与不仅能够有效地推动全校性创业教育的顺利进行，同时也能够鼓励下属和其他教师积极参与到创业教育活动中，赋予创业教育项目在学科领域中的合法性地位。

　　接下来，我们以其中一所考夫曼院校——佛罗里达国际大学的全球

---

　　① Morris, N. M., Kuratko, D. F., Schindehutte, M., *Entrepreneurship programs and the Modern University*. Northampton, UK：Edward Elgar Publishing, 2013：34.

　　② Ibid..

化创业领导和创新中心（Center for Global Entrepreneurial Leadership & Innovation）为例具体阐述该创业中心的主要构成情况和运作机制。该创业中心由阿兰·卡斯瑞德（Alan L. Carsrud）担任主任，与常规的创业中心组织架构不一样的是，该中心除了具有内、外部咨询委员会之外，还成立外部学术顾问委员会。并且通过家族企业国际研究院、创业研究学院、学术项目、技术创业和创新研究院以及社会创业研究院五个子部门来共同推行全校性创业教育项目（见图1-4）。可以说，这五个子部门在具体项目上采取了分工的策略，而在大局事务上则进行了相互配合和合作。例如，家族企业国际研究院着重于推行该校承担的一些有关家族企业的校内外培训，但是对创业中心的资源使用和贡献上却不分彼此。

以下我们对创业中心运作的主要构成部分进行进一步的分析。

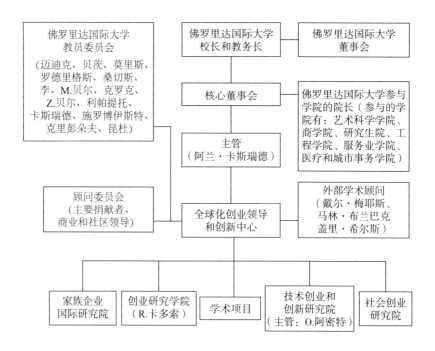

图1-4 佛罗里达国际大学全球化创业领导与创新办公室组织架构

（一）创业中心主任的身份与职责

与大学独立创业办公室需要指定的大学校长、副校长或教务长兼任的负责人不同，大学创业中心的主任一般由该中心的创建者直接兼任，他/她可能是该大学的商学院教授，更有可能是企业家。根据托德·芬克尔（Todd A. Finkle）等学者对美国的122所大学创业中心的研究指出，大学创业中心的主任有76%是企业家，其中39%的创立者还在任期内，他们平均创业年限为9.7年，中心主任平均年龄是52.6岁，男性的比例高达81%。在教育背景上，有71%的主任获得哲学博士或教育博士、29%的学历背景是工商管理硕士（MBA），获得终身教职年限平均是4.7年，并且23%持有捐赠席位[1]。

从创业中心主任的身后构成的"软""硬"情况来看，创业中心主任既有实际的创业经验，又具有相关学术能力；换言之，即使创业中心主任没有像大学独立创业办公室主任那么高的领导职务，但在推动高校创业教育、参与社区发展等创业项目以及为确保创业中心的正常运作，为其进行筹款和关系网络上发挥着主要作用，如一些研究者所指出的：创业中心与基于学校预算经费的学术性学院和部门不同，传统上它的经费主要通过富裕的捐赠者的慷慨捐赠，这些捐款也有可能来自不同的组织以及其他外部的筹款活动。从这方面来讲，创业中心的结构挣脱了一些官僚政策的繁文缛节，在运作上具有更大的自主权，然而，这也给创业中心主任在筹集运作经费上带来更大的压力[2]和责任。

（二）创业中心的主要经费来源及预算

随着各国经济下滑以及政府对高等教育拨款理念的转变，各国高等教育运作经费遭到政府前所未有的削减。公立大学自不用说，"例如在美国，联邦和州政府预算经费的减少已经对大学和学院的预算造成了灾难性的影响"[3]，高校面临着紧迫的生存压力，很多高校缓解其预算压力的常见做法是提高学生的学费，"在过去20年，美国四年制公立大学的学费平均增长了114%，平均学费达到了9410美元，同一时期，

---

① Finkle, T. A., etc., An Examination of the Financial Challenges of Entrepreneurship Centers Throughout the World. *Journal of Small Business and Entrepreneurship*, 2013（1）.

② Morris, N. M., Kuratko, D. F., Schindehutte, M., Entrepreneurship Programs and the Modern University. Northampton, UK：Edward Elgar Publishing, 2013：25.

③ Finkle, T. A., etc., An Examination of the Financial Challenges of Entrepreneurship Centers Throughout the World. *Journal of Small Business and Entrepreneurship*, 2013（1）.

私立大学平均增长了70%，平均学费达到了 32405 美元"①。然而"高校提升预算的另一个途径是成立创业中心或拓展现有的创业中心，通过捐款、捐赠教席、拨款、外部项目、学术项目和科技商业化，创业中心能够成为大学增加预算的有效收入渠道"②。创业中心主任及其他教师竭力以最少的资源去做最有效率的事情，如何使现有资源发挥其最大化的效用成为创业中心主任当前面临的一个紧迫问题。我们试图沿着这样的思路了解美国高校创业中心通常以开展什么创业活动来获取经费，尤其在高校预算经费拮据的情况下，哪些活动是创业中心优先推行的、创业中心的主要预算支出包括哪几部分。

如前文所述，美国高校创业中心的诞生主要得益于慈善企业家或校友慷慨捐赠。有调查指出，44%的高校创业中心由私人捐赠者捐赠后命名，以及大概43%的创业中心运作经费来自捐款（endowment）和物品捐赠（donations）。③ 据统计，美国高校创业中心获得的平均捐赠是3519000 美元，其中 35.8%用于日常运作支出，中心的平均年预算是515793 美元④。"如哈佛大学创业中心就是由 51 届的 MBA 校友亚瑟·罗克（Authur Rock）捐助 2500 万美元成立的，马里兰大学帕克分校的创业中心由创业者迈克尔·丁曼（Michael Dingma）于 1986 年捐赠 200万美元创建而成"⑤。但是校友的一次性捐赠一般都难以维持整个创业中心的长期运作，为了确保创业中心能够保持良好的运行状态，创业中心会在日常运作过程中根据高校的性质和各地区的经济发展情况提供一系列自成体系的创业课程和创业项目等服务。"创业中心提供有学分的

① Farish，D. J.，Stop Blaming Colleges for Higher Education's Unaffordability. *The Chronicle of Higher Education*，2016 – 03 – 23.

② Finkle，T. A.，Kuratko，D. F.，Goldsby，M.，The State of Entrepreneurship Centers in the United States：A Nationalwide Survey. *Journal of Small Business Management*（50th Anniversary Issue），2006（2）.

③ Mars，M. M.，The Divervse Agendas of Facutly Within An Instituionalized Model of Entrepreneurship Education. *Journal of Entrepreneurship Education*，2007（1）.

④ Finkle，T. A.，etc.，Financial Activities of Entrepreneurship Centers in the United States. *Journal of Small Business and Entrepreneurship*，2012（1）.

⑤ 梅伟惠：《美国高校创业教育研究》，博士学位论文，浙江大学，2009 年，第 101 页。

创业课程、创业研究、为大学社区和外部社区提供创业服务"①。一般情况下，创业中心所提供的创业活动分为两种，一是基于高校内部举行如商业计划比赛、学生俱乐部、科技转化、课程等；二是面向校外的一些拓展项目，如"头脑风暴"、工作坊、风险资金等（见表1-6）。

表1-6　　　　美国的大学创业中心通过内外部筹款项目一览　　　　单位:%

项目类型	筹款占比
内部项目	
商业计划比赛	53
学生俱乐部	48
实习	39
高科技研究园/孵化器	27
科技转化	23
风险资本	21
远程学习	12
杂志	1
外部拓展项目	
"头脑风暴"/工作坊	53
拨款	56
嘉宾演讲人	48
执行教育	37
创业项目	22
风险资本	22
孵化器	19
家族企业项目	14
创业训练快车道（fast track）	11

注：因创业中心均有若干项目，故加总多于122所（调查的美国大学创业中心）。余同。

---

① Menzies, T. V. , University - based Entrepreneurship Centers: Frameworks for Analysis. USASBE Comference Proceedings, 2009（1）.

从表 1 - 6 中我们可以看出，拨款、商业计划比赛、学生俱乐部以及"头脑风暴"或工作坊筹款占比大，分别为 56%、53%、48% 和 53%。"头脑风暴"或工作坊涵盖的课程内容非常广泛，具体有创业、商业规划、管理、市场以及信息科技等（见表 1 - 7）。

表 1 - 7　　"头脑风暴"或工作坊所涵盖的具体项目　　　单位：所

序号	具体项目	美国大学创业中心（共 122 所）
1	创业	38
2	商业规划	25
3	管理	27
4	战略规划	23
5	市场	23
6	金融	23
7	家族企业	17
8	公司企业	15
9	评价和/收购	16
10	科技转化	18
11	非营利	13
12	国际	11
13	会计	12
14	特许经营	5
15	信息科技	3

从表 1 - 8 中我们可以看出，美国高校创业中心推行的"头脑风暴"最受欢迎的主题是创业、商业规划和管理，收费分别为每个"头脑风暴"每小时是 61 美元、22 美元和 52 美元，其中盈利最多的"头脑风暴"主题包括国际创业（每小时 240 美元）、家族创业（83）公司创业（每小时 82 美元）。

表 1 - 8　　大学创业中心通过"头脑风暴"具体项目收入一览

单位：所；小时；美元

具体项目	美国大学创业中心（共 122 所）			
	创业中心数量	时间	费用	每小时费用
创业	83	12	754	61
商业规划	65	11	245	22
管理	51	8	413	52
战略规划	42	7	153	22
市场	42	7	128	18
金融	41	7	218	33
家族创业	40	10	827	83
公司创业	36	7	545	82
评价和/收购	31	5	577	110
科技转化	30	10	1894	194
非营利	30	8	149	19
国际创业	28	6	1428	240
会计	28	11	184	17
特许经营	17	6	32	5
信息科技	16	7	650	98

通过以上的分析我们就可以清晰地看出，美国高校创业中心主要创收的具体路径和方式，虽然最为普遍的方式是校友企业家的捐赠，但是具体到平时正常运行中，通过"头脑风暴"或工作坊所筹集的资金也有重要作用，尤其是创业、商业规划和管理、国际创业和科技转化这些主题。

然而，必须指出的是，当创业中心具有充足的预算资金时，创业中心主任都表示，他们最想做的事情是为创业中心招募更多的教师和职工，这种状况与十几年前托德·芬克尔（Todd A. Finkle）等研究者的调查结果相一致，即"当前创业中心面临的一个最大的问题是缺乏高质量的教师"[1]。创业中心对教职工的需求也在一定程度上折射出，美

---

① Finkle，T. A.，Kuratko，D. F.，Goldsby，M.，The State of Entrepreneurship Centers in the United States：A Nationalwide Survey. *Journal of Small Business Management*（50th Anniversary Issue），2006（2）.

国当前大学生对创业教育需求不断上涨，随着美国经济的持续下滑，失业率不断上升，很多毕业生在面临失望的就业市场后选择再次回到高校重新培训。显然，这些情况都需要大量的创业教师队伍才能妥善解决。

　　虽然招聘创业教师和职工是创业中心在经费充足情况下的优先选择，而且在创业中心中所占的预算支出比例也是最高的，但是创业人才招聘不是一个创业中心正常运作的唯一内容，所有日常管理、创业教师在职培训及课程设置等资源都需要创业中心的调配，迈克尔·莫里斯（Michael H. Morris）等人通过归纳总结了美国高校创业中心在工资和福利、日常运作、项目支出和资本提升四个方面的预算支出，详细呈现了美国高校创业中心常规预算支出费用（见表1－9）。

表1－9　　　　　　　美国的高校创业中心常规预算支出范本　　　　　　单位：美元

薪水和福利	金额	项目花费	金额
中心执行主管	181220.18	实习项目	12380.00
助理管理员	66955.48	全校教员项目	40000.00
主管助理	67634.68	创新创业中心学者（包括研究生）	25000.00
研究生助理	63296.45	女性创业会议	40000.00
学生薪水	25000.00	商业计划竞赛	51000.00
小计	404106.79	年度项目宴会和奖励	5000.00
		创业者训练营	14600.00
运营花费		教师培训项目	64000.00
物资和邮费等	15000.00	创业俱乐部	6000.00
推销材料	15000.00	学生孵化器项目	4200.00
教员津贴	19000.00	学生参与国家竞赛	18000.00
中心差旅和会员费	12000.00	创业家系列演讲	15000.00
教员差旅费	15000.00	国外学习项目	72000.00
顾问委员会	2000.00	生活或学习团体	5000.00
电话费	7000.00	拜访驻校创业家	10000.00
书籍、视频、订阅资料等	5000.00	小计	382180.00
小计	90000.00		
		资本提升	
		孵化器	5000.00
		小计	5000.00

资料来源：Morris, M. H., Kuratko, D. F., Cornwall, J. R., *Entrepreneurship Programs and the Modern University*. Northampton, MA: Edward Elgar, 2013: 263.

三　制度化的创业学院

创业学院（School of Entrepreneurship）是美国高校推行全校性创业教育的一种新型组织架构，其最早成立的是 2012 年俄克拉荷马州立大学的创业学院，"成立创业学院的理念是为全校范围内支持创业教育的教师和学生创建一个归属地"，① 即使以"学院"（school）为名的创业组织架构在美国高校仍为数甚少，大概也只有 5 所，分别是俄克拉荷马州立大学的创业学院、北达科他大学的创业学院、布拉德利大学的特纳（Turner）创业创新学院、圣托马斯大学的舒尔茨（Schulze）创业学院和德雷塞尔大学（Drexel University）的克洛斯（Close）创业学院。而且这些创业学院都建立在各自高校的商学院之内，必须指出的是，所有创业学院的课程都向全校开放，还为不同学科背景的学生量身打造了创业辅修学位，并且可以根据各个非商学院单位的需要进行调整和定制。

创业学院是创业教育在美国高校快速发展的一种制度化的产物，"它的形成是从项目（program）到学系（department）再到学院（school）这么一个进化过程"，② 所以创业学院是它们每个阶段发展成综合的全校性传播组织方式的一种制度体现，这种组织方式具体而言是美国高校商学院内部组织架构进行改造形成的具有两个层次的"college + school"的新式组织结构。创业学院组织形式的诞生在一定程度上说明了创业作为一门独立的学科的合法性正在取得广泛的认可，正如有论者所指出的，创业学院的成立意味着："该学院的高级管理者和教师必须坚信创业作为一门独特学科的学术合法性（academic legitimacy）以及它能够对全校性的其他不同学科产生广泛的影响和启示。"③

诚然，相较于其他创业学系、部门和创业中心而言，具有建制意义的创业学院组织形式是全校性创业教育较为正式的组织架构，尤其是推动全校性的创业教育而言更是如此，因为学系或中心只能为实行创业教

---

① Hoskinson，S.，Kuratko，D. F.，*Innovative Pathways for University Entrepreneurship in the 21th Century*. Emerald Group Publishing Limited，2014：9.

② Innovative Pathways for University Entrepreneurship in the 21th Century. Emerald Group Publishing Limited，2014：9.

③ Ibid.，9.

育提供基本的组织保障，而学院不但从根本上解决了创业教育向全校范围辐射的整体性和创业研究专门性之间的矛盾，还可以以行政的力量统筹创业教育的各个系开设的创业课程。

遗憾的是，由于需要投入大量的工作和资源，大部分美国高校对创建这种完整的学院架构还是保持谨慎的态度①。如前所述，俄克拉荷马州立大学是在这种创新组织架构上先行一步的主要高校，俄克拉荷马州立大学创建创业学院的主要目的是满足全校范围内的学生和教师对创业教育的兴趣，该创业学院拥有 10 名全日制创业教师，负责组织和监督 44 门从本科到博士的一整套创业课程；除了具备完整的课程体系之外，该学院还拥有一个独特的结构，在学院的决策引导和建议上它不但拥有多样化背景成员的学术顾问委员会（Advisory Board of Dean）和外部顾问委员会，下属部门主要有跨学科创业学院和瑞塔创业中心等（见图 1-5）。这些独特的学术组织结构与其完备的课程体系串联在一起，并将课程融入体验式学习过程中，帮助教师和学生创办企业、参与创业社区学习，更为重要的是，正是因为这种独特的组织结构，使得该学院的创业项目成功地在全校范围内的艺术、工程、农业等学院衔接起来，与不同学院合作，创造性地开发了"13 个全校性创业教育项目，主要包括'创业与艺术''绿色创业''创业与军事科学''工程与科学创业''健康科学创业''创业与地质学''创业与兽医学''创业与教育学''创业与建筑师''创业与心理学''媒体创业''审计与创业'以及'瑞塔创业师资项目'"② 以及 228 个本科生创业专业和 59 个硕士生专业（见表 1-11），所辐射范围每年可达 2000 个学生。由于该创业学院的独特表现，它的创业教育研究在全美已经取得排名前 10 位的成就。

四 三种组织架构的优缺点比较

通过对以上美国高校三种典型的全校性创业教育组织架构的分析，我们可以清晰地看出，创业中心是美国高校用以推行全校性创业教育的

---

① Hoskinson, S., Kuratko, D. F., *Innovative Pathways for University Entrepreneurship in the 21th Century.* Emerald Group Publishing Limited，2014：10.

② Oklahoma State University. OSU. University - Wide Entrepreneurship Initiatives（2016 - 03 - 14）. http：//entrepreneurship. okstate. edu/cw/initiatives/.

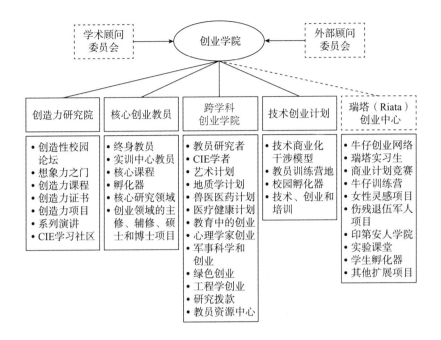

图1-5 俄克拉荷马州立大学创业学院结构

资料来源：Morris，M. H.，Kuratko，D. F.，Schindehutte，M.，*Entrepreneurship Programs and the Modern University.* Northampton，UK：Edward Elgar Publishing，2013：33.

最普遍组织架构，全美高校共有249所创业中心，创业中心在高校中的普及性除了它在开拓多元筹款渠道以缓解公共资源持续削减中的作用，主要还是人们认为相对其他组织形式而言，它更是能够帮助学生理解和传播创业教育的有效平台，"许多创业中心充当孵化器，它们能够提供低利率或免费资金，通过交换新企业所有权的形式为新企业提供建议，同时，也为具有激情的创业者提供免费指导服务。也有一些创业中心提供资源图书馆服务，包括书籍、光盘等。另外还有一部分创业中心致力于创业教育中的企业案例研究。"① 由于创业中心一般都建立在各自的学院之内，因此，"人们认为对学生而言他们的学院是理解和传播实际

① 孟祥霞、黄文军：《美国创业教育发展及其对我国创业教育的启示》，《中国高教研究》2012年第10期。

创业材料和经验的最理想之地，因此建立独立的创业中心是解决问题之道"①。然而，这种资源集中式的组织架构，在协调创业中心和单位之间的工作时往往面临着局限性，一些创业中心服务范围之外的部门可能都得不到创业的资源或机会，"这种组织方式也会给来自不同学术背景的学生在'创业是由什么来构成'这一问题上带来困扰"②。

或许与创业中心或部门一样，都是坐落于商学院之内，然而，创业学院的顶层设计和内部的运作模式却与创业中心、创业学系或部门有着截然不同的定位和功能。在某种程度上讲，成立创业学院本身就意味着高校在顶层设计上已经把创业纳入了学校发展战略和对其创业学科在学术合法性上的绝对承认。不仅如此，高校对创业教育的发展愿景也给予高度的重视，就像北达科他大学（University of North Dakota）对其创业部门重整成创业学院时所指出的："创业学院能够获取更多的资源，而且能够为增加北达科他地区的创业活动和提高创业的认可度铺路"③，可谓一举两得。然而，创业学院本身的特点，即规模大，工作量和资源投入大等，既是其优点也可能是其弱点。在当前经济发展不景气、资源有限的情况下，许多高校在预算支出上捉襟见肘，而创业学院的成立不仅在创业师资队伍的质量和数量上都有更高的要求，下一层面还有一些创业中心和研究机构，这些都需要对其进行更多的资源投入，即使有些创业学院的成立刚开始是由于校友企业家的慷慨捐赠，但是如何确保学院在往后资源上的投入也成为相关领导者的难题。因而，尽管当前创业教育在美国高校已经取得井喷式发展，但是创业学院在高校组织架构的选择上逐渐变成一种"小众组织方式"或被视为花费较高的组织方式是不言而喻的。

相比较创业学院和创业中心，这种由考夫曼基金会指定的大学独立创业办公室具有更高的独立性，管理机制也体现了高层化。显然，一个不属于任何院系或部门的大学独立创业办公室是有其必然优势的，例

① Morris, N. M., Kuratko, D. F., Pryor, C. G., Building Blocks for the Development of University – wide entrepreneurship. *Entrepreneurship Research Journal*, 2014 (4).

② Ibid..

③ 北达科他大学创业学院官方网站：About Us (2016 – 11 – 02) http：//business. und. edu/undergraduate/school – of – entrepreneurship/about – us. cfm。

如，由于学校领导的牵头，可以带动各个学院和部门以及其他利益相关者对创业教育的关注，高校领导者本身是为整个学校发展谋篇布局，因为在创业资源分配等方面更能彰显一定的公平性；其他对创业教育感兴趣的非商学院院校想要对创业问题进行咨询和需要引导的时候也有具体为其解决问题的部门，至少它们不会感到这是在向其他院系（如商学院）俯首称臣，抑或说商学院的创业教育开始向其他院系实行一种潜在的"殖民化"。由于这种创业组织架构的成立刚开始是得益于考夫曼创业基金的直接投入和高校所募集的至少 5∶1 的匹配资金共同维持运作的，但是，截至 2012 年，考夫曼基金会的全校性创业教育项目已经停止，给相应的匹配资金的筹集带来了一定挑战，"而有些高校的其他院系发现它们需要商学院的指导以避免资金的浪费，而'是否引入商学院'又给整个独立大学创业办公室带来很大争议"。[1] 因为它们没有从商业学科获得专业上的帮助，更不用说缺少对来自其他学科研究者的创业训练了，因此，专业知识的薄弱也是其面临的难题。

　　总体而言，大学独立创业办公室最大的问题还是可持续运作的问题，导致可持续问题的瓶颈可能是资金问题，也有可能是其专业性问题，或者是两者的综合作用，但从目前美国高校的独立创业办公室发展现状而言，资金投入的可持续性是这种组织方式的最大难题。由于考夫曼创业基金的"时限性"——2012 年停止资助，有些创业项目轰轰烈烈地开始，却由于独立大学创业部门经费的拮据而惨淡地结束。甚者在考夫曼校园计划结束之后，这种组织方式也随之关闭，例如，2013 年雪城大学由于经费问题关闭了类似的独立大学创业办公室。

　　退一步讲，以上三种典型的组织架构都是可行的，但是每种组织架构都有其优缺点（见表 1 - 10），关键是要根据高校已有的整体发展战略计划，来选择适合自身发展定位的组织架构，更重要的是，在选择以上几种组织架构时必须根据高校现实情况进行调整或者说"本土化"，只有这样，才能避免组织架构水土不服的现状。换言之，无论高校在推行全校性创业教育初期选择何种组织架构，我们只能通过具体地分析

---

① Morris, N. M., Kuratko, D. F., Pryor, C. G., Building Blocks for the Development of University - wide Entrepreneurship. *Entrepreneurship Research Journal*, 2014（4）.

其优缺点，观察和分析其运作机制和模式，再根据高校现在组织框架进行本土匹配才有可能进行借鉴，即使其中某种组织机构在其他高校取得显著的进展，但是照搬某种组织架构肯定是行不通的，也是注定会失败的。

表1-10　美国高校推行全校性创业教育的三种组织架构之比较

组织架构类型　　　内容	大学独立创业办公室	创业中心	创业学院
主任	校长、副校长或教务长	校友企业家、教职员工	校友企业家、教职员工
资金来源	考夫曼基金会和匹配资金	捐赠和相关创业项目等	捐赠和相关创业项目等
课程	类型多，数量多	以"头脑风暴"和工作坊为主	类型多，数量多，课程体系自成一体
创业项目与活动	专业学位、辅修学位、证书、博士学位等	以学分和非学分课程、辅修学位为主，没有博士项目	专业学位、辅修学位、证书、博士学位等
行政属性	校级	隶属各个学院	一般隶属商学院，但具有单独建制
服务范围	全校	全校，但仍以各个学院为主	全校

资料来源：笔者自制。

第二章　美国高校全校性创业教育的现状

第一节　考夫曼院校的全校性创业教育实施进程扫描

一　资金投入维度：全校性创业教育资金投入力度持续加大

美国高校商学院在创业教育资金等相关资源的投入上往往都高于其他国家，"与欧洲商学院相比，美国高校商学院在创业研究资金上的投入是它们的 6 倍多，而创业教授数量和创业课程数量分别是它们的 3 倍多"①。然而，在创业教育从商学院向全校拓展的进程中，财政资源投入是全校性创业教育起步发展的一个必要但不充分条件，"财政资源不是构建创业项目的唯一重要资源，除此之外，专业知识、企业家的时间投入、投资者和业务专家（subject – matter experts）对创业项目的成功都发挥着基础性作用"②，而且从考夫曼基金会实施的考夫曼校园计划而言，充裕的资金投入也仅仅是评价全校性创业教育项目是否成功的一个维度。但是，如果仅从 13 所考夫曼院校资金来考量，在考夫曼校园计划启动资金的"激发"和要求下，即第一批考夫曼院校（2003 年，共 8 所）的资金匹配是 2∶1，第二批考夫曼院校（2006 年，共 5 所）的资金匹配是 5∶1（见表 2 – 1），整体的考夫曼院校取得了显著成效。

---

① Heriot, K. C., Simpson, L., Establishing A Campus – wide Entrepreneurship Program in Five Years: A Case Study. *Journal of Entrepreneurship Education*, 2007（10）.

② Morris, N. M., Kuratko, D. F., Cornwall, J. R., *Entrepreneurship Programs and the Modern University*. Northampton, MA: Edward Elgar, 2013: 268.

表 2-1　　　13 所考夫曼院校推行全校性创业教育的资金投入

单位：百万美元

高校名称	考夫曼创业基金	匹配基金	匹配比例要求	额外投入	费用主要用途	备注
维克森大学	2.2	5.6	2:1		其中 1.6 用于捐赠教席	第一批资助（2003 年）
霍华德大学	3.1	暂筹得 0.5	2:1		0.5 捐赠教席	第一批资助（2003 年）
罗切斯特大学	3.6	7.2	2:1		校友另外捐赠 3	第一批资助（2003 年）
佛罗里达国际大学	3	6	2:1		4 用于成立创业中心	第一批资助（2003 年）
伊利诺伊大学香槟分校	4.5	8.9	2:1	额外捐赠 0.9 和礼物馈赠 1.6	12 用于捐赠教席	第一批资助（2003 年）
华盛顿大学圣路易斯分校	3	5.8	2:1		另筹 8.5 用于捐赠教席	第一批资助（2003 年）
得克萨斯大学埃尔帕索分校	2	4	2:1		1.3 用于捐赠教席	第一批资助（2003 年）
北卡罗来纳大学教堂山分校	3.5	7.2	2:1		另筹 0.34 用于捐赠教席	第一批资助（2003 年）
威斯康星大学麦迪逊分校	3.4	17.1	5:1			第二批资助（2006 年）
雪城大学	3	15.2	5:1	实际筹款超过 100		第二批资助（2006 年）
普渡大学	1.5	7.5	5:1		4.5 用于捐赠教席	第二批资助（2006 年）
马里兰大学巴尔的摩分校	1.4	6.9	5:1		大部分用于捐赠教席	第二批资助（2006 年）
亚利桑那州立大学	5	25	5:1			第二批资助（2006 年）

资料来源：此表是笔者根据以上每所大学年度报告、大学官方网站的资料整理而成。

从表 2 - 1 我们可以看出，除了霍华德大学在全校性创业教育匹配资金上无法满足考夫曼基金会要求外，该大学在全校性的匹配资金中暂时只能筹集到 50 万美元用于捐赠教席的设立，其他匹配资金只能依靠校友每年以同等价值的东西（in kind）替代，其他 12 所考夫曼院校在财政资金投入上都能够满足考夫曼校园计划资金使用的要求，而且伊利诺伊大学香槟分校、华盛顿大学圣路易斯分校、北卡罗来纳大学教堂山分校、雪城大学和亚利桑那州立大学不仅达到了匹配运作资金的基本要求，而且还额外筹得更多使用经费。如，伊利诺伊大学香槟分校除了完成匹配资金的筹款外，"还获得额外的 90 万美元捐款和价值 160 万美元的礼物捐赠"①。实际上，在考夫曼校园计划推广期间，该大学除了投入考夫曼基金会资助的 450 万美元外，还额外投入了 1700 万美元；华盛顿大学圣路易斯分校除了投入考夫曼创业基金和相应的匹配资金外，还另外筹得 850 万美元用于创业教师捐赠教席的设立；必须指出的是，在所有大学的财政资源投入上，雪城大学算是比较杰出的一个典型代表，雪城大学在获得考夫曼基金会资助的 300 万美元后，在匹配资金筹款中高达 3000 万美元，比例超过10：1，而不是指定要求的 5：1，就像该校受访的考夫曼校园计划主任布鲁斯·金玛（Bruce Kingma）教授所说："创业是我们进行 10 亿美元捐赠活动的四个主要优先事项之一，实际上，我们筹集到了更多的创业资金，这个数额达到 1 亿美元之后我们就停止统计了"（CG 资金与资源 FT05）。

值得注意的是，考夫曼院校的资金使用主要用于创业教师捐赠教席的设立，如伊利诺伊大学香槟分校把 1400 万美元的匹配资金中的 1200 万美元用于创业教师捐赠教席的设置，其他大学的资金投入类别和比例也大致如此。确切地说，大学用于捐赠教席的资金投入具体还有专业教师（faculty）和职工（staff）之分，"教师和职工是创业教育项目费用

①　University of Illinois at Urbana - Champaign. Transforming a Larger，Complex Research University into a more Entrepreneurial Organization. Kauffman Foundation，2012：19. http：//www. kauffman. org/~/media/kauffman_ org/research% 20reports% 20and% 20covers/2013/08/kci_ ui-uc. pdf.

单项支出中所占比例最大的，而且他们的工资呈快速增长趋势"①，这跟创业本身的性质有必然的联系，创业教育教学和研究是一种高度劳动密集型的活动，这在一定程度上决定了对承担创业教学和研究的教师具有更高的专业素养和创新能力的要求，"虽然有些创业项目是高度依赖费用低廉的兼职教师，但是这些教师在项目的创新、综合和提升方面的能力是值得怀疑的"②。因此，在全校性创业教育项目的推广过程中，为了确保创业教师的专业素质和创新能力，创业教师招聘所占的预算费用在每所大学的全校性创业教育资金投入中所占的比重都是最大的，表2－2呈现了2004—2005学年至2014—2015学年经过美国大学商学院学会（American Association for Colleges and Schools of Business，AACSB）认证的325所大学创业教师工资的详细清单。

表2－2　　　2004—2015年美国高校创业教师的平均工资一览　　单位：千美元

学年	教授		副教授		助理教授		讲师	
	男	女	男	女	男	女	男	女
2004—2005	116.4	108.6	97.1	84.0	86.5	88.7	61.6	50.0
2005—2006	125.2	112.5	97.5	89.2	89.8	93.1	75.1	55.3
2006—2007	133.2	113.2	100.0	113.0	93.2	98.4	77.0	56.3
2007—2008	141.7	124.9	103.3	112.1	95.7	101.0	84.8	52.6
2008—2009	148.7	142.0	107.6	127.5	100.9	100.0	83.8	59.5
2009—2010	155.6	142.5	109.1	126.3	103.4	102.5	79.3	64.2
2010—2011	153.8	147.5	111.0	126.2	108.3	102.2	82.3	66.6
2011—2012	155.6	169.5	116.3	134.1	111.8	105.0	84.3	69.6
2012—2013	161.5	182.2	123.4	125.8	113.4	105.8	80.5	68.2
2013—2014	166.7	160.6	125.1	124.7	114.5	111.7	80.1	75.5
2014—2015	159.8	171.7	133.2	125.6	114.0	112.5	87.5	77.7

资料来源：Finkle，T. A.，Salaries of Entrepreneurship within Higher Education. USASBE Conference，2016.

---

① Morris，N. M.，Kuratko，D. F.，Cornwall，J. R.，*Entrepreneurship Programs and the Modern University*. Northampton，MA：Edward Elgar，2013：261.

② Ibid..

从表 2 - 2 中我们可以看出，虽然相较于 2013—2014 学年而言，男创业教师（教授、助理教授）在 2014—2015 学年的工资分别下降 6900 美元和 500 美元，但是副教授和讲师的工资却分别增加 8100 美元和 7400 美元，然而，在同一时期，女创业教师，无论是教授、副教授，还是助理教授和讲师，其工资都呈现继续增长的趋势，分别增长 11100 美元、900美元、800 美元和 2200 美元。但是相较于 2004—2005 学年，无论性别还是创业教师职称，2014—2015 学年创业教师的工资都呈现快速增长的趋势。其中男创业教师（教授、副教授、助理教授和讲师）分别增长43400 美元、36100 美元、27500 美元和 25900 美元（见图 2 - 1）。同一时期，女创业教师（教授、副教授、助理教授、讲师）的工资增长是63100 美元、41600 美元、23800 美元和 27700 美元（见图 2 - 2）。必须指出的是，由于私立大学的经费预算长期以来素有依赖外部捐赠的传统，而且捐赠的比例一般都是占总体收入相当大的比重，因此，相对公立大学而言，私立大学的创业教师，无论其职称层次，总体的薪资都比公立大学的创业教师的工资要高，以最新的调查数据（2014—2015 学年）为例，私立大学的创业教师整体工资都比公立大学高，其中差别最大的是讲师工资（见表 2 - 3）。

表 2 - 3　　　2014—2015 学年公立、私立大学创业教师薪资比较

单位：千美元

学校类型	正教授		副教授		助理教授		讲师	
	男	女	男	女	男	女	男	女
私立大学	168.2	174.8	134.9	126.2	114.1	114.0	100.4	90.0
公立大学	154.1	163.6	130.7	125.2	112.8	111.1	80.3	72.3

资料来源：Finkle，T. A.，Salaries of Entrepreneurship within Higher Education. USASBE Conference，2016.

由于近 10 年来创业教师工资水平的不断高涨，加之在推动全校性创业教育过程中对新创业教师的巨大需求，因此全校性创业教育资金在创业教师人才培养和招聘中的投入加大。也正因为如此，13 所考夫曼院校在参与考夫曼校园计划之前和之后的全职教师的数量呈现快速发展的趋势。以下我们将专门从师资维度来探讨13 受考夫曼院校在参与考夫曼校园计划之前和之后的创业教师变化情况。

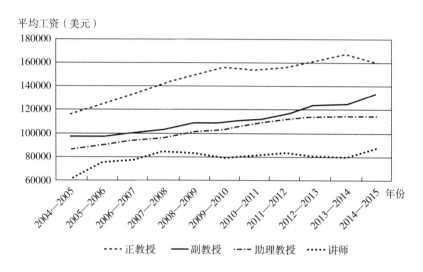

图 2 - 1 2004—2015 年美国高校男创业教师工资情况

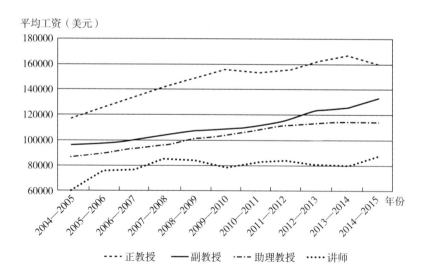

图 2 - 2 2004—2015 年美国高校女创业教师工资情况

二　师资培育维度：全校性创业教育全职教师数量显著提高

创业不再是一个新生的学科，它已经变得越来越普遍和富有竞争力，[1] 托德·芬克尔（Todd Finkle）经过研究指出："创业正在变得越来越制度化，很多商学院（管理学院）正在聚集更多的资源来招聘大量的终身教职（tenure）和预聘制（tenure track）创业教师。"[2] 随着全校性创业教育在美国各高校的普及，对创业教师尤其是具有高度专业化、专家化和学术严谨素养的终身教职创业教师的需求十分巨大。所谓专家化，在诺贝尔奖获得者贝克尔的"人力资本时代"的语境里是指个体经由专业化，即长期在一个方向上积累人力资本的过程而来，最终达到的是其知识结构与任何其他劳动者相比保持着足以形成专业化优势的差异。[3] 然而，具体到美国高校师资队伍的层次上，终身教职或预聘制的全日制教师就是这种专家化和专业化的具体体现，因为终身教职或预聘制教职是美国高校教师聘任的核心制度，评上终身教职或预聘制教职的教师不仅意味着该教师在教学业绩、科研业绩、服务业绩这三大使命上的杰出成就，同事合作和学术水平的考量也是衡量教师是否有资格受聘的影响因素。[4] 正如有研究者所说："一般而言，不能与同事合作的教师难以通过系评审委员会的评审，也难以在系主任评审意见中获得积极推荐"，[5] "在终身教职候选人的教学、科研和服务业绩以及合作精神之外，资源、权利、人脉等因素也可能影响评审结果。"[6] 可见，获得终身教职的教师不仅需要专业知识上出类拔萃、脱颖而出，与同事的合作和候选人背后所拥有的人脉等资源也很重要。

显然，聘请终身教职的创业教师对推动全校性创业教育意义是重大

---

[1]　Finkle, T. A., An Examination of the Job Market for Entrepreneurship Faculty from 1989 to 2014. *Journal of Business and Entrepreneurship*, spring, 2015.

[2]　Finkle, T. A., Trends in the Market for Entrepreneurship Faculty from 1989 – 2005. *Journal of Entrepreneurship Education*, 2007b（10）.

[3]　汪丁丁：《知识劳动的工资问题》，《书城》2000 年第 12 期。

[4]　蒋凯：《终身教职的价值与影响因素——基于美国八所高校的经验研究》，《教育研究》2016 年第 3 期。

[5]　同上。

[6]　同上。

的，而且这种积极意义不仅体现在专业知识的传播上，终身教职创业教师本身拥有的资源也在无形中发挥着潜在作用。例如，有的创业教师原先就已经在企业和各种创业学会上担任要职，在担任高校的创业教师之后，他们或许会利用在社会和企业积累的人力资本引进非校友的企业家对他们所教授学生的创意产品进行风险投资，抑或通过推荐学生前往企业实习，简言之，终身教职的创业教师所发挥的作用已经远远超出了专业知识的传播。

或许正是因为终身教职创业教师在创业项目和活动中所发挥的积极成效，"从1989—1990学年到2008—2009学年，全美高校对创业教师（只限于终身教职和预聘制教职）的需求量达到270位的顶峰；在过去25年，即1989—2014年，高校对创业教师的需求量上涨了771%，平均每年上升41%，即使这一比例在2013—2014学年有些下降"[1]（见图2-3），但总体的需求量仍在继续上涨。对于创业这么一个高度劳动密集型的学科，高度专业化、专家化的终身教职创业教师对其学科发展和平台建设是至关重要的，两者相互依存、相互提升。"有了平台，可以招揽人才；有了人才，可以创建平台；人才和平台结合，就会汇集资源、产出成果、壮大平台"[2]。然而，如果说美国高校对全日制创业教师的需求量持续增长是从宏观角度进行分析得出，难以说明具体的问题，那么，在2003年至2012年13所参与考夫曼校园计划的高校在全日制创业教师的增长趋势上足以具体地反映近十几年来全日制创业教师在美国高校创业学科中的重要性。

总体而言，考夫曼校园计划资助的13所高校在参与全校性创业教育之前与之后（截至2012年）的全日制创业教师在数量上呈现了从无到有、从少数到多数的快速发展趋势。具体而言，在第一批接受考夫曼基金会资助的8所高校中，佛罗里达国际大学和霍华德大学连基本推行创业教育的组织载体——创业中心或创业机构都没有，但在考夫曼创业基金、匹配运作资金和其他捐赠资金的支持下，这两所大学不但各自成

---

① Finkle, T. A., An Examination of the Job Market for Entrepreneurship Faculty from 1989 to 2014. *Journal of Business and Entrepreneurship*, spring, 2015.

② 王占仁：《中国高校创新创业教育的学科化特性与发展取向研究》，《教育研究》2016年第3期。

立创业中心（分别是欧亨尼奥·皮诺家族全球化创业中心，创业、领导和创新机构），而且两所大学的全日制创业教师数量分别都呈现上涨的趋势，佛罗里达国际大学从获得考夫曼校园计划资助前只有 1 位创业教师上涨至 2012 年获得资助后的 7 位，而霍华德大学的全日制创业教师从 3 位增长至 22 位。

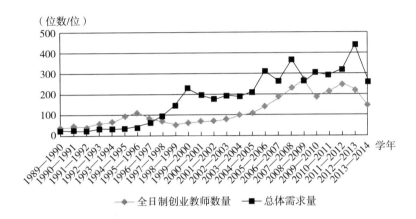

图 2 - 3　1989—2014 年美国高校对全日制创业教师的需求量

资料来源：Finkle，T. A.，An Examination of the Job Market for Entrepreneurship Faculty from 1989 to 2014. *Journal of Business and Entrepreneurship*，2015，spring.

同一时期，第一批考夫曼院校的全日制创业教师也呈现持续上涨趋势，例如，维克森大学从 7 位上涨至 52 位、罗切斯特大学从 10 位增加至 24 位、伊利诺伊大学香槟分校从 38 位提升到 78 位、华盛顿大学圣路易斯分校从 7 位增加至 36 位、得克萨斯大学埃尔帕索分校从 1 位上涨至 9 位、北卡罗来纳大学教堂山分校从 20 位增加至 33 位（见图 2 - 4）。

同样，第二批考夫曼校园计划资助的 5 所高校的全日制创业教师在考夫曼校园计划结束后，其全日制创业教师也呈现快速增长的趋势，而且这 5 所高校的全日制教师的整体上涨幅度都比第一批高校的上涨比例高。具体而言，威斯康星大学麦迪逊分校的全日制创业教师数量从 12 位增长至 15 位、雪城大学从 18 位上涨至 89 位、马里兰大学巴尔的摩分校从没有全日制创业教师上涨至 60 位，而亚利桑那州立大学的全日制创业教师上涨幅度在所有推行全校性创业教育的高校中是增长最高的，从 29 位上涨至 324 位（见图 2 - 4）。其增长比例高达 1017%，表 2 - 4 呈现了 13 所考夫曼院校全日制创业教师的增长比例。

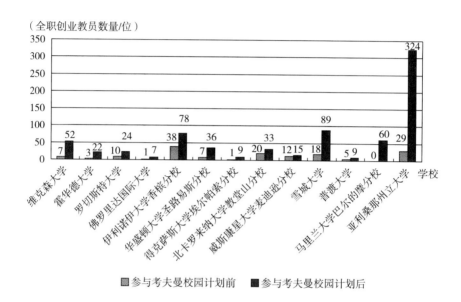

图 2 - 4 13 所考夫曼院校开展全校性创业教育前后全日制创业教师比较

资料来源：研究者根据以上高校提交给考夫曼基金会的年度报告、总结报告和大学官方网站整理而成。

诚然，考夫曼院校是能够意识到全日制创业教师在整个全校性创业发展中的人力基础作用的，正如一位担任全校性创业教育项目主任的受访教授所言："如果没有可持续的创业教师资源，那么我们的创业教育项目将会死掉"（CG 资金与资源 FT05）。因此，我们可以认为，全日制创业教师不仅是全校性创业教育项目的人力资源基础，亦是大学在推广全校性创业教育项目过程中着重投资和重视的领域，它在 13 所考夫曼院校推广全校性创业教育项目过程中都有显著的上涨（见表 2 - 4）。

表 2 - 4　　　　13 所考夫曼院校全日制创业教师的变化比例　　　　单位:%

考夫曼院校	全日制创业教师变化比例
维克森大学	643
霍华德大学	633
罗切斯特大学	140
佛罗里达国际大学	600
伊利诺伊大学香槟分校	105
华盛顿大学圣路易斯分校	414
得克萨斯大学埃尔帕索分校	800
北卡罗来纳大学教堂山分校	65
威斯康星大学麦迪逊分校	25
雪城大学	394
普渡大学	80
马里兰大学巴尔的摩分校	从没有全日制创业教师到 60 名
亚利桑那州立大学	1017

资料来源：研究者自制。

三　学生覆盖维度：非商学院学生注册创业课程数量明显提高

如本书在第二章第二节分析美国高校全校性创业教育产生原因中所指出的，推动高校全校性创业教育产生的第一拉动力是学生对创业教育的兴趣和需求，学生对创业教育的需求是拉动美国高校相关执行者考虑开展全校性创业教育项目的主要影响因素。根据美国中小企业管理局（Small Business Administration）最新数据统计："三分之二的大学生希望在自己职业生涯的某个阶段成为企业家"，[①] 希望成为自己职业生涯的主宰者，或通过注册学习相关的创业课程提升自我雇佣（self - employment）能力已经成为大学生毕业和毕业后一段时间内优先选择的职

① U. S. Small Business Administration. Quarterly indicator：The Economy and Small Business（2016 - 11 - 02）. http：//www. sba. gov/index. htm，2001.

业路径。总体而言，大学生在职业选择上偏向于成为企业家或者希望通过创业课程学习来提升自己的创业能力和创业精神与美国国内当前的劳动力市场格局转变和整体疲软的经济环境等变化形势有一定的联系。

以劳动力市场格局的转变为例，"25 年前工程师主要在联邦、州政府和大型企业机构就职。在那里，他们因为突出的科技技能而受到推崇，但现在，大量的工程师主要在小型初创企业工作"①，"这些小型初创企业正在寻求更多掌握科技技能的毕业生加入，希望员工能在企业内部成为提升思想和创新理念的内部创业者（intrapreneurs）"②。换言之，劳动力就业市场格局的变化不但转变了大学毕业生的就业取向，而且在学生在创业能力和创新思维等方面提出了更高的要求，这些新的要求和变化形势都在一定程度上促使更多的学生注册有关创业课程的学习以迎合劳动力市场的需求，尤其是对非商学院学生而言更是如此，因为"通过拓展商学院以外的创业课程，教育者能够更好地让学生为转变的劳动力市场做准备"③。例如，在护理学院（nursing school），创业课程能够帮助学生创立护理相关的企业，如为客户提供免疫和医疗信息的体重管理（weight management）和旅行诊所（travel clinic），④ 而且通过创业课程的不同学科合作能够激发学生的团队合作技能的潜力、培养学生创新思维和风险承受能力，⑤ 通过创业课程学习对这些能力和素养的培养不仅可以转变学生的职业发展态度，同时也有助于增强学生在就业市场上的竞争力。

在这样的背景下，注册创业相关课程的学生在美国高校呈现飞跃式的增长，而能够具体反映这种快速增长态势现状的，当数美国 13 所参与考夫曼校园计划的院校前后变化的学生数量。总体而言，13 所考夫曼院校无论在本科、硕士还是博士层次的创业课程注册人数都呈现快速

---

① Rae – Dupree. Get technical skills plus startup smarts（2016 – 11 – 02）. U. S. News and World Report. http：//www. usnews. com/usnews/edu/articles/010409/archive_ 001989. htm.

② Ibid. .

③ Shinnar, R. S. , Toney, B. , Entrepreneurship Education：Attitudes Across Campus. *The Journal of Education for Business*，2009（1）.

④ Mangan, K. S. , Entrepreneurs in Every Department. *The Chronicle of Higher Education*，2004 – 05 – 28.

⑤ Ibid. .

增长趋势。然而，必须指出的是，这些高校都以开设本科生创业教育为主，也就是说，即使有些高校额外开设有关硕士和博士生层次的创业课程，但是构成注册人数快速增长主体的仍然是本科生。具体分析如下：

维克森大学参与考夫曼校园计划之前本科生在创业课程上的注册人数只有 28 人，硕士生注册人数是 224 人，而在 2012 年考夫曼校园计划结束之后本科生注册人数上涨至 597 人，而硕士生注册人数却稍微减少至 203 人；同一时期，霍华德大学无论在本科生和硕士生层次都没有任何学生注册创业课程学习，但是实施考夫曼校园计划之后却分别增加到 1567 人和 60 人；罗切斯特大学参与考夫曼校园计划前后本科生、硕士生和博士生的创业课程注册人数变化从 102 人、224 人和 3 人分别增加至 450 人、296 人和 163 人；而佛罗里达国际大学的本科生注册人数的增长比例是第一批考夫曼院校中增长幅度最高的，从 440 人上涨至 5372 人；伊利诺伊大学香槟分校本科生和硕士生注册人数从 4429 人和 1399 人分别增长至 6730 人和 1551 人，其中博士生注册创业课程人数从 0 增长至 122 人；华盛顿大学圣路易斯分校的本科生、硕士生和博士生注册人数分别从 135 人、128 人和 1 人上涨至 709 人、217 人和 176 人。得克萨斯大学埃尔帕索分校本科生注册人数从 347 人增长至 1070 人，然而，必须指出的是，该大学并不像维克森大学一样，参与考夫曼校园计划之后硕士生注册创业人数出现了稍微下降的趋势；与此相反，该大学注册创业课程学习的硕士生从仅仅只有 3 名上涨至 227 名，上涨比例高达 7467%；北卡罗来纳大学教堂山分校的本科生和硕士生人数从 430 人和 196 人分别增加至 1241 人和 594 人，但是，与其他所有考夫曼院校不一样的是，该大学在参与全校性创业教育项目之前就有高达 52 位博士生注册创业课程的学习。

在第二批考夫曼校园计划资助的 5 所院校中，创业课程注册人数的总体增长趋势中同样是本科生上涨比例最高，然而在 5 所高校中，亚利桑那州立大学和雪城大学两所大学的本科生的增长比例最高，其本科生注册人数分别从 955 人和 1767 人增长至 33168 人和 6628 人，硕士生注册人数从 298 人和 59 人分别增长至 1122 人和 1105 人；相对而言，普渡大学和威斯康星大学麦迪逊分校本科生创业课程注册人数增长趋势较低，分别从 100 人和 221 人增长至 900 人和 947 人，其中两所大学硕士生注册人数只是出现少量的增长，分别从 16 人和 249 人增长至 50 人和 259 人；而马里兰大学巴尔的摩分校本科生注册人数也呈快速增长的趋势，但必须指出的是，该大学在参与考夫曼校园计划之前都没有硕士生和博士生注册创业课程学习，考夫曼校园计划结束之后分别增长至 138 人和 10 人，除威斯康星大学麦迪逊分校以外，其他几所大学的博士生创业课程学习人数也出现相应的增长，增长比例最高的亚利桑那州立大学，其注册人数从 10 人增长至 66 人。表 2-5 呈现了 13 所考夫曼院校在本科、硕士和博士阶段注册创业课程学习的数量。

表 2-5　　　　13 所考夫曼院校不同层次学生注册创业

课程的人数和比例变化　　　单位：人，%

考夫曼院校	参与前后	本科生注册人数	本科生注册人数变化比例	硕士生注册人数	硕士生注册人数变化比例	博士生注册人数	博士生注册人数变化比例	总的注册人数	总注册人数变化比例
维克森大学	参与前	28	2032	224	-9	—	0	252	217
	参与后	597		203		—		800	
霍华德大学	参与前	—	1567	—	60	—	0	—	1627
	参与后	1567		60		—		1627	
罗切斯特大学	参与前	102	341	224	32	3	5333	329	176
	参与后	450		296		163		909	
佛罗里达国际大学	参与前	440	1121	195	7	—	10	635	780
	参与后	5372		209		10		5591	
伊利诺伊大学香槟分校	参与前	4429	52	1399	11	—	122	5828	44
	参与后	6730		1551		122		8403	
华盛顿大学圣路易斯分校	参与前	135	425	128	70	1	17500	264	317
	参与后	709		217		176		1102	
得克萨斯大学埃尔帕索分校	参与前	347	208	3	7467	—	13	350	274
	参与后	1070		227		13		1310	
北卡罗来纳大学教堂山分校	参与前	430	189	196	203	52	-9	678	178
	参与后	1241		594		47		1882	

续表

考夫曼院校	参与前后	本科生注册人数	本科生注册人数变化比例	硕士生注册人数	硕士生注册人数变化比例	博士生注册人数	博士生注册人数变化比例	总的注册人数	总注册人数变化比例
威斯康星大学麦迪逊分校	参与前	221	329	249	4	—	0	470	157
	参与后	947		259		—		1206	
雪城大学	参与前	1767	275	59	1773	—	10	1826	324
	参与后	6628		1105		10		7743	
普渡大学	参与前	100	800	16	213	—	10	116	728
	参与后	900		50		10		960	
马里兰大学巴尔的摩分校	参与前	109	2914	—	138	—	10	109	3050
	参与后	3285		138		10		3433	
亚利桑那州立大学	参与前	955	3373	298	277	10	560	1263	2620
	参与后	33168		1122		66		34356	

注：此表是笔者根据考夫曼院校在 2012 年提交给考夫曼基金会的年度报告、大学官方网站等资料整理而成。

从考夫曼院校创业课程注册人数持续快速增长的趋势，我们得以窥探"世界范围内的环境和教育的变革最终由消费者推动，具体到教育而言，首要的消费者便是学生"[1]，创业教育向不同研究领域和学科传导一种创造性、创新性的创业技能，已经上升为培养 21 世纪劳动力的主要途径[2]，通过相关的创业课程提升自己的创业能力和技能成为诸多大学生在面临美国工作岗位大量流失时的不得已而为之的做法。正如有研究者所指出的，如果美国大学希望在企业研究和开发劳动力市场中保持竞争力，那么需要进行三个方面的结构转变[3]：（1）高等教育机构必须从象牙塔的定位向能够创造工作岗位和新企业的创业引擎转变；（2）致力于成为创业驱动经济增长的引擎；（3）为了在这种转变角色

---

① Welsh，D.，*Creative Cross - Disciplinary Entrepreneurship：A Practical Guide for a Campus - Wide Program.* New York：Palgrave Macmillan，2014：2.

② Ibid..

③ Johnson，J. H.，Kasarda，J. D.，Jobs on the Move：Implications for U. S. Higher Education. *Planning for Higher Education*，2008（1）.

中成功，大学必须探索出如何变得更具成本竞争性和像企业那样运作的途径。高等教育机构对这种改革的顶层设计为更多的学生选择创业课程铺好了路，而旨在激发和教授更多的大学生更具创业性的考夫曼全校性创业教育项目正是这种高校变革的典型且具体的例子。"简言之，高等教育环境将由最终的消费者——学生重塑，这也是为什么创业已经成为国际高等商学院协会（AACSB）增长最快的专业。"① 正如有学者所言，创业教育知识的增长不是因为有知识渊博的教授，而是因为学生有需求。② 这种分析的结论不但反向佐证了学生需求是美国高校推动全校性创业教育产生的第一拉动力，也在一定程度上推动了全校性创业课程的发展，我们将在下文对此进行深入分析。

四 课程体系维度：全校性创业课程体系呈现分层分类特征

衡量高校创业课程发展主要有两个维度：一是创业课程数量与类型的增长；二是创业课程的整合程度。③ 这两个维度的共同发展对建设一个富有实效的全校性创业教育课程体系同等重要，缺一不可。换言之，仅仅因为注册创业课程学生数量的增长而相应地增加创业课程的数量和类型以迎合学生们的需求，而忘了创业课程在不同学科之间的整合程度，这种全校性创业教育课程体系的建设将是不可持续的，而创业课程在不同学科之间的最终整合结果就形成了创业教育跨学科课程（Cross - Disciplinary Curriculum），"真正的跨学科课程是学习的最佳场域，因为在这里人为的学科分立不复存在。各个学科的学习目标都可以实现。换言之，学科教育有自己的学习目标，创业教育也设立自己的学习目标，创业与学科教育相结合也产生了学习目标，创业跨学科课程能让学生更好地理解创业是如何与所学的学科知识发挥协同作用的。创业与学科相融，可以得到直接应用，这就是跨学科创业课程的意思。我们运用'跨学科（cross - disciplinary）'这个术语而非'学科间（interdiscipli-

---

① Welsh, D., *Creative Cross - Disciplinary Entrepreneurship: A Practical Guide for a Campus - Wide Program.* New York: Palgrave Macmillan, 2014: 161.

② Mangan, K. S., Entrepreneurs in Every Department. *The Chronicle of Higher Education*, 2004 - 05 - 28.

③ 梅伟惠：《美国高校创业教育研究》，博士学位论文，浙江大学，2009 年。

nary）'，是因为这些课程都在商科之外，如果课程是由商学院开设的，
才称它们是'学科间（interdisciplinary）'的"①，而创业教育跨学科课
程的形成本身又构成了全校性创业课程数量和类型的一部分，更确切地
说，高校在课程开发上拥有更多的跨学科课程就足以证明他们在创业类
型上的多元化和课程整合度上的成功。

全校性创业课程数量和类型的增长是满足学生对创业教育快速增长
的基本条件，"从 20 世纪 90 年代后期开始，非商学院学生对创业课程
的需求和兴趣日趋强烈，最先对创业课程有大量需求的是工程学院的学
生，1983 年，新墨西哥大学在工程学院开设第一门创业课程，接着，
农业、艺术、科学、法律等专业的学生也开始学习创业课程"②，尽管
自 20 世纪 90 年代始，有康奈尔大学和新墨西哥大学陆续开设全校性创
业课程，但总体而言，在 20 世纪 90 年代至 21 世纪初期，美国高等教
育体系为满足不同专业背景学生对创业课程需求所推行的全校性创业教
育项目的高校还没有形成规模效应。而考夫曼基金会在 2003 年和 2006
年分别实施的两批考夫曼全校性创业教育项目，不仅有划定的专项资金
用于课程发展，亦有指定比例的资金用于鼓励全日制创业教师整合创业
课程到不同的学科中。一般而言，非商学院的学生将会注册商学院提供
的创业课程，而这个注册比例一般占到总人数的 25%—40%③。

首先，从全校性创业课程的数量和类型而言，13 所考夫曼院校在
参与考夫曼校园计划之前和之后的数量变化都呈现快速发展的趋势，有
些高校的全校性创业课程的发展趋势甚至从无到有（例如霍华德大学、
佛罗里达国际大学、得克萨斯大学埃尔帕索分校），具体而言，霍华德
大学、佛罗里达国际大学和得克萨斯大学埃尔帕索分校在参与考夫曼校
园计划之前都没有开发任何全校性创业课程，在考夫曼校园计划直至结
束之后分别增长到 5 门、12 门和 129 门；而华盛顿大学圣路易斯分校、

---

① Welsh, D., *Creative Cross - Disciplinary Entrepreneurship*: *A Practical Guide for a Campus - Wide Program*. New York: Palgrave Macmillan, 2014: 39.

② Streeter, D. H., Jaquette, J. P., University - wide Entrepreneurship Education: Alternative Models and Current Trends. *Southern Rural Sociology*, 2004（2）.

③ Morris, N. M., Kuratko, D. F., Cornwall, J. R., *Entrepreneurship Programs and the Modern University*. Northampton, MA: Edward Elgar, 2013: 73.

普渡大学和马里兰大学巴尔的摩分校分别从参与考夫曼校园计划之前仅仅只有 3 门、2 门和 3 门增长到 53 门、8 门和 74 门全校性创业课程，虽然马里兰大学最终的全校性创业课程不是所有考夫曼院校最多的，但却是参与考夫曼校园计划之后增长比例最高的高校，其比例高达 2367%（见表 2-6）。

表 2-6　　　　13 所考夫曼院校在参与考夫曼校园计划前后
全校性创业课程的增长比例　　　　　　单位:%

13 所考夫曼院校	增长比例
威斯康星大学麦迪逊分校	178
雪城大学	507
华盛顿大学圣路易斯分校	1667
伊利诺伊大学香槟分校	170
马里兰大学巴尔的摩分校	2367
维克森大学	519
普渡大学	300
北卡罗来纳大学教堂山分校	218
罗切斯特大学	200
亚利桑那州立大学	183
得克萨斯大学埃尔帕索分校	从 0 到 129 门
佛罗里达国际大学	从 0 到 12 门
霍华德大学	从 0 到 5 门

资料来源：笔者自制。

与其他考夫曼院校不同的是，伊利诺伊大学香槟分校、北卡罗来纳大学教堂山分校、雪城大学、亚利桑那州立大学、威斯康星大学麦迪逊分校、罗切斯特大学和维克森大学在参与考夫曼校园计划之前就做好了面向全校学生开发的全校性创业课程的准备，换言之，在参与考夫曼校园计划之前，这些学校都拥有了一些基础性的全校性创业课程，例如，它们拥有的全校性创业课程数量分别是 69 门、28 门、27 门、30 门、18 门、21 门和 11 门，即便如此，在考夫曼校园计划专项资金的刺激下，这些高校在全校性创业课程的开发上同样有了进一步的提升，分别增长至 186 门、89 门、164 门、85 门、50 门、63 门和 68 门（见图 2－5）。

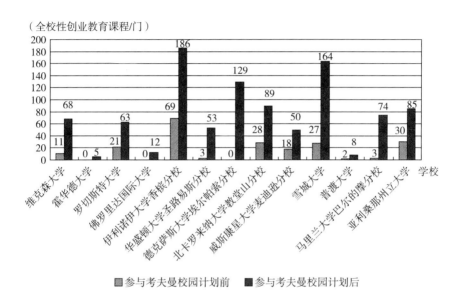

（全校性创业教育课程/门）

■参与考夫曼校园计划前　　■参与考夫曼校园计划后

图 2－5　13 所考夫曼院校在参与考夫曼校园计划前后全校性创业课程比较

资料来源：研究者根据以上高校提交给考夫曼基金会的年度报告、总结报告和大学官方网站整理而成。

其次，由于我们探讨和分析的创业课程是面向全校学生的，但是"每个学生的个人经历、知识背景和成长环境都不一样，他们对创业课程的内容需求也有差异，美国高校充分认识到了这一点，他们围绕同一知识主题开发出多个内容侧重点不一样的课程供学生选修，给学生更多的自主选择权，达到了因材施教的目的"[①]，虽然每个考夫曼院校都鼓励各个学院参与创业教育，但是不同的学院参与程度是不一样的，每个高校根据自身的地区优势、学院定位和条件开发了许多全校性创业课程，例如，罗切斯特大学以文理学科为主打特色，在这种情况下，开发全校性创业课程首先必须处理创业教育与文理教育的关系，因为人们习

————————

① 张卫民、母小勇：《美国高校创业教育课程建设路径》，《教师教育研究》2014 年第 5 期。

惯性地认为："相较于实践而言，文理教育更多的是与思维和沉思相联系的，而创业通常被定位于商业领域，它涉及一系列市场交易，产生快速、直接的经济价值"，[①] 但是该大学不但成功克服了人们对创业教育的偏见，还结合各个学院的专业知识，在音乐学院、工程学院、医学和牙科学院、教育学院和商学院成功地开发了一些全校性创业教育课程，其中包括本科层次和研究生层次，如在音乐学院，依托音乐专业知识开设了"创业型思考"（*Entrepreneurial Thinking*）和"音乐中的领导问题"（*Leadership Issues in Music*）；在工程学院则开设了"高级设计项目"（*Senior Design Project*）和"科技创业"（*Technical Entrepreneurship*）；在医学和牙科学院则开设了"发现的过程"（*Process of Discovery*）；在护理学院则开设了"医疗保健创业"（*Entrepreneurship in Health Care*）和"如何成为一名医疗保健创业者"（*Becoming a Successful Health Care Entrepreneur*）；在教育学院则融合教育本质开设了"教育工作者的创业技能"（*Entrepreneurial Skills for Education*）和"创业型大学"（*Entrepreneurial University*）等全校性创业课程（见表 2 - 7）。

表 2 - 7　　　　　　　罗切斯特大学部分主要全校性创业课程

	课程代码	课程名称
本科课程	ENT223	商业企业的规划和成长
	ENT225	科技创业
	ENT227	创业在非营利环境
	ANT281/CHE281	解决大学研究环境足迹
	ANT310/SOC310	社会网络理论和创业 I
	ANT311/SOC311	社会网络理论和创业 II
	EAS201/401	创业产品发展
	PSC239/CAS239	创业的本质
	PSC244	政治和市场：创新和全球商业环境

---

① Godwyn, M., Can the Liberal Arts and Entrepreneurship Work Together? (2016 - 11 - 02). http：//www. aaup. org/article/can - liberal - arts - and - entrepreneurship - work - together#. VzY0EPkrK4Q, 2009.

续表

	课程代码	课程名称
伊士曼音乐学院	ALC211/JCM261	创业型思考
	ALC211	音乐中的领导问题
哈金工程学院	BME296	高级设计项目
	ENT425/OPT481	科技创业
医学和牙科学院	MED699	发现的过程
护理学院	NSG335	医疗保健创业
	NSG486	如何成为一名医疗保健创业者
西蒙商学院	ENT422	创业理念的生成和检测
	ENT423	新企业管理和创业
	ENT431	新企业的法律和税收问题
	ENT444	创业金融
华纳教育学院	EDU446	教育工作者的创业技能
	EDU491	创业型大学

资料来源：Hoskinson，S.，Kuratko，D. F.，*Innovative Pathways for University Entrepreneurship in the 21th Century.* Emerald Group Publishing Limited，2014：240.

五　院系拓展维度：创业教育教学向非商学院以外的院系拓展

传统上，在大学内部一说到创业教育，人们言必称商学院。尽管随着非商学院学生对创业的需求越来越大，商学院开设的创业课程也向工程学院、艺术学院等非商学院部门开放，但是非商学院的一些教师都不希望自己的学生去其他学院（如商学院）注册创业课程，因为一旦学生向其他学院注册课程，相应的学费就会归开设课程的学院所有，而且这些学院普遍认为，只有它们自己才最了解学生的背景并根据学生的特点开设所需要的课程。正如一位受访的商学院教授所言："学生在哪里注册学费就交往哪里，例如，历史学院的学生注册了我们商学院很多创业课程，那么他们向学校所交的学费中的一部分将转向我们学院，这样我们就可以教授课程。但是历史学院和其他学院却不愿意看到它们学生的学费流入我们的创业项目，它们的保护举措是非常好的，你会看到像历史学院等其他部门，它们会在自己的学院或部门向学生开设自己的创业课程，这样学费就可以留在自己的学院或部门了"（FZ 创业课程 FT14）。

确实，在非商学院学生对创业需求不断膨胀的今天，而且大学内部各个学院在生源、资源等方面又处于相互竞争的状态，这种情况公立大学自不用说，自 20 世纪 80 年代，在州政府公共经费持续削减的压力下，公立大学已经就如何使大学内部现有资源最大化实行了一系列变革举措，其中最为典型的变革就是在资源的使用上推行了责任中心管理（Responsibility Center Management，RCM），"RCM 最显著的特点是各学院自治自理，即各学院或部门基于'各负其责'（every tub on its own bottom）的原则。即大学应该像公司一样运营，其中每一个学术单位都应该有自己的财政价值，换言之，大学允许各学术单位保留来自州政府的固定拨款以及通过其他渠道所获得的包括学费、合作项目、校友捐款等费用在内的私人经费，但是各个学术单位必须使用这些经费支付本单位教职员工工资、场地、图书馆等费用。有盈余的学术单位可以保留多余的经费，不必上缴校方，亏损的学术单位则要偿还赤字部分的资金"①（见图 2 - 6）。

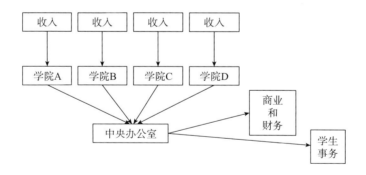

图 2 - 6　RCM 预算模式操作流程

因此，每个学院或部门都在为自己在财政的资金流上寻求更多的收入渠道，以确保年底结算时处于收大于支的良好资金状态，所以他们并

---

① 曹彦杰、卓泽林：《美国公立高等教育责任中心管理研究——以印第安纳大学布鲁明顿分校为案例》，《外国教育研究》2016 年第 1 期。

不希望自己学院的学生向其他学院注册课程。而在考夫曼院校获得的考夫曼全校性创业教育资金中，都有指定的比例用于鼓励不同学院或部门的教师用于开发新的创业课程。所以在学生需求、部门收入和考夫曼校园计划的影响下，13 所考夫曼院校在参与考夫曼校园计划前后，所开展的创业教育部门呈现快速增长趋势，有的高校内部甚至出现了 44 个部门共同推行全校性创业课程的繁荣景象。具体而言，佛罗里达国际大学、雪城大学、华盛顿大学圣路易斯分校、得克萨斯大学埃尔帕索分校这 4 所考夫曼院校在参与考夫曼校园计划之前大学内部只有商学院开展创业教育教学，但在 2012 年考夫曼校园计划结束之后分别增长至 12 个、21 个、26 个、32 个部门，它们在共同推行全校性创业教育（见图 2 - 7）。

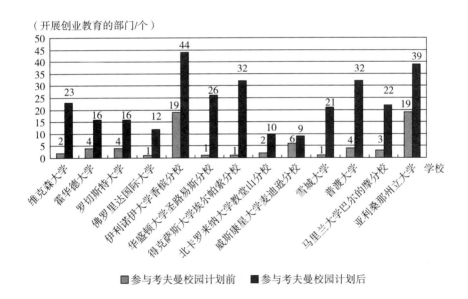

图 2 - 7　13 所考夫曼院校在参与考夫曼校园计划前后院系数量比较

相较于佛罗里达国际大学等四所大学原先只有商学院在推广创业教育而言，维克森大学、霍华德大学、罗切斯特大学、北卡罗来纳大学教堂山分校、威斯康星大学麦迪逊分校、普渡大学和马里兰大学巴尔的摩分校这 7 所大学在参与考夫曼校园计划之前，虽然没有形成整体开展全校性创业教育的阵势，但是最少已经有两个以上部门已经开展创业课程了，正如其中一所大学的教授在受访时所表达的学校对逐渐推广全校性创业教育的决心："我们校长说了，无论我们是否获得考夫曼全校性创业教育资金，我们都应该这么做"（FZ 创业课程 FT02）。有必要指出的是，伊利诺伊大学香槟分校和亚利桑那州立大学在鼓励多部门开展创业课程方面有敢为人先的精神，这两所大学在参与考夫曼校园计划之前就已经有 19 个部门在开展创业课程。尽管如此，考夫曼校园计划仍然起着推波助澜的作用，截至 2012 年考夫曼校园计划结束，它们分别上涨到 44 个和 39 个部门在共同推行全校性创业教育（见图 2 - 7）。

　　由此可见，考夫曼校园计划对 13 所考夫曼院校的影响是巨大的，13 所院校从资金投入、课程发展、师资力量、学生注册和部门拓展等维度产生了较大的变化（见表 2 - 8）。

表 2 - 8　　　　13 所考夫曼院校开展全校性创业教育前后
各种影响因素变化比较　　　单位：人、个、门

考夫曼院校	参与前后	本科生注册人数	硕士生注册人数	博士生注册人数	总的注册人数	参与校区	参与部门	提供全校性创业课程	全职创业教员
维克森大学	参与前	28	224	—	252	1	2	11	7
	参与后	597	203	—	800	2	23	68	52
霍华德大学	参与前	—	—	—	—	4	—	3	
	参与后	1567	60	—	1627	1	16	5	22
罗切斯特大学	参与前	102	224	3	329	3	4	21	10
	参与后	450	296	163	909	3	16	63	24
佛罗里达国际大学	参与前	440	195	—	635	1	1	—	1
	参与后	5372	209	10	5591	3	12	12	7
伊利诺伊大学香槟分校	参与前	4429	1399	—	5828	1	19	69	38
	参与后	6730	1551	122	8403	1	44	186	78
华盛顿大学圣路易斯分校	参与前	135	128	1	264	1	1	3	7
	参与后	709	217	176	1102	2	26	53	36
得克萨斯大学埃尔帕索分校	参与前	347	3	—	350	—	1	—	1
	参与后	1070	227	13	1310	1	32	129	9

考夫曼院校	参与前后	本科生注册人数	硕士生注册人数	博士生注册人数	总的注册人数	参与校区	参与部门	提供全校性创业课程	全职创业教员
北卡罗来纳大学教堂山分校	参与前	430	196	52	678	1	2	28	20
	参与后	1241	594	47	1882	1	10	89	33
威斯康星大学麦迪逊分校	参与前	221	249	—	470	1	6	18	12
	参与后	947	259	—	1206	2	9	50	15
雪城大学	参与前	1767	59	—	1826	1	1	27	18
	参与后	6628	1105	10	7743	6	21	164	89
普渡大学	参与前	100	16	—	116	1	4	2	5
	参与后	900	50	10	960	1	32	8	9
马里兰大学巴尔的摩分校	参与前	109	—		109	1	3	3	—
	参与后	3285	138	10	3433	1	22	74	60
亚利桑那州立大学	参与前	955	298	10	1263	3	19	30	29
	参与后	33168	1122	66	34356	4	39	85	324

资料来源：此表是笔者根据考夫曼院校在 2012 年提交给考夫曼基金会的年度报告、大学官方网站等资料整理而成。

第二节　后考夫曼阶段的美国高校全校性创业教育现状

所谓后考夫曼阶段美国高校全校性创业教育阶段指的是考夫曼基金会推广的考夫曼校园计划于 2012 年结束之后，即从 2012 年至今，考夫曼院校在全校性创业教育发展状况。根据考夫曼基金会 2003 年首次推行的考夫曼校园计划，将考夫曼院校对全校性创业教育的成功定义为，在考夫曼全校性创业教育经费使用结束时，全校性创业教育在相应的高校将继续呈现出可持续发展的态势。因此，必须指出的是，后考夫曼阶段的全校性创业教育的可持续发展是考夫曼校园计划的终极目标。但是，考夫曼基金会资助停止后全校性创业教育是否真的在美国高校取得可持续的发展，还是在全校性创业教育资金使用结束后出现"回潮"

现象？更确切地讲，考夫曼校园计划期间，高校推行的全校性创业教育项目哪些处于可持续运作的状态，哪些由于经费或领导的放弃而出现了回潮，抑或哪些高校在项目的可持续发展和回潮上表现出明显的倾向。这些问题都是本章需要解决的问题。

根据笔者对 27 位受访者就"请告诉我贵校当前全校性创业教育的发展情况"、"您认为考夫曼校园计划在后考夫曼阶段取得可持续发展吗？你们是否采取相关的举措来确保全校性创业教育的可持续发展"等问题进行了访谈。访谈对象在其他相关问题中的回答体现出高校全校性创业教育项目可持续发展的证据都列入这部分的分析范围内。我们根据受访者对此问题回答的分类，最后得出受访者主要从全校性创业教育项目或活动、创业课程、对创业的研究和全面论述四个方面进行回答，其详细的节点分析请见表 2 - 9。具体而言，全校性创业教育项目或者活动主要指从学校所开展的创业教育项目或者活动来谈创业教育的可持续发展；创业课程主要从创业课程的角度来论述全校性创业教育的可持续发展；对创业的研究指的是受访者从学术界当下对于创业的研究来展现人们对于这一问题的重视，体现出其发展中的可持续性；而全面论述则是指即受访者的回答涉及学校创业教育发展的多个方面。具体类别的回答及所占的比例请见表 2 - 10。

表 2 - 9　　　　高校全校性创业教育可持续发展问题回答
视角统计覆盖率一览　　　　　　　单位:%

	项目或活动	全面论述	创业课程	对创业的研究
FT01	—	1.87	—	—
FT02	18.17	—	—	—
FT03	6.21	—	—	—
FT04	10.85	—	—	—
FT05	6.70	—	—	—
FT06	—	—	—	—
FT07	16.01	—	—	—
FT08	14.83	—	—	—
FT09	—	17.66	—	—

续表

	项目或活动	全面论述	创业课程	对创业的研究
FT10	—	—	12.02	—
FT11	16.51	—	—	—
FT12	—	—	—	13.17
FT13	—	4.37	—	—
FT14	—	3.41	—	—
FT15	5.29	—	—	—
FT16	14.75	—	—	—
FT17	7.49	—	—	—
FT18	—	6.53	—	—
FT19	7.15	—	—	—
FT20	9.63	—	—	—
FT21	5.61	—	—	—
FT22	2.99	—	—	—
FT23	14.10	—	1.43	—
FT24	8.26	—	2.66	—
FT25	4.82	—	—	—
FT26	—	—	9.61	—
FT27	—	14.20	—	—

资料来源：研究者利用 N – vivo10 对 27 位受访者访谈转录文本节点分析报告。

表 2 – 10　　　　从不同视角回答全校性创业教育可持续发展

问题的人数及比例统计 单位：人，%

	项目或活动	全面论述	创业课程	对创业的研究
人数	17	6	4	1
占总数的比例	63.0	22.2	14.8	3.7
占回答者的比例	65.4	23.1	15.4	3.8

注：受访者总人数为 27 人，对此问题未做出回答的有 1 人。

一　可持续发展：考夫曼院校全校性创业教育的发展现状

高校全校性创业教育项目的可持续发展是考夫曼基金会实行考夫曼

校园计划的初衷，也是衡量考夫曼院校在全校性创业教育项目中是否取得成功的唯一标准；当然，从高校内部而言，这也是全校性创业教育执行人员努力维护的运作原则。因为从资源投入的视角而言，"任何项目都有起点和终点，这种'时限性'特征意味着在期限之内创业教育项目可以享受充分的资源支持，但在期限之外，创业教育项目将会面临生存危机。外力驱动下的高校创业教育尤其面临生存危机"。[①] 但是根据笔者调研情况来看，单纯的充分资源支持仅是高校全校性创业教育项目在后考夫曼阶段取得可持续发展的必要非充分条件，因为全校性创业教育项目从开始投入到正常运作，牵涉各种利益相关者，足够的资金固然重要，校领导层的鼎力支持以及创业教育所赋予的更为广泛的意义同样不可小觑，甚至可以说更为重要。正如亚利桑那州立大学职业服务（Career Service）部门的副主任所言，"起初，工作人员对促进创业作为一种可行的职业选择持怀疑态度，这些阻力一方面是缺乏知识，另外一方面是与价值相关的，即根植于人们长期认为企业家是指寻求利益而不关心社会成本的负面形象。为了克服这种阻力，我们帮助工作人员通过培训和阅读来理解创业的社会和经济价值，例如，社会创业的价值是创业在改变生活和学校资源进而为学生在开发和创办企业上提供资源"[②]。该校的教务长伊丽莎白·卡帕尔迪（Elizabeth Capaldi）在引导实行全校性创业教育过程中同样通过明确创业不等于企业和不反学术的本质的方式，说服一些教师放弃对创业教育的抵制[③]。一位有三十多年教龄的考夫曼校园计划项目的评估负责人在受访时也指出，"我在学校考夫曼校园计划项目中所扮演的角色就是赋予创业一个广泛的定义……这就是我认为现在我们学校创业文化氛围浓厚的原因，这让我更多地看到人们的创业性而不是利益。当然，创业可以与利益相关，但它也可以超越利益，哺育价值"（FZ 项目或活动 FT04）。

---

① 梅伟惠：《创业人才培养新视域：全校性创业教育理论与实践》，《教育研究》2012年第 6 期。

② Kimberly de los Santos, Burch, M., Miller, S., Entrepreneurship and the Shaping of a New American University. Arizona State University, 2012：12. http：//www. kauffman. org/~/media/kauffman_ org/research%20reports%20and%20covers/2013/08/kci_ asu. pdf.

③ Ibid. .

诚然，全校性创业教育在执行人员共同努力中已经取得了相应的成就。如前文所述，全校性创业课程、全日制创业教师、非商学院学生注册全校性创业课程的数量以及非商学院和其他部门开设创业课程都处于继续演进和发展的进程中。一位受访的创业中心执行主任谈道："我想全校性创业教育项目是可持续的，只要有学生注册创业课程学习，就有足够资金维持运作，同时也能继续支持对创业感兴趣的教师和团队，这看起来就相当稳定，而且我们的很多校友喜欢我们正在推行的全校性创业教育，他们会向我们正在推行的项目捐款。"（FZ 项目或活动 FT11）。这里需要特别指出的是，学生对创业课程的需求进而促使创业课程能够自主运营对全校性创业教育的可持续发展显得特别重要，因为从事创业教育的成本高于其他常规课程，一般来说，并不是所有花费都会在项目初期就全部体现出来。教师和企业家往往愿意免费或者收取极低的费用参与到创业课程的教学中，然而从长远角度考虑，维持课程所需的资源不能一直利用院系和个人的善意，课程项目的自主运营不容小觑。①

即便考夫曼院校在推行全校性创业教育项目过程中克服了重重阻力，但是，由于全校性创业教育的推行牵扯各方利益，仍然存在很多教师和工作人员"不买账"的现象。简言之，全校性创业教育在美国高校的推行过程中仍遭到各种困难和挑战，而这些挑战或许是任何新项目在付诸实践中必须面对的。对此，一位直接参与全校性创业教育的执行主任在受访中指出，"任何项目都有人喜欢，有人不喜欢，有人支持和有人反对，这不仅仅局限于创业，举例而言，你可能拥有一个促进数字科学（digital science）的全校性团队，其中团队成员可能有来自工程学院、商学院或者计算机科学学院，但并不是所有这些学院的老师都参与工作，只是其中一部分人参与，这里就会出现一个问题，为什么会这样？因为你只会邀请那些对此感兴趣的人参与，而并不是邀请所有人，在全校范围内关系的协调不是针对所有人，而是针对特定一部分对同一主题感兴趣的人"（FZ 项目或活动 FT11）。

确实，高校全校性创业教育项目的实施也反映了这种情况。受访者

---

① Thorp, H., Goldstein, B., *Engines of Innovation*: *The Entrepreneurial University in the Twenty - First Century*. The University of North Carolina Press at Chapel Hill, 2010: 131.

们表示，我们尽可能鼓励更多的人参与，但是对于不感兴趣的人，我们也不会强迫。幸运的是，大部分（大约 11 所）考夫曼院校的全校性创业教育项目在一定程度上都处于可持续运作状态，尤其是从全校性创业教育项目和课程的角度来衡量更是如此。尽管对全校性创业教育项目在高校可持续性的理解和范围存在不一致，但是受访的 27 位利益相关者，其中有 26 位直接参与全校性创业教育项目建设，他们一致认为实施考夫曼校园计划期间的全校性创业教育项目在 2012 年考夫曼校园计划结束之后仍继续发展，并且受访者都提供了相应的确切证据。然而，必须指出的是，相较于考夫曼校园计划期间，后考夫曼阶段的全校性创业教育发展"力度"表现出一定的不足。其中，一位曾先后在同一所大学担任考夫曼校园计划项目评估主任职务的受访者指出，"全校性创业教育项目在后考夫曼阶段是可持续发展的，但是我认为它处于一个较低的水平，一个比应有的水平低的层次，它是一个较好的水平。但是我认为，即使在没有更多投资的情况下，它仍然可以有一个更高的发展水平，因为我认为这些创业活动所需要的物力和财力是非常高的，就像从事化学研究过程，有时你需要很多化学制品来引起反应，但有时你只需要一小部分，他们称之为催化剂，是一种添加之后就能引起反应的物质。我想对全校性创业教育的支持应该更多，所以我们需要更多的催化剂，学校从来不会在这些方面投入很多钱，当考夫曼资金使用完后，他们就没有足够的资金，他们也不会对此投入太多，例如，我们这里有一门社会创业的课程，一年开两次课，每次课有 150 个学生注册，但是当开发这门课程的老师离开之后，我们并没有找其他人来替代她"（FZ 项目或活动 FT04）。

整体而言，大部分的学校（大约 11 所）在后考夫曼阶段都采用了相应的发展战略来确保考夫曼校园计划资金结束之后全校性创业教育的可持续发展。其中，亚利桑那州立大学已经把创业列入大学未来发展蓝图的 8 大愿景中，居第 3 位。[①] 正因为创业在大学未来发展规划中有优先发展的优势，亚利桑那州立大学的"所有学院、部门以及主要管

---

① Crow, M., Dabars, W., *Designing The New American University*. Baltimore: Johns Hopkins University Press, 2015: 243.

理单位都在墙上张贴着作为亚利桑那州立大学'新美国大学'建设愿景之一的'重视创业（value entrepreneurship）'的海报，该大学'重视创业'的理念每天都受到成千上万个教师、职工和学生的关注"①，创业已经成为该大学人人都接触的一个基本概念，渗透到校园的方方面面。

创业教育在亚利桑那州立大学的普遍性除了与它嵌入大学发展愿景中有必然的联系外，还与大学领导对其支持有关，而这些支持基本上都能够从大学领导和学院负责人在公开场合对创业的相关陈述上得到证明。"创业在亚利桑那州立大学是一种价值，因此它渗透到校园的每个角落，创业这个词已经成为绝大多数学院的标签。不是为了炫耀，而是因为它本身的价值，我们招聘学生的材料都在强调这个，而创业型教师将获得奖励并被推举为行为榜样"②（副校长兼教务长——伊丽莎白·卡帕尔迪），"创业是我们文化的支柱，我们需要创新，跳出传统的教育模式去思考，将创业理念和精神贯穿于整个大学，我们正在承担风险和提升我们的大学"［商学院执行院长——艾米·希尔曼（Amy Hillman）］。可见，通过把创业视为大学文化和价值的一部分，创业教育很好地在全校范围内得到发展，如今亚利桑那州立大学副校长兼教务长伊丽莎白·卡帕尔迪仍然是创业和创新办公室的负责人，相关的创业事务都直接向她汇报。

不仅越来越多的学生注册创业课程学习，学生和教师对创业教育的认知程度也有所提高，例如，该大学在推行全校性创业教育一段时间之后（2007—2011年）对学生和教师就相关的问题做了调研，在针对学生的随机调研中问询，对于"创业与你所学专业关系密切"这个问题，受访学生不同意的百分比从4.3%下降至3.4%（使用1—10的选项，10代表完全同意，1代表完全不同意）；而对教师的"创业应否应用至其他学科"的问题，回答不同意的比例从5.3%下降至4.8%（使用1—10的选

---

① Kimberly de los Santos，Burch，M.，Miller，S.，Entrepreneurship and the Shaping of a New American University. Arizona State University，2012：3. http：//www. kauffman. org/~/media/kauffman_ org/research%20reports%20and%20covers/2013/08/kci_ asu. pdf.

② Ibid. .

项，10 代表完全同意，1 代表完全不同意）。[1] 由此可见，创业在教师和学生群体中的认可度已经越来越高，全校性创业教育并没有因为考夫曼基金会在 2012 年结束而停止，相反，全校性创业教育已经成为大学文化的一部分，并在亚利桑那州立大学蔚然成风。

与亚利桑那州立大学一样，北卡罗来纳大学教堂山分校是少数几个采用系统和全方位的方法来加强创新和创业教育文化的高校。有趣的是，两所大学不仅都是考夫曼院校，亦是考夫曼基金会 35 所大学组建的学习社区（learning community）中的成员，[2] 而且北卡罗来纳大学教堂山分校是最具创新性的大学之一[3]。该大学现在所有有关创业的事务由校长特别助理、临时副校长朱迪思·科恩（Judith Cone）负责并由她直接向校长汇报，值得特别指出的是，跟亚利桑那州立大学一样，北卡罗来纳大学教堂山分校同样把创业列入大学的战略规划（strategic plan）之中。并且为了进一步加强和协调科技成果商业化和促进创新创业教育研究，在 2015 年 2 月该大学成立了商业化和经济发展办公室（Office of Commercialization & Economic Development），该办公室主任由朱迪思·科恩直接管理，更重要的是，在该办公室未来战略规划工作着重关注的六个核心领域中，创业居第 1 位[4]（见图2 - 8）。可见，北卡罗来纳大学并未因为考夫曼校园计划的结束就停止对推动全校性创业教育的努力，相反，该大学延续考夫曼校园计划期间副校长或教务长直接监管创业教育的事务，并且通过调整组织架构以更好地促进创新创业。

① Kimberly de los Santos，Burch，M.，Miller，S.，Entrepreneurship and the Shaping of a New American University. Arizona State University，2012：6. http：//www. kauffman. org/ ~ /media/ kauffman_ org/research%20reports%20and%20covers/2013/08/kci_ asu. pdf.

② Clay，P. L.，etc.，The University of North Carolina at Chapel Hill Board of Trustees Innovation & Impact Committee［R］. 2014 - 09 - 24. http：//bot. unc. edu/files/2014/08/14. 09_ 6 - Innovation - Impact - OPEN - FINAL - with - ATT. pdf.

③ Judith，C.，Carolina Value Technology Commercialization Strategic Initiative. Board of Trustees Commercialization & Economic Development Committee，2015（09）：23. https：// bot. unc. edu/files/2015/09/Commercialization - and - Economic - Development - Committee1. pdf.

④ Ibid. .

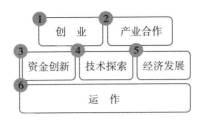

图2-8　UNC商业化和经济发展办公室未来发展战略规划的核心领域

例如，2013年在对该校732名教师和162名博士后就有关参与创新创业和科研转化项目的调研中，当问及创业的阻力时，35%的教师认为缺乏来自大学的支持；当问及有关商业化资源使用情况时，大量的教师对项目缺乏认识；而且有超过一半的大学研究者没有意识到项目的商业化。调研报告最后得出两个主要结论，一是在教师提高沟通能力能够显著地提升该大学的商业化能力；二是基于有许多项目和资源需要进行管理和协调，并且为了提高研究人员对已有项目的认识，需要成立一个中心组织——商业化和经济发展办公室对已有的项目进行协调和综合。由此可见，北卡罗来纳大学教堂山分校在后考夫曼阶段并未有丝毫收紧全校性创业教育项目，反而在想方设法维持全校性创业教育的可持续发展。

与其他考夫曼院校不一样的是，"罗切斯特大学早就有了强健的创业历史，尤其是在非传统学科中"[1]，该大学能在推行全校性创业教育上先行一步与柯达公司创始人乔治·伊士曼（George Eastman）和当地著名的社会创业家苏桑·安东尼（Susan B. Anthony）和弗雷德里克·道格拉斯（Frederick Douglass）对大学创业教育和相关活动的持续资助有必然的联系。因此，早在1978—1979学年，该大学的商学院就开设了一门题为《新企业管理和创业》（*New Venture Management and Entrepreneurship*）的创业课程，因为该大学长期以来对创业教育的重视，因此也引起了考夫曼基金会的关注，早在1998年考夫曼基金会就已经向该大学的商学院抛出橄榄枝，提供资金为注册《新企业管理和创业》

---

① Hoskinson, S., Kuratko, D. F., *Innovative Pathways for University Entrepreneurship in the 21th Century*. Wagon Lane, Howard House: Emerald Group Publishing Limited, 2014: 235.

课程学习的学生配备高科技初创企业实习项目，而且自 20 世纪 90 年代开始，护理学院、音乐学院已经实行了相关的创业、商业项目和课程，如护理学院的高中生健康中心（high school – based health centers），以及 1996 年音乐学院推行的《艺术领导力》（*Arts Leadership*）课程，因此，2003 年该大学获得考夫曼基金会的 360 万美元的全校性创业教育资金，与其说是考夫曼基金会用于鼓励该大学推行全校性创业教育，更准确地说是用于发展或进一步加强该校的全校性创业教育项目。

"在后考夫曼阶段，罗切斯特大学将继续拥抱全校性、辐射模式的创业教育。尽管向非商学院学生展现相关创业项目仍然面临着挑战，但是注册创业课程学习的学生数量在继续增加，学生对相关的创业项目，如学生孵化器（Student Incubator）的兴趣也在不断膨胀"[1]。"非商学院的教师和学生已经把创业用于组织课程和辅助合作课程学习，不仅如此，创业活动已经成为罗切斯特大学的骄傲和身份构成的重要方面"，[2] 大学内部的每个学院不仅把创业列为发展战略规划的重要组成部分，还把它们作为招生简章材料的重要组成部分。

简言之，每个学院不仅为自己能够拥有相关创业课程和创业项目而感到骄傲，而且利用自身打造的特色创业课程和项目吸引学生和外界的关注。然而，必须指出的是，在众多的推广全校性创业教育举措和策略中，与亚利桑那州立大学等考夫曼院校相似，该大学对创业的理解是将观念转变为创造有价值的企业，进而创造创业的经济、社会、文化和知识价值，而非仅仅创造经济价值。正如有研究者就该大学全校性创业教育长期规划中所指出的："罗切斯特大学推行创业的路径在于重新定位创业在大学发展中的作用，通过这种策略，整体提高了大学在社区和国家中所起到的作用。"[3] 显然，后考夫曼阶段，全校性创业教育不仅继续处于大学发展的日程中，大学也在依托创业项目带来的优势提升声望和吸引力。

如前所述，华盛顿大学圣路易斯分校除了完成考夫曼基金会全校性

---

[1]　Hoskinson, S., Kuratko, D. F., *Innovative Pathways for University Entrepreneurship in the 21th Century*. Wagon Lane, Howard House: Emerald Group Publishing Limited, 238 – 239.

[2]　Ibid., 243.

[3]　Ibid., 243.

项目资金指定的 2∶1 配套资金要求外，还另外筹集了 850 万美元用于确保全校性创业教育的可持续性，整体而言，这笔额外资金在所有考夫曼院校中是名列前茅的。不止于此，在后考夫曼阶段——2012 年 10 月 6 日，该大学校长马克·赖顿（Mark Wrighton）与学校董事会协商达成协议之后启动了题为"共同领导：华盛顿大学捐赠运动"（Leading To-gether：The Campaign for Washington University）① 的大型捐赠活动，该捐赠活动预期总额 40 亿美元（后来调整为 25 亿美元）、捐赠对象涵盖 12 万名校友、家长、朋友以及圣路易斯和全球范围内的其他志愿者。然而必须提及的是，该捐赠活动明确把"激发创新创业"列为捐赠活动的四大纲领之一（四大捐赠纲领依次为：为明天培养领导者、推进人类健康、激发创新创业、提高生活质量）。

截至 2016 年 1 月 16 日，此次捐赠活动已经收到捐款 22 亿美元，2018 年 6 月 30 日完成剩下的捐赠资金。依据赖顿校长在捐赠活动启动仪式上所陈述的，此次捐赠活动经费是为大学未来发展战略规划服务，显然创新创业已经构成了大学未来发展蓝图的重要支柱，而充足的捐赠资金无疑有助于提供创业教育财政上的稳定性，为后考夫曼阶段全校性创业教育的教学、研究和创业教育运作的日常开支和正常运行发挥了巨大作用。有了这些捐赠资金的长期支持，学校也可以用于加大创业基础设施的建设、重组、拓展和更新，以更有利的条件为全校性创业教育服务，而且华盛顿大学也确实这么做了。例如，"为了反映重新致力于全校学生和教师的创业活动，2014 年 8 月，该大学把斯堪达拉李斯创业中心重组和更新为斯堪达拉李斯跨学科创新创业中心"，并且中心所有与创业相关的事务都由中心主任直接向校长汇报，② 该创业中心对全校性创业教育可持续的重视可以从其重组后的三个中心使命中得到体现：（1）吸引尽可能多的学生和教师参与到创业活动中；（2）为我们的学

---

① 华盛顿大学圣路易斯分校大型捐赠活动官方网站，Washington University in St. Louis Announces New Goal for Campaign Record Participation Increase University's Impact（2016 - 01 - 22）. https：//together. wustl. edu/Pages/Announcement - 2016. aspx.

② Skandalaris Center for Interdisciplinary Innovation and Entrepreneurship. Annual Report：2015 - 06 - 30. https：//sites. wustl. edu/skandalaris/files/2015/09/06302015_ Skandalaris_ annual_ report_ print_ friendly - 1ms9oyg. pdf.

生和教师提供技能训练；（3）为华盛顿大学圣路易斯分校有发展前景的创业企业提供资金流。[①]

在华盛顿大学圣路易斯分校，全校性创业教育不仅没有因为考夫曼校园计划项目的结束而有所削弱，相反，"创新和创业文化继续在华盛顿大学增长，创新创业活动是引导华盛顿大学发展愿景的重要支柱之一，所有的学生可能都参与了向学生和社区创业家开放的创业课程和项目"，[②] 第三方创业教育评估机构——《普林斯顿评论》（The Princeton Review）在 2013 年也高度评价华盛顿大学所推广的创业教育，并把该大学的本科生创业教育项目和研究生创业教育项目分别排在全美高校最具创业力的第 5 位和第 6 位[③]。就连非商学院部门——来自生物部门的拉尔夫·卡特勒博尔纳（Ralph Quatrano）教授也高度评价大学内部繁荣的创新创业教育文化，他说：我非常高兴地看到，我们在大学的不同层次，围绕创新创业加强的所有活动已经获得了国家的认可。[④]

综上所述，我们从华盛顿大学圣路易斯分校对全校性创业教育的整个发展规划中可以看出，考夫曼基金会在 2003 年给予 300 万美元的全校性创业资金有效地激发了该校的全校性创业教育，依据要求大学也创建了服务于全局的创业中心和开发更多的全校性创业课程、聘请更多的全校性创业教师。实际上，大学已经把创业教育视为大学发展规划中的重要支柱，这些对全校范围内创新创业教育的重视都可以从大学捐赠活动、创业中心重组等具体事项中看到，有必要指出的是，这些着重强调全校性创业教育的举措都是发生在后考夫曼阶段。换言之，华盛顿大学不仅没有因为考夫曼校园计划经费使用的结束而减少相关的全校性创业教育活动的支持，反而在逐渐加强创业教育在大学发展中的作用，创新创业已经成为大学鼓舞捐赠人进行大额度捐款的策略。

虽然威斯康星大学麦迪逊分校和雪城大学没有跟以上亚利桑那州立

---

① Skandalaris Center for Interdisciplinary Innovation and Entrepreneurship. Annual Report：2015 – 06 – 30. https：//sites. wustl. edu/skandalaris/files/2015/09/06302015_ Skandalaris_ annual_ report_ print_ friendly – 1ms9oyg. pdf.

② Schoenherr, Neil, WUSTL named top entrepreneurship school （2016 – 09 – 27）. https：//source. wustl. edu/2012/09/wustl – named – top – entrepreneurship – school/.

③ Ibid. .

④ Ibid. .

大学等几所大学一样，明确把创业教育列入大学的发展规划之中，但是这两所大学相关受访人员及他们所提供的具体证据，都指向在后考夫曼阶段，全校性创业教育取得巨大的成功并呈现出可持续性趋势。但必须指出的是，两所大学的受访者都表示，后考夫曼阶段他们的全校性创业教育项目的可持续发展主要以分权化运作模式进行，也就是说，各个负责提供全校性创业教育的学院、部门和单位都处于独立运行中，没有一个对全校性创业教育进行统一管理的实体单位和部门。

首先，对于考夫曼校园计划是否取得成功，受访者一致认为，考夫曼校园计划取得了巨大的成功，甚至大多数受访者明确提及没有考夫曼创业基金的支持，就根本不可能出现现在所运行的全校性创业教育项目。一位公立研究型大学的副校长在受访中指出，"我认为全校性创业教育项目在我们学校是非常成功的，你可以指定一些由考夫曼校园计划启动的项目，如我们刚刚所谈的创业学习团体、商学院组织的一些项目、艺术研究所、创业和法律实训地，所有这些项目都是全校性的。如果我们没有从考夫曼基金会获得资助，我不相信它们是能够启动运作，或者说它们即使启动了也没有现在发展这么快"（FZ 项目或活动 FT07）。

该校一位负责全校性创业教育的主任也表达了类似的观点，他说，"我想全校性创业教育项目是成功的，那些项目在运作的时候我已经在这里，我是参与其中的，有很多项目现在还在持续运作中，像我们刚刚所谈到的创业学习团体，这个是肯定在正常运作的。我们学院通过考夫曼校园计划为非商学院学生开设的四门课程，这是整个全校性创业教育的开始。如果没有考夫曼基金会的资助，它或许就不存在"（FZ 项目或活动 FT09）。该校的其他受访者则指出全校性创业教育可能对大学整体创业规模产生了积极影响，并解释说考夫曼创业基金对该校在创业项目的试点工作上帮助很大。一位同样来自商学院的管理主任说道："全校性创业教育资金确实在不同的方面带来了好处，其中之一是提高了创业教育的规模，因为资金额度很大，所以创业教育的规模非常大。当然它也资助了一些创业教育试验项目，学校不同部门都能申请考夫曼创业基金来试验项目。当然，考虑到项目的难度，有些新的试验项目也很难拿到资金。但是，有些项目已经成功并且一直运作至今，有些已经失败。好消息是他们都已经尝试了，学校的创业状况也变好了"（FZ 项目或活动 FT11）。

当问及全校性创业项目是否取得成功时，雪城大学的受访者同样对全校性创业教育项目取得的成就表示极大的肯定，并且明确认为全校性创业教育项目已经转变了大学创业文化，转变大学文化是全校性创业教育项目能够取得可持续发展的内在因素。有必要指出的是，与威斯康星大学麦迪逊分校一样，雪城大学的受访者也表示，如果没有考夫曼基金会的帮助，学校内部相关学院的全校性创业教育项目也不会有目前的发展态势，或者说不可能有创业教育项目的存在。一位主管考夫曼校园计划项目的创业学教授指出，"全校性创业教育取得了非常大的成功，它完全转变了大学创业文化的方式，所以它是成功的。在考夫曼校园计划之前，在学院内部，我们确实也有一个创业项目，但是这个创业项目没有培训学生如何创办企业，它属于一种学术项目，我们有相关的课程，但是却无法帮助学生创建企业，所以我们显著地转变了这些项目。现在即使在非商学院也帮助学生创办企业，而且如果没有考夫曼校园计划，其他学院的创业项目也不可能存在"（FZ 项目或活动 FT05）。

其次，将视线从全校性创业教育在高校成功的体现转移到后考夫曼阶段全校性创业教育项目的可持续发展的运作模式及未来展望上。两所大学的受访者在肯定全校性创业教育现处于可持续发展状态的同时，都表示后考夫曼阶段的全校性创业教育的运作模式是各部门各自承担，而且在经费上自负盈亏，呈现出极度分权化。一位来自公立研究型大学商学院并且承担全校性创业课程的教授说道："当前大学内部的全校性创业教育项目的运作方式是一种没有人具体负责的模式，我们有许多不同的全校性创业教育项目和活动在运作，但实际上没有任何人具体对整个全校性创业教育项目负责"（FZ 项目或活动 FT11）。雪城大学的一位负责全校性创业教育项目运作的教授在肯定其取得可持续发展的同时，也指出他们当前的全校性创业教育项目是各个学院或部门各负其责的状况。他在受访的过程中指出："是的，全校性创业教育在学校是可持续的，它证明了'全校性'这个名字，由此也让我们学校的学院拥有创业教育项目，所以，我们的全校性创业教育项目的可持续性是独立于各自的学院的，它是可持续的"（FZ 项目或活动 FT05）。该教授在后续的访谈中也强调他们的全校性创业教育项目处于一种高度分权化和独立性的运作模式中。该教授甚至进一步指出，由于创业教育已经真正嵌入大学的文化中，因此，雪城大学现在即使没有监管全校性创业教育的中央办公室和缺乏学校对推行创业教育资金的支持，也丝毫不影响全校性创业教育的可持续发展。正如他在受访中进一步说道："当前的领导不支持也不阻止全校性创业教育，他不再提供资金支持监管创业教育的中央办公室，不过，由于创业教育现在对每个学院和部门都很重要，因此，领导也没有必要对其提供财政支持"（FZ 项目或活动 FT05）。

因此，从雪城大学推动全校性创业教育的发展历程来看，全校性创业教育确实取得了显著的成就，很多全校性创业教育现在也处于正常运作的状态中，而且未呈现丝毫萎缩或者衰退的迹象，雪城大学的不同受访群体对当前和未来创业教育项目的运作也表现出乐观情绪。

然而，相比较以上所分析的亚利桑那州立大学、北卡罗来纳大学教堂山分校、罗切斯特大学和华盛顿大学圣路易斯分校、雪城大学、威斯康星大学麦迪逊分校，这六所大学在明确把创业列入大学未来发展战略规划中的优先事项，抑或在实践中通过组织更新、重组以及筹集经费等活动来确保后考夫曼阶段，大学全校性创业活动仍然能够保持强劲的持续性动力，伊利诺伊大学香槟分校、马里兰大学巴尔的摩分校、普渡大学、维克森大学在考夫曼校园计划期间同样取得了显著的成就。然而，必须指出的是，在肯定成就的基础上，通过访谈相关高校全校性创业教育项目的负责人后，我们发现这些高校在后考夫曼阶段主要面临着资金不足、领导对创业支持态度不坚定、全校性实体组织涣散等挑战。换言之，相较于亚利桑那州立大学等高校在后考夫曼阶段对进一步推进全校性创业教育做好了长足准备而言，伊利诺伊大学香槟分校等四所大学的全校性创业教育项目在后考夫曼阶段同样呈现可持续发展的趋势，但是这些大学在进一步推进全校性创业教育的征程上却遍布荆棘。具体分析如下。

20 世纪 80 年代美国国会颁布具有划时代意义的《拜杜法案》，激发美国高校在技术转化、经济发展等研究商业化发展中的角色转换，各高校在技术转化等研究商业化中重整旗鼓、跃跃欲试，高校内部具有象征意义的技术转化办公室（Technology Transfer Office，TTO）成指数般速度增长。然而，伊利诺伊大学香槟分校却直到进入 21 世纪之后才开始思考抑或说转变大学在地方或国家经济发展中的作用。

事情的经过是这样的，1961 年 10 月 4 日，伊利诺伊大学香槟分校校长收到了时任伊利诺伊州州长奥托·科勒（Otto Kerner）的一封信，希望伊利诺伊大学研究一下大学对经济增长的作用，以确保伊利诺伊州高速增长的行业能够引领该州未来经济发展。作为回应，校长马上成立一个委员会来研究这一要求，但在长达 18 个月的讨论后，在 1963 年大学给予州政府的回复是，"伊利诺伊大学无法系统地思考它在经济发展中的作用"。① 在 36 年后的 1999 年，伊利诺伊大学面临着一个同样的要求，即伊利诺伊高等教育委员会（The Illinois Board of Higher Education）要求大学帮助伊利诺伊工商产业界保持强劲的经济增长动力。② 翌年，伊利诺伊联合大会（Illinois General Assembly）修改了大学宪章，即在大学传统的教学、研究和服务三大使命中，增加了经济发展③的职责。与三十多年前不同的是，这一次伊利诺伊大学知道在经济发展中扮演什么样的角色了。在实践上，大学立即成立了由副校长负责的经济发展和企业合作办公室以及经济发展校董委员会，并且在以后每年的年报中着重强调大学的经济发展引擎作用，州政府也开始另拨数亿美元的专款来支持大学在基因组、微电子、纳米技术、计算机、生物医疗等领域的探索。可以看出，伊利诺伊大学开始向经济引擎的角色转换，从被动地创造产业界所需的知识到主动并积极地通过技术转化参与科学创新转变。

按理说，当大学转变发展角色，更加强调自身在经济发展中的作用和地位时，创业教育作为刺激经济发展的有效途径，理论上讲应该会长期受到领导的重视和资金使用分配上的倾斜，以确保后考夫曼阶段全校性创业教育的正常运作。遗憾的是，即使在后考夫曼阶段伊利诺伊大学的管理领导层每年定期对全校性创业教育项目给予相应的投资，但在确保全校性创业教育的可持续上仍然是杯水车薪。"在当前的国家经济形势，尤其是在伊利诺伊州这样的经济状况下，我们以往最成功的全校性

---

① Berman, E. P. , *Creating the Market University*: *How Academic Science Became an Economic Engine*. New Jersey: Princeton University Press, 2012: 11.

② Ibid. .

③ University of Illinois at Urbana – Champagne. Transforming a Larger, Complex Research University into a more Entrepreneurial Organization. http: //www. kauffman. org/ ~ /media/kauffman_ org/ research% 20reports% 20and% 20covers/2013/08/kci_ uiuc. pdf.

创业教育项目在可持续性方面都面临着挑战，考夫曼校园计划的结束已经影响伊利诺伊大学继续资助新的创业团队"①。

　　虽然无法投入更多的资金拓展现有的全校性创业教育项目和师资力量，可喜的是，伊利诺伊大学在考夫曼校园计划结束之后，全校性创业教育项目未出现"回潮"抑或说萎缩的现象，在竭力保持现有全校性创业教育的运作状态和确保当前创业师资力量的基础上，寻求更多的财政资助以确保现有全校性创业教育项目可持续发展和拓展已有创业项目成为该大学在后考夫曼阶段推行全校性创业教育运作的整体战略。正如该大学向考夫曼基金会提交的全校性总结报告中所指出的，"尽管当前我们无法拓展现有的项目，但是创业教师项目依然保持活力，并且规模仍然在50人以上，他们将继续教授他们所开发的全校性创业课程、定期举行学术赞助会议，通过他们各自的学科视角分享他们对创业的智慧。我们当前最紧迫的目标之一是获得对创业教师项目的经费资助，这个项目能够鼓励师资队伍增长、支持创业新课程开发和创业研究"。②因此，该大学在创业资源投入上的有限性并不能否认它们在推动全校性创业教育领域的积极性，相反，大学内部有明文规定：师生在创业领域有权获得科研成果转化后相应的部分收益，这在一定程度上也能够激发师生继续从事或参与创业活动或项目的积极性。如，该大学规定，"大学科研成果获得收益后，扣除费用（如知识产权保护费），剩下的40%归发明者或研究者，20%归发明者所在的院、系、所等二级单位，最后剩下的40%归大学所有，还明确规定，大学的40%收益必须用于未来学术研究和技术转移活动"。③

二　回潮：少数高校全校性创业教育的萎缩趋势

　　所谓回潮，主要是指在考夫曼校园计划期间因为具备充足的经费资

---

　　①　University of Illinois at Urbana – Champagne. Transforming a Larger, Complex Research University into a more Entrepreneurial Organization. http：//www. kauffman. org/ ~ /media/kauffman_org/research%20reports%20and%20covers/2013/08/kci_ uiuc. pdf.

　　②　Ibid. .

　　③　Office of Technology Management, University of Illinois at Urbana – Champaign. A Handbook for Inventors & Technology Transfer at University of Illinois（2016 – 11 – 02）. http：//otm. illinois. edu/sites/all/files/files/2013inventorshandbook – final – print. pdf.

助和领导支持等优势而一气呵成地推行的全校性创业教育项目，等到考夫曼校园计划结束之后，部分地遭遇经费资助的时限性、领导态度转变等阻力，全校性创业教育难以呈现可持续发展趋势，回到了考夫曼校园计划之前的状态。也就是说，全校性创业教育的回潮现象主要发生在后考夫曼阶段，是考夫曼校园计划之前和之后的一种比较。通过考察和分析 13 所考夫曼院校在 2012 年考夫曼校园计划结束后的 4 年期间，发现"回潮"的发生，在一定程度上打击了全校性创业教育拥趸的信心，并且对全方位继续推行全校性创业教育项目产生一定的阻力或影响。但全校性创业教育项目因为考夫曼校园计划的结束而出现整体的回潮却是不可能了，因为全校性创业教育整体回潮的必要条件——学生，尤其是非商学院学生对创业教育的需求和兴趣丧失显然已经不可能了，相反，无论学生的专业背景如何，他们对创业教育的需要和兴趣都一直处于扩大中。考夫曼基金会在 2014 年完成的一份有关创业家活动的调研报告中指出，2013 年，美国创业家具有大学学历背景的约占 30%，而且这一比例跟过去相比呈现了上升的趋势（见图 2 - 9）。

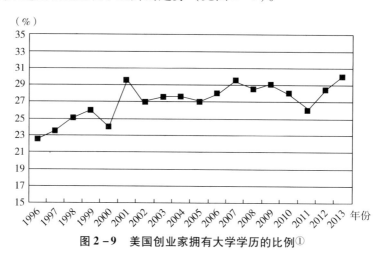

图 2 - 9　美国创业家拥有大学学历的比例①

美国当前创业家高学历化在一定程度上折射出美国创业家学历

① Robert, W. F., 2014 Kauffman Index of Entrepreneurial Activity (2016 - 07 - 17). http://www.kauffman.org/ ~ /media/kauffman_ org/research% 20reports% 20and% 20covers/2014/04/kiea_ 2014_ report. pdf.

"大学化"将是长期的发展趋势。这在一定程度上反映了在大学生群体中将有越来越多具备创业思维的学生迫切希望通过创业教育渠道巩固已有的创业理念和锻炼其创业技能。马库斯·珀斯查克（Markus Poschke）的研究指出，"低教育程度的创业家倾向于拥有需求驱动的企业（Necessity - Driven Business），而高学历的企业家则倾向于拥有机遇驱动的企业（opportunity - driven venture），创业与教育程度的这种关系意味着接受教育程度越高，创建企业的概率进而创造工作岗位和财富的机会就越大"。① 即便仍然存在一些群体或教师对大学推行全校性创业教育价值的质疑和批评，尽管他们从不同的角度指出大学向创业型大学转型所存在的问题，如，"创业活动将大学导向'公司化'——这是由商业思维取代学术价值进而定位谋求利润"，② 由于学生成功接受创业教育训练，大量小型的初创企业（按美国标准是企业规模低于500人或企业销售额低于700万美元）出现，这是创造更多工作岗位的源头，但是仍然有很多学者从初创企业生存周期短暂的视角来否定初创企业在岗位创造等方面的价值，"相比较大型公司而言，小公司提供的工作岗位存在周期较短，工资低，福利待遇少"③ 的现象，创业学专家斯科特·沙雷（Scott Share）甚至指出："与更为成熟的企业相比，一般的初创企业在创新、生产力、岗位创造和财富上都较差"，④他甚至把人们对创业的追求描述为一种"创业的幻想"（illusion of Entrepreneurship），以示人们对创业活动的期待与其实际上带来的好处相差甚远。

尽管存在以上的质疑，但"支持创建创新型初创企业仍然是国家和州、经济发展局和大学管理者的标准配方（standard recipe），在这种背景下，政策举措已经成为促进大学创业运动的强大的驱动力"，⑤大学

---

① Regele, M. D., Neck, H. M., The Entrepreneurship Education Sub - ecosystem in the United States: Opportunities to Increase Entrepreneurial Activity. *Journal of Business and Entrepreneurship*, 2012 (Winter).

② Kevin, K., The New York Tax Advantage (2016 - 08 - 14). Inside Higher Education. http://www. rockinst. org/newsroom/news_ stories/2013/2013 - 08 - 14 - Inside_ Higher_ Ed. pdf.

③ Brown, C., Hamilton, J., Medoff, J., *Employers Large and Small*. Cambridge: Harvard University Press, 1990.

④ Share, S., *Illusion of Entrepreneurship*. New Haven: Yale University Press, 2008.

⑤ Sá, C. M., Kretz, A. J., *The Entrepreneurship Movement and The University*. Palgrave Macmillan, 2015: 68.

自身也从发展战略的高度来评估创新创业的重要性，全校性创业教育似乎能够呈现一个长期稳定的发展趋势。不可否认的是，在后考夫曼阶段，少数高校的全校性创业教育项目确实出现了回潮现象。必须指出的是，这种回潮主要是以组织架构解散的方式进行。简言之，在 13 所考夫曼院校中，有少数几个高校的全校性创业教育项目或组织架构出现了回潮现象，具体分析如下。

2007 年，雪城大学获得考夫曼基金会的全校性创业资金后，为了更好地支撑全校性创业教育的有效实施，该校成立了创业创新办公室（Office of Entrepreneurship and Innovation），并且任命布鲁斯·金玛教授为副教务长，直接负责该办公室的运作。创业创新办公室是独立于任何院系的实体单位，主要用于统筹全校性创业教育有序运作，该办公室成立之后进行了诸多探索、开展了各种各样的活动，把雪城大学在高校中的创业排名推上了顶峰。总体而言，该办公室主要实行了12 项主要举措（initiatives），165 项教师领导的项目，实现了 3 千万美元的经费收入，新开设的课程足以支持每年注册 7500 名学生的学习，这个学生注册数量是 2007 年成立创业创新办公室之前的 4 倍。除了课程学习之外，该办公室开展的活动为学生初创企业的孵化和加速发展提供了保驾护航作用。有必要指出的是，全美高校第一个伤残退伍军人创业项目也是该办公室发起的。2007—2013 年，该办公室承办的主要项目见表 2 - 11。

表 2 - 11　　　2007—2013 年雪城大学创业创新办公室开展的
主要全校性创业项目

序号	创业项目
1	纽约新企业项目（Startup New York）
2	南部计划（The South Side Initiative）
3	连接走廊项目（The Connective Corridor）
4	近西部计划（The Near West Side Initiative）
5	IDS 新企业课程（IDS Lean – Startup Courses）
6	南部创新中心（The South Side Innovation Center）
7	Rvd 学生沙箱孵化器（Rvd Student Sandbiox Incubator）

续表

序号	创业项目
8	詹克洛艺术领导力项目（Janklow Arts Leadership Program）
9	纽约州商业计划大赛（The New York State Business Plan Competition）
10	数字媒体创业中心（The Centre for Digital Media Entrepreneurship）
11	雪城大学创业俱乐部（The Syracuse University Entrepreneurship）
12	女性创业精神培育项目（Women Igniting The Spirit of Entrepreneurship）
13	退伍军人以及军人家庭学院（Institute for Veterans and Military Family）
14	伤残退伍军人创业训练营（The Entrepreneurship Bootcamp for Veterans with Disabilities）
15	创造、创新和创业学习社区（Creativity、Innovation and Entrepreneurship learning community）
16	参与型学者与考夫曼创业参与型研究者（Engagement Scholars and Kauffman Entrepreneurship Engagement Fellows）
17	雷蒙德·冯·德朗创新与颠覆性创业加速器（The Raymond von Dran Innovation and Disruptive Entrepreneurship Accelerator）

然而，2012 年考夫曼校园计划结束后，创业创新办公室在继续运作不久之后就关闭了。尽管雪城大学在考夫曼校园计划期间所推行的各种全校性创业教育项目目前仍处于继续运作状态中，并且也为后考夫曼阶段奠定了一定的文化基础，但是当前该校全校性创业教育项目的运作却由各个学院各自负责，缺乏一个统一监管的实体单位。正如原主管创业创新办公室的副教务长布鲁斯·金玛教授在受访中所言："通过创业研究员项目，雪城大学将继续使用考夫曼名字扩展它的社会拓展项目和伤残退伍军人初创企业项目，这些项目都是延续考夫曼校园计划期间所开展的活动。尽管创业创新办公室在考夫曼校园计划结束之后就已关闭，但是全校性创业教育项目在雪城大学仍在持续发展中"（FZ 项目或活动 FT05）。

类似的情况也发生在其他高校，威斯康星大学麦迪逊分校于 2006 年获得考夫曼基金会的全校性创业教育资金后，随即从考夫曼校园计划经费中支出部分资金用于资助商学院教师向全校学生开设创业课程以及通过其他创业中心开展商业计划比赛等全校性创业教育项目。在组织架构上，该校也成立了全校范围的考夫曼校园计划咨询委员会（KCI Advisor Committee），该委员会由来自不同学院的 17 位委员组成，并且由时任校长约翰·威利（John Wiley）担任该委员会的主任，2008 年 9 月约翰·威利任职到期，继任校长毕蒂·马丁（Biddy Martin）也大力支持创业教育活动，马丁校长甚至举办全校性活动来庆祝学生在创业活动中取得的成就，并在 2010 年 4 月首次成功召开了全校范围的创业庆典活动。

遗憾的是，马丁校长任职不到三年就离任了，随后该校的咨询委员会主任由临时校长大卫·沃德（David Ward）直接负责。沃德校长同样大力提倡和鼓励创业活动，他延续了往届校长举行的全校性创业活动，在 2012 年组织了一次创业成就奖典礼（Entrepreneurial Achievement Award），并且把 2012—2013 学年定为全校范围的"创新的一年"，进一步鼓励和推动全校范围创业思维文化。然而，好景不长，2012 年考夫曼校园计划结束之后，全校性的咨询委员会也随即关闭了。

与雪城大学和威斯康星大学麦迪逊分校一样，佛罗里达国际大学在后考夫曼阶段全校性创业教育项目也出现了回潮现象。但必须指出的是，雪城大学和威斯康星大学麦迪逊分校是因为领导变更产生组织架构回潮，如雪城大学受访者就曾明确指出，他们当前的领导不支持也不阻碍全校性创业教育，因此并没有向全校性创业教育中央办公室提供财政援助，导致考夫曼校园计划结束后不久就关闭了全校性创业教育中央办公室。相反，佛罗里达国际大学的校领导长期以来都是创业教育的支持者和推动者，如 1986 年，该校第四任校长是由哈佛大学商学院教授、高科技创业家莫德斯托·迈迪克（Modesto A. Maidique）担任，在迈迪克校长的领导下，佛罗里达国际大学在商业或创业领域取得了诸多成就，例如，该校不仅是南佛罗里达顶尖的商业研究学院，同时也是国际高等商学院协会仅有的 435 名会员之一。2002 年 10 月 21 日，《商业周刊》（Business Week）就把它列为全美最好的商学院之一。该校在 2003 年向考夫曼基金会提交全校性创业教育申报书（proposal）时，也得到了评审专家们的高度肯定，例如，时任考夫曼基金会主席卡尔·施拉姆就对此赞扬道："毫无疑问，在所有考夫曼校园计划项目评审专家眼里，由佛罗里达国际大学极具丰富经验的创业家制定的全校性创业教育申报书是周密的（thorough）和具有竞争性的（aggressive）。我们认为南佛罗里达州的公立大学是一个具有国际视野进而能够促使文化转型和支持创新创业中心的天然之处"①。

换言之，佛罗里达国际大学师生对创业教育的看法基本上是不存在意识形态分歧的，全校性创业教育的支持者也没有必要花费精力去说服其他对创业教育持反对意见的群体，"考夫曼校园计划在佛罗里达国际大学没有经历过内部的抵制，我们创业中心的最大阻碍是佛罗里达州当前面临的经济下滑，因为这严重影响到大学的预算和捐赠"，② 例如，该校研究生创业课程注册人数下降就是经费短缺导致的，"研究生创业教育注册人数下降的主要原因是州政府预算的削减导致无法提供相应的课程"。③ 因此，相比雪城大学等其他高校出现部分非商学院教师或工作人员对全校性创业教育抵制和领导层频繁变动，佛罗里达国际大学在推行全校性创业教育上面临的主要抑或说唯一的问题是经费问题。佛罗里达国际大学创业教师在推行全校性创业教育行动期间出版了很多创业教育的著作和文章，但是当资金使用紧张时，创业教育又回到了商学院。

然而针对在后考夫曼阶段，佛罗里达国际大学由于当地经济不景气导致全校性创业教育运作经费不足，全校性创业教育在运作上又退回到由商学院主导的现状。必须指出的是，该校并非已经出现了全校性创业教育的整体回潮现象，即创业教育又回到了针对商学院学生开设的小范围精英教育。

恰恰相反，以上分析的三所大学只是在组织架构上出现了回潮现象，例如，雪城大学关闭了创业创新办公室，但各个学院仍然在继续推行全校性创业教育；威斯康星大学麦迪逊分校在考夫曼校园计划结束后

---

① Kauffman Foundation Grant Propels FIU's Global Entrepreneurship Center (2011 - 11 - 02). https: //business. fiu. edu/pdf/mediareleases/mr_ 12152003. pdf.

② Florida International University. Ewing Marion Kauffman Foundation – Kauffman Campus Initiative. 2012：17. http: //www. kauffman. org/ ~ /media/kauffman_ org/research% 20 reports% 20 and %20covers/2013/08/kci_ fiu. pdf.

③ Florida International University. Ewing Marion Kauffman Foundation – Kauffman Campus Initiative. 2012：13. http: //www. kauffman. org/ ~ /media/kauffman_ org/research% 20reports% 20and% 20covers/2013/08/kci_ fiu. pdf.

商学院、艺术学院等仍在为全校的学生提供各种创业证书（certificate）和辅修学位培训，而佛罗里达国际大学也表态将继续支持推行全校性创业教育，"我们期待学校继续支持全校性创业教育行动，我们相信在未来几年会推动创业中心在佛罗里达国际大学和社区发挥更大的作用"，①即使类似于监管全校性创业教育的中央办公室的关闭在一定程度上会影响到全校性创业教育协调和统筹工作，但这种负面影响并非不可承受，尤其是当全校性创业教育在高校具有一定的文化基础和根基的时候。人们往往认为，类似于创业创新办公室这种中央监管实体单位在全校性创业教育刚刚开始的时候能够发挥更大的作用，一位受访的私立研究型大学全校性创业办公室主任就自己推行全校性创业教育的经验谈道："中央监管办公室在全校性创业教育刚开始的时候能够发挥非常重要的作用，当项目成熟的时候也有帮助，但主要还要看具体某所学校的校园创业文化"（FZ 项目或活动 FT05）。无论如何，全校性创业教育中央办公室的回潮在严格意义上讲不会严重影响全校性创业教育在高校的可持续发展，全校性创业教育仍然呈现可持续发展的态势。

第三节　高校全校性创业教育可持续
发展的原因分析

20 世纪 90 年代开始，以康奈尔大学为主的高校开始零散地开展"辐射模式"的全校性创业教育；2003 年考夫曼基金会开始有组织、有计划地推行一批具有创业准备的高校实行全校性创业教育。现在全校性创业教育已经成为致力于构建创业型大学的理想模式，其发展态势犹如星星之火，可以燎原。这种可持续发展的动力与"创业能够并且应该获得鼓励和支持的理念有关"②。换言之，全校性创业教育在近段时间内是不会衰退的，我们认为其具体原因有以下几个方面。

---

① Florida International University. Ewing Marion Kauffman Foundation – Kauffman Campus Initiative. 2012：19. http：//www. kauffman. org/ ~ /media/kauffman_ org/research% 20reports% 20and% 20covers/2013/08/kci_ fiu. pdf.

② Sá, C. M. , Kretz, A. J. , *The Entrepreneurship Movement and The University*. Palgrave Macmillan, 2015：141.

一　全校性创业教育在不同学科之间的接受程度不断提升

全校性创业教育在不同学科之间的应用主要是指将创业实践和思想应用到跨学科的背景和活动之中，例如，将创业课程融入非商学课程中的提倡者发现了其中的价值——学生对风险管理、识别机遇和创新的重视，而这些技能和素养又恰恰是当下经济发展所必须掌握的。不仅如此，工程学和艺术领域的创业，被视为培养学生技能和劳动力市场竞争力的有效途径。以艺术创业为例，"艺术创业教育的产生是高等教育艺术管理者和教师认识到毕业生的艺术训练需要更能够回应市场的专业现实情况，高比例的毕业生就职于'非相关领域'促使政策制定者更加积极地思考音乐和艺术教育的效用"。[①]此外，文理学科或文理教育的学者通过证明文理教育和创业教育之间能够互相配合而不是互相排斥来巩固创业教育在商学院之外获得了认可，对文理背景的学生而言，创业教育本身的实践导向性在与文理教育的融合过程中，促成了其对书本理论知识的理解，从而体现了生活实践与课程知识间的融会与贯通。这在一定程度上能够使他们"通过动手实践去摆脱经验层面的困惑，解决现实中的问题，从而培养学生具备一种更高层次的匠人精神和能力"，[②]而且迎合了"大部分文理学院学生抱怨他们教育因为缺乏实践性而导致他们无法做相应的事情"[③]的诉求。有调查分析结果指出，"如果文理教育专业的毕业生能够拥有商业、数据分析和管理、销售、社交媒体、计算机编程、图像设计、IT网络与支持以及市场技能八个领域中的某个具体技能，那么他们将有一个很好的工作前景"[④]。从现实的角度看，创业教育学习已经成为文理学科背景的学生在就业市场中转危为安的技能。

---

① Cherbo, J., Wyszomirski, M., *In the Public Life of the Arts*. New Brunswick, NJ: Rutgers University Press, 2000: 173–201.

② 阎光才:《匠心化育与大国教育》,《光明日报》2016年6月7日，第13版。

③ Chang, D., Entrepreneurship and Liberal Arts Education (2014–02–26). http://amherststudent. amherst. edu/? q = article/2014/02/26/entrepreneurship – and – liberal – arts – education.

④ Blumenstyk, G., Liberal – Arts Majors Have Plenty of Job Prospects, if They Have Some Specific Skills, Too. *The Chronicle of Higher Education*, 2016–06–09.

笔者在调研过程中以"创业教育与文理教育之间的关系"和"创业教育与教育之间能否互相合作"为题对全美 8 所高校共 27 位受访者（包括创业教育实践者、创业学教授和文理教育领域教授）进行访谈，他们都认为，创业教育与文理教育是能够共存的，而且大部分的受访者（22 人，约占 81%）主要从两者的理念内涵出发，强调创业教育和文理教育具有共同的知识基础，认为这两者之所以能够共存，主要在于文理教育能够为创业教育提供很多所需的知识和技能，例如文理学科教育中所强调和培养的领导力（leadership）素养正是创业家所应具备的。反过来，创业教育过程中所重视的"基于行动""体验式""实训"以及"探究"等实践特性正好弥补了文理学科学生长期基于理论层面的训练不足/缺陷，增强了文理教育与现实世界的相关性。进一步说，"创业和文理在理念上有着共同知识基础——批判性、前瞻性思维取向，即它们都涵盖研究和分析'是什么（what is）'的问题，例如对当前的经济、社会正义、公民、社区事务、商业环境以及公共、私人需求的研究和分析。甚至通过识别和评估改善机遇来促进即将成为什么"①。创业教育在文理等非商业学科中不断被接受和认可的程度，也可以从越来越多的非商学院学生注册学习创业课程中得以体现。另外，"为了吸引学生和增强本科生学位的经济效用，文理学院也开始引进创业项目"②。显然，摒弃对创业等同于创办企业和谋求利润的狭隘认识，是创业教育融入其他非商业学科中的理性进步，创业教育在不同学科中的接受程度不断提升所体现出来的不同学科之间的相互合作的跨学科创业视角，将有助于继续推动全校性创业教育在高校的可持续发展。

二 高校在推动创新创业的努力中具有不可替代的作用

虽然从构建国家创新系统和初创企业社区（startup community）的

---

① Godwyn, M., Can the Liberal Arts and Entrepreneurship Work Together? (2011 - 11 - 01). https: //www. aaup. org/article/can - liberal - arts - and - entrepreneurship - work - together #. V1eIUPkrK4Q.

② Godwyn, M., Can the Liberal Arts and Entrepreneurship Work Together? (2011 - 11 - 01). https: //www. aaup. org/article/can - liberal - arts - and - entrepreneurship - work - together #. V1eIUPkrK4Q.

角度来看，高校（大学）在其中所扮演的角色都不具有唯一性，创业家、政府、大学、投资者、服务提供者等创新主体对于推动创新系统抑或初创企业社区的可持续发展都发挥着显著作用，我们甚至很难确切地说，哪些创新主体发挥的作用更大一些，哪些创新主体可有可无；但是，我们却可以肯定地说，高校（大学）在其中却具有不可替代的作用，这与大学本身的属性有必然的联系，"大学身份的多元性使其既可以具有传统学术机构那样的使命和责任感，也可以在某种程度上具备产业部门中所体现出的商业伦理。随着大学与产业部门之间相互影响的加深，大学教师更多地参与有利于知识的扩散和应用的各种活动，这不仅包括了大学研究成果的技术转移、发明的专利保护，也包括了大学教师与产业部门之间的研究合作等。与其他研究机构相比，大学教师具有更为灵活的时间、更为充足的资源等。特别是与欧盟、日本相比，美国大学的教师在完成规定教学和科研任务之外从事其他合作研究活动更为便利，也有相应的法律保障"。[①] 例如，美国高校"确立了允许教师参与校外活动的'五分之一'原则。即在 20 世纪 30 年代麻省理工学院率先规定，教师可在一周内任意一天去从事咨询或参与企业活动。该原则既可以保证教师正常从事教学和科研工作，又可将高校最新成果带到实际应用中去，同时，教师还可以将企业的新问题带回校园。当前，该原则几乎被美国所有高校接受，该制度不仅强化了理论与实践的关系、密切了高校与企业的合作，而且全方位助推了大学创业教育"。[②]

对于大学在推动创新创业生态系统中的重要作用，学术界已经形成共识，与此同时，学术机构创建商业化机构的能力也是毋庸置疑的。在 20 世纪 90 年代经历了一些质疑之后，美国政府从 21 世纪开始，又带着新的期待走进了大学校园，希望在推动基于技术的经济发展上与大学合作。如今，"对大学加大力度投资创业的质疑也已大部分被平息

---

① 王志强、卓泽林、姜亚洲：《大学在美国国家创新系统中主体地位的制度演进——基于创新过程的分析》，《教育研究》2015 年第 8 期。

② 周海涛、董志霞：《美国大学生创业支持政策及其启示》，《高等教育研究》2014 年第 6 期。

了"。① 例如，2011 年 2 月，白宫出台了美国历史上第一份针对创业的全国性计划——"创业美国计划"（Startup America Initiative），"该计划旨在营造创业生态系统，加强创业者与创业教师的联系，极大促进了美国高校创业教育的新发展"。②

应当说，高校在推动创新创业过程中的不可替代作用具有一定的社会背景。一方面，自从 20 世纪 30 年代经济大萧条以来，政府就不断提升对新企业发展的支持力度，2008 年国际金融危机后的经济持续放缓和高失业率更让政策制定者等利益相关者深刻意识到通过创新创业来重振经济发展的重要性，这主要体现在初创企业不仅能够提振日益衰竭的工作岗位，缓解就业压力，而且能够在促进经济发展中发挥重要作用。从长远的角度来讲，这对美国保持在全球的竞争力也有益处。仅仅从创造新的工作岗位来说，有研究者就指出：相比旧企业而言，新企业具有更高比例的工作岗位创建率，初创企业 40% 的新员工填补了新的工作岗位，③ 这个比例明显高于旧企业所提供的工作岗位的比例（波动于25%—33%），④而美国国内大约 1/3 的经济增长变化可以用新企业成立的比例来解释，⑤ 也就是说大约 1/3 的经济增长都可归因于新企业增长⑥。与此同时，新公司带来新颖创意，迫使自满的老牌企业提高自己的生产率。⑦ 另一方面，为本州乃至国家经济发展服务已经成为大学继教学、研究和社会服务三大功能以外的主要使命，很多大学甚至借此把创新创业列入大学的未来发展规划之中，成为未来很长一段时间的优先

---

① Sá, C. M., Kretz, A. J., *The Entrepreneurship Movement and The University*. Palgrave Macmillan, 2015：143.

② 梅伟惠、陈悦：《美国高校创业教育新纪元："创业美国计划"的出台、实施与特点》，《高等工程教育研究》2015 年第 4 期。

③ Sá, C. M., Kretz, A. J., *The Entrepreneurship Movement and The University*. Palgrave Macmillan, 2015：28.

④ Haltiwanger, J., etc., Business Dynamics Statistics Briefing：Job Creation, Worker Churning, and Wages at Young Businesses. Kauffman Foundation, 2012. http：//www.census. gov/ces/pdf/BDS_StatBrief7_Creation_Churning_Wages. pdf.

⑤ Mckinsey & Company, The Power of Many：Realizing the Socioeconomic Potential of Entrepreneurs in the 21th Century Economy. G20 Young Entrepreneur Summit, 2011（10）.

⑥ 赵中建、卓泽林：《美国研究型大学在国家创新创业系统中的路径探究——基于美国商务部〈创新与创业型大学〉报告的解读与分析》，《全球教育展望》2015 年第 8 期。

⑦ 萨拉·奥康纳：《勿迷信硅谷》，《金融时报（中文版）》2016 年 6 月 12 日。

发展事项。在这种内、外部相互推拉的作用下，结合高校自身在推动创业教育的优势平台上，创业教育在美国高校将继续呈现可持续发展的美好图景。

三 初创企业需要大学进行可持续的培育与关注

初创企业的培植不仅是一项不确定性很高的活动，更是一项长期事业。建设成功的技术商业化项目需要长期的努力，而且需要持久的承诺和财政支持，这在一定程度上给大学等研究机构提出了要求，大学需要凭借自身的优势培植一种有利于初创企业发展的创业文化。"有研究指出，在大学建立创业公司的问题上不存在快速和简单的解决方案，没有任何能够替代促进高校创业公司的制度性承诺，无论制定何种制度，成功的关键在于对教师、学生、职工和校友的创业行为给予支持的持久承诺"，[①] 比如麻省理工学院在 19 世纪就开始朝着这一方向努力。加州大学圣地亚哥分校和耶鲁大学向创业型大学转型过程中虽然花了较少时间，但也为此奋斗了三四十年。[②] 高校推动创新创业不仅促进地方经济发展，而且满足学生的创业学习需求，从更为宏观的层面上讲，这也迎合了公共部门和私营部门的期望。

必须承认的是，学生需求是推动全校性创业教育继续发展的重要因素，这在后考夫曼阶段更是如此，随着考夫曼校园计划的结束，很多高校的全校性创业教育项目运作就依靠学生注册创业课程所缴纳的学费。当然，我们并不否认校友和其他基金会在其中发挥的作用，但是总体而言，学生需求和兴趣不仅在经费上具有可靠性，而且是全校性创业教育运作的持续动力。

---

① Allen, T. J., O'Shea, R., *Building Technology Transfer within Research Universities—An Entrepreneurial Approach.* Cambridge University Press, 2014: 355.

② 加州大学圣地亚哥分校自 1960 年创建以来，由于校长的保守态度一直与产业界保持一定的距离，大学的科学家和学生都在相对封闭的状态下从事他们的研究，很少与外部有直接的联系，与企业没有达成互动和交易的契约关系。也正因为如此，大学从产业界获得的研发经费比例几乎为零，但从 20 世纪 80 年代开始，新校长阿特金森上任以来，扭转了以往的局面，大学开始与产业界频繁合作，携手并进，加州大学圣地亚哥分校开始在创新创业上脱颖而出。与加州大学圣地亚哥分校相类似，耶鲁大学在 1993 年之前对应用研究等创新创业活动秉持了"不参与""不鼓励"的冷漠态度，但在该校莱文校长上任以来立即启动了向创业型大学转型的进程，截至 2015 年，耶鲁大学已经位居全美 50 个最具创业能力的学校的第 10 名。

第三章 美国高校全校性创业教育的
影响因素与挑战

第一节 高校全校性创业教育可持续
发展的主要影响因素

本部分的研究结果是笔者对 8 所高校中的 27 位直接参与全校性创业教育的领导、教授等推动全校性创业教育项目和活动的受访者访谈分析得出。笔者利用 N – vivo10 版本对 27 位受访者进行节点分析，得出了促进全校性创业教育成功或可持续发展的主要影响因素有获得学校领导层支持和鼓励、充裕的资金和资源投入、利用社交媒体等途径对全校性创业教育项目的宣传创业概念等。每个因素在 N – vivo10 版本中所占的覆盖率见表 3 – 1。以下我们将对受访者谈及的主要因素进行综合分析。

表 3 – 1　　　　27 位受访者谈及促进全校性创业教育取得
成功的因素的覆盖率一览　　　　　单位:%

	资金与资源	领导支持	宣传和交流	广泛定义	其他
FT01	7. 50	—	—	—	—
FT02	1. 15	5. 40	1. 38	—	—
FT03	—	4. 08	—	—	5. 06
FT04	0. 73	0. 53	—	3. 31	—
FT05	1. 29	3. 31	—	4. 41	1. 53

续表

	资金与资源	领导支持	宣传和交流	广泛定义	其他
FT06	—	3.08	—	—	—
FT07	2.63	4.13	—	—	—
FT08	19.49	—	—	—	—
FT09	4.63	—	—	—	—
FT10	1.83	7.58	—	—	—
FT11	—	11.02	—	—	6.54
FT12	—	5.33	—	5.27	—
FT13	4.51	—	—	—	—
FT14	—	—	—	—	6.89
FT15	—	—	—	—	—
FT16	—	—	—	—	—
FT17	1.34	2.67	2.17	—	—
FT18	5.16	—	—	—	—
FT19	—	—	1.22	—	—
FT20	—	—	—	—	—
FT21	5.42	—	—	—	—
FT22	—	1.12	—	—	—
FT23	—	1.14	1.84	—	0.81
FT24	1.32	—	—	—	—
FT25	—	—	3.37	—	—
FT26	6.47	—	—	—	—
FT27	2.39	—	—	—	—

注：表3-1中"其他"因素主要包括（1）风险承担：学校在进行创业教育时承担风险的能力。（2）机制：要求建立完善的机制（mechanism）来推动创业教育的发展和取得成功。（3）科学技术：在这个过程中要重视对科学知识和现代技术的应用。（4）目标：设定相应的目标对创业教育发展的重要性。（5）体验式教育：experiential education 创业教育过程中要重视实践。（6）学生需求：推行创业教育的过程中要充分考虑到学生的需求。（7）专业服务：校内推行创业教育的机构或部门的专业服务质量至关重要。由于这些因素在受访者口中所占的比例较小，所以我们统一把它归为"其他"因素。

资料来源：笔者利用 N-vivo10 对 27 位受访者录音转换成文本后的节点分析报告。

一 学校领导层支持与鼓励

虽然创业教育文献很少具体讨论领导支持在推动创业教育过程中的作用，但当谈及开展一个新项目时，管理学的文献会着重强调领导支持的重要性。[①] 而实际上，如果没有学校领导层的支持和鼓励，在高校内部要创建一个综合性全校性创业教育项目（涉及服务、体验式学习、加速器、孵化器、社区拓展和研究活动等）几乎是不可能的，学校领导层对全校性创业教育在筹划过程中的支持和鼓励能够推动创业教育项目的顺利通过和获得资金的保障。本书考察的 8 所学校和 27 位受访者中，在受访者提及的几个因素中，学校领导层支持在促进全校性创业教育成功所占的覆盖率是较高的，一共有 12 个受访者明确表达并且列举具体事例证明学校领导支持在促进全校性创业教育过程中所发挥的显著作用，受访者对此问题的回答占所有受访者的 44.4%，占回答该问题受访者比例的 50%（见表 3-2）。

表 3-2　　　　　　　认可各类成功因素的受访者的比例　　　　单位：人；%

	资金与资源	领导支持	宣传和交流	广泛定义	其他
人数	15	12	5	3	7
占总数的比例	55.5	44.4	18.5	11.1	25.9
占回答者的比例	62.5	50	20.8	12.5	29.2

注：1. 受访者总数为 27 人，在访谈中回答了该问题的受访者数量为 24 人，未做出回答的是第 15、16 和 20 号受访者。2. 每个受访者可能会提出多个因素，所以回答人数的总数不为 24。例如，在"其他"这一项的统计中，受访者 Bruce Kingma 共出现了 3 次，所以便将其覆盖率叠加在一起，但人次算作 3，于是该项的人次为 7。

全校性创业教育必然牵涉学校各个学院和部门的事情，这与以往仅仅局限在商学院之内所推行的创业教育不同，因此学校领导的推动和支持就显得特别重要。一位主管全校性创业教育项目的副校长在受访中指出："促进全校性创业教育的首要因素是你需要校长进行全力支持，这

[①] Heriot, K. C., Simpson, L., Establishing a Campus – wide Entrepreneurship Program in five years：A case study. *Journal of Entrepreneurship Education*, 2007（10）.

是我们需要做的第一件事情，其他学院的领导也认为这是我们想成功推动全校性创业教育需要做的事情"（CG 领导支持 FT07）。大学领导不仅在项目决策过程中发挥显著作用，推动项目的顺利进行；还对创建一个创业友好型的校园文化起着同样重要的作用。也就是说，大学领导不仅能够在全校性创业教育项目运作过程中发挥统筹协调的作用，还可以致力于说服那些抵制或对推动创业教育持犹豫态度的学院领导人，让他们积极参与到全校性创业教育的活动中，学校领导对全校性创业教育项目的公开支持对于克服教师们对创业教育的抵制和批评是特别重要的。[①]

应该说，学校领导直接参与全校性创业教育项目在考夫曼院校中并不少见，其中最为典型的方式是全校性创业教育的执行人在有关全校性创业教育决策时直接向学校校长、副校长和教务长汇报，例如，华盛顿大学圣路易斯分校所有与创业相关的事件都由副校长兼教务长霍尔登·索普（Holden Thorp）直接负责并向校长马克·赖顿汇报。威斯康星大学麦迪逊分校在考夫曼校园计划期间成立了全校性的考夫曼咨询委员会，并由校长担任委员会主任。雪城大学成立了创业创新办公室，由副教务长布鲁斯·金玛教授担任办公室主任，直接负责推行全校性创业教育的大小事务，其他考夫曼院校也相应地成立了直接向校长、副校长和教务长汇报的机制，着重强调大学领导在全校性创业教育项目推行过程中的作用。

亚利桑那州立大学校长在不同场合通过各种方式介绍创业对于实现"新美国大学"愿景和推动地区经济发展的作用，没有学校领导层的参与，亚利桑那州立大学是很难激发创业文化转变的。该校校长迈克尔·克罗是大力倡导大学创业教育的主导力量，通过考夫曼校园计划，校长公开提倡支持高等教育创业和呼吁大学通过创业来激发经济、社会和文化发展。2012 年 1 月，校长向亚利桑那州立大学主要支持者——校长社区改进项目（President's Community Enrichment Program）报告时着重强调创业教育在亚利桑那州立大学发展成为一所新美国大学中的重要

① Hoskinson, S., Kuratko, D. F., *Innovative Pathways for University Entrepreneurship in the 21th Century.* Emerald Group Publishing Limited，2014：251.

作用。

尽管在后考夫曼阶段，有些考夫曼院校设立的相应办公室已经关闭，例如雪城大学和威斯康星大学麦迪逊分校在2012年考夫曼校园计划结束之后分别关闭了创业创新办公室和考夫曼咨询委员会，但是这些高校都毫无例外地着重强调校领导在整个项目过程中的统筹作用。

不仅如此，大学领导层的积极参与还有助于从外部的基金会和企业合作中获得支持新项目的资金，毕竟涉及额度较大的项目，很多企业不大可能与没有决策权的教授合作，而是需要与大学的领导联系。因为额度较大的项目需要大学为此制定相应的长期发展愿景，而这正是大学领导的职责。以雪城大学为例，该校校长促成了学校与摩根大通、伟伦公司（Welch Allyn）、IBM之间的创业合作。学校甚至单独与摩根大通合作开办了致力于培养学生像企业家一样进行思考的"全球企业技术创新"课程，注册该课程的学生能够在摩根大通公司中进行创新实习。摩根大通不仅为该项目投资了四千万美元的资金，更为重要的是，摩根大通的高层还参与到课程开发中，并且亲自授课，为实习生提供直接的指导。而该项目的顺利进行正是在校长的直接参与之下完成的。另外一位有三十多年创业教学和研究经验并且担任创业中心主任的受访者同样道出了学校领导对创业教育的支持促使大学创业教育的繁荣发展的作用，他说："我们比以前拥有更多的支持。他们（指学校领导）问我应该为创业做些什么，我就拿了一份清单给他们。他们说，应该在校园内建立一个中央办公室，让所有的创业者能够在此集会、交流思想并得到帮助。因为领导层的支持，很多事情都充满了吸引力，'创业的花朵'（flower of entrepreneurship）也在校园内盛开。比如，我昨天就听说我们的大学图书馆会腾出一层楼来改造为全校范围的创业加速器（incubator），这是非常好的，我们从来没有对此期待过。我们也看到校园的不同地方正在开展其他新的创业教育项目，教务长最近建立了一个委员会，其目的就是评估学校应该为全校性创业做些什么"（CG领导支持FT05）。来自另外一所高校创业中心的创业活动协调员在受访中也指出大学领导层对于落实新项目时的决定性作用，如其所言："很明显，学校领导是个关键因素，因为我们只有得到高层领导的支持，才能创建许多新的创业项目"（CG领导支持FT17）。

　　然而，必须指出的是，除了学校领导在促进全校性创业教育成功或可持续发展中发挥显著作用外，各学院院长或创业中心主任的作用同样不可小觑。一位曾经负责过全校性创业教育项目，现为大学副校长的受访者认为："除了校长的全力支持外，还需要一些关键拥护者，在校内不同的部门为创业项目的发展提供支持。这些人可能是教授，可能是院长，还可能是中心主任"（CG 领导支持 FT25）。然而，在谈及这些领导在促进全校性创业教育过程中的作用比较时，人们似乎都认为商学院院长所发挥的作用更加明显，有着丰富创业经验的考夫曼基金会主席卡尔·施拉姆明确提出，"由于商学院院长能够阻止大学其他单位对创业教育的兴趣和教学，因此得到商学院院长支持的话，创业教育在大学将会广泛盛开（flourish）；如果他们不支持，那么全校性创业教育将会凋零（collapse）"（CG 领导支持 FT06）。纳塔利·安塔尔（Natalie Antal）等对康奈尔大学、罗切斯特大学和雪城大学的全校性创业教育进行研究之后指出，商学院的主要创业教育者对全校性创业教育项目的支持是其成功的必要因素，因为商学院的教授能够向非商学院教师在自己学院教授创业课程时提供支持和帮助，[①] 这完全消除了项目开始时很多非商学院教师的担忧：无法承担创业课程的教学。

　　佛罗里达国际大学的一位创业学教授也明确表达商业管理学院院长在推动全校性创业教育中的显著作用。他说道："自我们创业中心成立以来，商业管理学院院长乔伊斯·埃兰（Joyce Elam）极大地支持我们的工作，在考夫曼校园计划期间，除了每年给我们提供 2.5 万美元的资金外，还为我们中心、工程和计算机学院以及艺术和科学学院提供技术和公关支持。没有院长的支持，我们不可能像现在这么有效率。"[②]

　　综上所述，我们可以认为，对于全校性创业教育的可持续发展而言，学校领导的支持和鼓励是不可或缺的，尤其是项目开始时，不同学院或部门的利益相关者对项目推行的必要性和合法性都持质疑态度，这时校

---

　　①　Hoskinson，S.，Kuratko，D. F.，*Innovative Pathways for University Entrepreneurship in the 21th Century*. Emerald Group Publishing Limited，2014：251.

　　②　Florida International University，Ewing Marion Kauffman Foundation – Kauffman Campus Initiative. 2012：17. http：//www. kauffman. org/ ~ /media/kauffman_ org/research%20reports%20and% 20covers/2013/08/kci_ fiu. pdf.

长的全力支持和鼓励就犹如一剂强心针，可以让不同学院或部门的负责人撇开后顾之忧继续执行。换言之，即使拥有充裕的全校性创业资金，缺乏学校领导的支持和鼓励，全校性创业教育项目也无法取得成功，除非大学已经形成了稳定和浓厚的全校性创业文化，创业教育已经真正地嵌入各个学院和部门的文化之中。

二 充裕的资金和资源

充裕的资金和资源是任何项目取得成功或可持续发展的必要不充分条件。如果没有充足的资金，光是一纸空头支票，考夫曼基金会推行的全校性创业教育项目显然是无法在美国高校付诸实践的，很多高校的全校性创业教育项目也不可能存在。进一步讲，没有持续的资金来源，全校性创业教育也会随着项目结束而逐渐回潮。这在诸多的受访者口中已经得到了印证。一位受访的副校长谈道："考夫曼基金会非常友好，五年来，为我们提供了 3 百万美元资金来试验和资助开展不同的全校性创业教育项目，否则我们也没有能力推行全校性创业教育"（CG 资金与资源FT07）。"有必要提出的是，如果没有来自考夫曼基金会的资金，罗切斯特大学和雪城大学的全校性创业教育项目都不可能以同样的方式存在"[1]。反过来讲，由于全校性创业教育涉及各方的利益，所以，仅仅拥有充裕的全校性创业教育资金也无法确保项目的顺利推行，如前所述，学校领导、各学院院长的积极推动在项目实施过程中所发挥的作用是不可忽视的，亲自监管和推行全校性创业教育的雪城大学副教务长布鲁斯·金玛教授在谈及有效推行全校性创业教育生态系统的关键因素时，归纳了对主要教师代表的投入、为学生创造价值、体验式教育与社区合作、财政和人力资源的可持续性、具有出色的支持团队等九个要素。[2]

在此部分，我们把资金和资源分开来讨论是因为在访谈的过程中，受访者在提及资源时所涵盖的范围远远超过资金，并且资金和资源都是分开提出的。确切地讲，在受访者口中，资源涵盖的内容主要有创业场

---

[1] Hoskinson, S., Kuratko, D. F., *Innovative Pathways for University Entrepreneurship in the 21th Century.* Emerald Group Publishing Limited, 2014：251.

[2] Katz, J., Corbett, A., *Academic Entrepreneurship：Creating An Entrepreneurial Ecosystem.* United Kingdom：Emerald, 2014：110.

地、课程、孵化器、加速器等。总体而言，在资源与资金的因素分析上，一共有 15 个受访者认为二者在促进全校性创业教育有效推行和可持续发展上发挥着重要作用，该比例占所有受访者的 55.5%，占回答该问题受访者的 62.5%（见表 3-2）。

受访者认为，充裕的资金和资源对全校性创业教育的成功推行和可持续发展的重要性可以从以下几个方面得以体现：首先，考夫曼基金会在两批考夫曼校园计划项目的评审中，明确把参与院校的全校性创业教育资金的匹配能力（第一批 2∶1，第二批 5∶1）视为重要的评审依据，正如负责申请和撰写第二批全校性创业教育项目申报书成员之一的副校长在受访中所说："我们要提供 5∶1 的匹配资金，就是考夫曼基金会每给我们 1 美元，我们必须向他们证明我们有能力提供相应的 5 美元……我们有很多匹配资金，我们称之为'以同等价值的实物捐赠'（in kind），即我不会给你 100 美元，但是我们以具有 100 美元价值的东西证明"（CG 资金与资源 FT07），"以同等价值的实物捐赠"证明是考夫曼校园计划匹配资金的较为普遍的方式，它在维持全校性创业教育项目的可持续性上具有重大意义，因为缺乏资金的持续支持，项目是不可能发展下去的。一位研究创业教育并毕业留校工作的教师简明扼要地指出："资金是绝对重要的，你只有拿到资金才能推动项目"（CG 资金与资源 FT08），缺乏资金而导致项目迟迟难以推进的状况已经被有些考夫曼院校在考夫曼校园计划遭遇国际金融危机影响而难以筹集到足够的匹配资金，最后导致全校性创业教育项目出现停滞和失败所证明。这种情况对第二批获得考夫曼校园计划资助（2006—2012 年）的高校更为明显，因为这期间刚好遭遇了国际金融危机，导致捐赠等资金流呈现持续下滑的趋势。例如佛罗里达国际大学和维克森大学在国际金融危机期间就面临着难以筹集足够全校性创业教育匹配资金的困境。

其次，后考夫曼阶段有些考夫曼院校由于考夫曼校园计划的结束而在某些要素项目上出现回潮足以说明资金对于全校性创业教育可持续发展的重要性。一位担任副教务长、主管创业创新办公室和负责全校性创业教育的教授在受访中说道："考夫曼全校性创业教育资金使用完后，校长就不再资助服务于全校性创业教育的创业创新办公室了，该办公室在不久后也关闭了"（CG 资金与资源 FT20）。佛罗里达国际大学提交给考夫曼基金会的全校性创业教育总结报告甚至直接指出，"正因为州政府拨款的削减才导致研究生阶段创业教育注册人数下降"。①

在谈及自己对资金用于项目的运作时，另外一位有着三十几年教龄，在考夫曼校园计划期间负责全校性创业教育项目评价的教授说道："……另外就是钱（money），我们需要风险资本来做事情，虽然我们有些全校性创业教育项目是自给自足，像法律和创业实训中心，我想现在我们所在的这座探索大楼就花了我们很多钱，我想说无论最后的预算怎么样，挣钱还是花钱，但是那都是另外一码事了"（CG 资金与资源 FT04）。资金的作用不仅在促进全校性创业教育项目的成功和可持续发展方面发挥着重要作用，对于项目的启动来说亦是如此，但是由于美国高校，尤其是公立大学在近三十年来遭遇州政府公共拨款持续削减，因此当谈到新的创业教育项目时，有的受访者的第一反应就是资金问题。一位公立大学教育学院教授对此作出这样的回答："促进全校性创业教育成功的关键因素是资金预算。大学和教育学院创建预算并交给教学单位和教师，所以他们有动力去寻找私人资金或利用学生产生收入，基本上是学生的收入……而且这个预算对管理者来说是一个机会去告诉（他们），我们给你更少的钱，但是你有灵活性和自由去做一些新颖、创新、盈利的事情来进行改变。并且我们将会提供更少的资金：有时它是一个竞争资金；有时它仅仅是一个种子资金；有时它只是行政上支持创建一些新项目来填补预算缺口，因此促进全校性创业的关键因素归结为资金预算。而且预算不只是为了创建教育项目、课程、短期课程、学士学位、专业学位项目。有很多专业项目没有资金援助，但是也有其他类型的预算结构。例如：当部门开始招聘新教师，如果哪个教授能获得大量的外部资金，那他也将得到额外的援助。我认为每个追求大学创业精神的人都认为主要的障碍是需要更多的资金"（CG 资金与资源 FT01）。

诚然，从这些全校性创业教育的直接参与者的经验之谈中，我们可以看出，资金不仅对于项目启动有着"点火"作用，同时也是维持全

---

① Florida International University. Ewing Marion Kauffman Foundation – Kauffman Campus Initiative. 2012：13. http：// www. kauffman. org/ ~ /media/kauffman _ org/research% 20reports% 20and% 20covers/2013/08/kci_ fiu. pdf.

校性创业教育可持续发展的必要因素。然而，有必要指出的是，即使近些年来，创业教育已经逐渐成为大学发展规划的重要组成部分，但是大学仍然存在着很多优先事项：创业教育固然重要，但从全校范围来看，有些人甚至还没听说考夫曼校园计划项目，例如，当笔者对一位公立研究型大学工程学院执行副院长进行访谈时，他明确回应称，他没有听说过考夫曼校园计划项目，而这种情况对一些文理教育或者社会科学部门而言更是如此。因此，一位就职于法律和创业实训中心的教师在谈及促进全校性创业教育可持续发展和成功的因素时，认为向推动全校性创业教育的直接参与者普及哪些资源有助于或可用于推动全校性创业教育是至关重要的。如其所言："知道什么资源可用是很重要的。在我加入法律和创业实训中心之前，我刚从法学院毕业。我只知道这个训练营，而对其他的训练营不甚了解。甚至在我为一个新创公司工作了一段时间以后，我还是不了解很多已经存在的、可用的资源，直到我来到这里以后才了解到。所以我认为这不仅仅是向校园内的人们传播创业资源，还应该向社区内的居民传播这些消息"（CG 资金与资源 FT08）。

　　考夫曼基金会要求和鼓励考夫曼院校通过捐赠资金来作为全校性创业教育项目的匹配资金，除了个别学校受到 2008 年国际金融危机的影响而难以全部筹集到匹配资金外，很多学校都已经达到要求。不仅如此，伊利诺伊大学香槟分校、北卡罗来纳大学教堂山分校、华盛顿大学圣路易斯分校所筹集到的资金要超过考夫曼基金会所要求的比例，例如，这几所大学除了达到匹配资金要求外，还分别筹集到 1400 万美元、850 万美元、34 万美元和 1 亿美元其他相应等价值的物品。而且华盛顿大学圣路易斯分校、北卡罗来纳大学教堂山分校、亚利桑那州立大学等已经把创业教育列入大学的发展规划，华盛顿大学圣路易斯分校把创业和创新列入校友捐赠运动纲领。这些例子都在说明资金和资源对全校性创业教育长期发展而言的重要性。然而，有必要指出的是，只有资金又无法确保全校性创业教育的稳定可持续发展，正如前面所言，资金和资源只是必要不充分条件，仅仅拥有足够的资金无法确保全校性创业教育的成功运作或可持续发展。

　　后考夫曼阶段，佛罗里达国际大学全校性创业教育中央办公室——皮诺家族全球化创业中心仍然拥有 400 万美元的捐赠资金，但是该中心全职主任职位一直处于空缺状态。实施考夫曼校园计划期间，该校全校性创业教育的大小事务是直接向教务长汇报的，但是现在回到商学院，由商学院直接管辖。可见，促进全校性创业教育的成功因素中，资金和资源的因素固然不可小觑，但却不是唯一的主要因素，换言之，仅仅具有充足的资金和资源，是无法确保全校性创业教育的可持续发展的。

三　广义的创业概念

广义的创业概念是相对创业等同于创办企业或营利行为（profit making）的狭义定义而言的。在创业教育的培养目标和宣传上，广义的创业概念赋予创业教育更加多元的培养维度，着重强调创业教育除了创办企业、营利等经济维度外，还有培养学生的创业性思维、创业技能、解决问题能力、风险承受能力、组织领导能力等文化、教育和知识维度，这些因素已经被许多考夫曼院校证明对于推动全校性创业教育的成功而言是至关重要的。通过赋予一个更加包容的创业教育概念，尽可能多地让不同的学科、不同的教师的专业知识都与创业教育有一定的挂钩，这是触动他们积极参与全校性创业教育项目的出发点，虽然只有 2 名受访者（占所有受访者的 8%，占回答该问题的 10%）明确肯定赋予创业教育广泛定义对于有效推动全校性创业教育成功的重要性。然而，有必要指出的是，考夫曼院校在 2012 年提交给考夫曼基金会有关考夫曼校园计划的经验总结报告和其他有关该项目的学术论文①中都明确提及一个广义的创业教育概念对于推动和让更多的学科和教师接纳创业教育的概念是非常有用的，并且这是许多考夫曼院校在推行全校性创业教育项目时用于消解该项目"异见人士"抵制的主要策略，即通过拓展创业教育的定义来让更多非商业学科教师，尤其是人文社会科学领域教师和职工参与到全校性创业教育项目的构建中，因为只有把创业教育的定义拓展至

---

① 参见 John, K. C., Siegel, D. J., The Business of Higher Education：Volume 2：Management and Fiscal Strategies 的第二章 Developing a Culture of Entrepreneurship in the Academy；Wasley, P. Entrepreneurship 101：Not Just for Business School Anymore［N］. The Chronical of Higher Education, 2008 - 06 - 20；Beckman, G., "Adventuring" Arts Entrepreneurship Curricula in Higher Education：An Examination of Present Efforts, Obstacles, and Best Practices. *The Journal of Arts Management, Law, and Society*, 2007（37）。

他们专业知识的场域，才能在具体的实践操作中引发他们的共鸣。正如一位负责全校性创业教育评价项目的教授在受访时所言，"就像我之前所提到的，一个广义的创业概念能够使许多人觉得与此相关并且能够识别（identity）它，广义的创业概念更能够使人们容易接受，很多人会说，'噢，是的，我也是创业家'，因为人们认为创业家就在那里，而不仅是人们对其感兴趣……这有助于创业被人们所接受"（CG 广泛定义 FT04）。

另一位曾经担任副教务长、创业创新办公室主任并且全职负责全校性创业教育项目的教授在表达类似的观点时，甚至建议高校在推动全校性创业教育时可以修改创业的定义，以适应不同的专业需求。如其所言："一个足够广泛的创业定义能够使所有的专业都觉得与此相关，当你告诉人们什么是创业教育时，一个好的创业定义是非常重要和值得的，所以，从一定意义上讲，有一个广泛的创业教育定义是非常重要的；从另一个方面而言，修改创业的定义来适应学校的其他专业并且为此解释也是非常重要的"（CG 广泛定义 FT12）。

不得不承认，长期以来，在创业等同于创办企业和财富创收观念之根深蒂固的背景下，赋予一个包容性的创业教育概念或定义已经成为考夫曼院校有效推行全校性创业教育的基本目标，因为这不仅有助于在项目初期号召和鼓励更多非商学院教师群体参与到项目中，而且在拓展创业教育概念的过程中可以进一步让非商学院的教师感受到，他们并非项目的"外来者"，参与推动全校性创业教育同样属于自己的专业知识研究和教学的范畴。达特茅斯学院查尔斯·哈钦森（Charles Hutchinson）教授对人文社会科学学者涉及有关金钱的观点进一步反向证明了推行全校性创业教育时赋予一个包容性的创业定义的重要性，他说道："对于许多讲授艺术和科学的教师而言，任何有关挣钱的事情都是罪恶的"，[1]那么，对一些长期致力于教授文理学科并以文理学科见长，又想通过考夫曼校园计划来营造一个浓厚的校园创业文化的高校而言，一个包容性

---

[1]　Gatewood, E., Conner, W., West, P., Changing a Campus Culture: The Role of the Kauffman Campus Initiative in Promoting Entrepreneurship at Wake Forest University. Wake Forest University, 2012: 2. http://www.kauffman.org/~/media/kauffman_org/research%20reports%20and%20covers/2013/08/kci_wakeforest.pdf.

的创业教育概念的重要性更是不言而喻，例如考夫曼院校之一的维克森大学正是一个典型的例子。"跟其他文理学院一样，除商学院之外，维克森在参与考夫曼校园计划之前，没有任何正式的创业教育项目和活动（initiatives）来服务于对创业教育感兴趣的教师和学生，也没有任何教师教授和开展创业领域的研究，商学院也只有较少的机会用于支持学生创业学习；除了一些普通大众读物外，文理学科的教师和学生没有任何机会接触到有关创业理论和实践的研究，因此，难以理解他们的学科兴趣是如何与创业相结合的。"①

但在全校性创业教育项目实行初期，维克森大学成立的委员会对全校包括艺术与科学部门在内的 15 个部门的调查结果中发现，"有 80% 的调查者回应称他们的学科中有发展创业的潜力，其中大部分受访者称应该把具体的理念和合作项目与学生实践相联系并成为其学习的一部分，许多受访者还表达了对进一步配合项目推行的兴趣"。② 这其中与该校最后所定义的广义创业概念，即"创业主要是指个人和团体利用自身的知识和资源来为自己和他人识别机会、产生改变和创造可持续性的价值"有着必然的联系。该校一位人文社会科学领域的教授——斯蒂芬·博伊德（Stephen Boyd）在参与完创业教育相关活动后进行的一段自我表述很有代表性，可以让我们看出广义的创业概念已经成功地融入维克森大学各个学科。他说道：③

> 我刚来到这个考夫曼教员研讨会时，对创业知之甚少，我也从来没有听过"社会创业"（social entrepreneurship）这个术语。在几周的时间内，这样的情况发生了改变。我知道，创业——通过创造性的行动来创造价值——通常情况下都涉及一个以上的传统学科。社会创业也是这样的，会创造性地利用金融和社会资本来达到社会

① Gatewood, E., Conner, W., West, P., Changing a Campus Culture: The Role of the Kauffman Campus Initiative in Promoting Entrepreneurship at Wake Forest University. Wake Forest University, 2012: 2. http://www.kauffman.org/~/media/kauffman_org/research%20reports%20and%20covers/2013/08/kci_wakeforest.pdf.

② Ibid..

③ Ibid..

目的。

　　我和商业、物理、计算机科学、医疗和运动科学、人文、政治科学、生物学和宗教部门的同事，一同探讨我们正在进行的各种计划。通过与同事的对话和交流，我学到了不同的经验。

　　我们可以在维克森的社会创业项目中将这样的跨学科合作制度化，让我们的教员、学生和校友设计和发展当地的非营利组织，进而解决社会问题。目前，2005 年毕业的科尔·雷曼（Kyle Layman）就处在第五年的实习期，他在研究其他学院或大学的项目，看看我们能够借鉴些什么。借助于创业和文理办公室的努力，以及对创新的新认识在教员和学生之间传播，我们的机构正在朝着将这样的项目制度化，并以互惠互利的方式与社区建立更好的联系的方向前进。

　　在考夫曼院校中，维克森大学并非是仅仅通过赋予一个广泛的创业教育定义进而有效促进全校性创业教育的特例。北卡罗来纳大学教堂山分校的全校性创业教育项目是在柯南研究机构（Kenan Institute）主任约翰·卡萨达（John D. Kasarda）教授的领导下进行的，卡萨达教授在商学院就职之前就已经在该校的社会部门（department of sociology）担任系主任近 10 年，在人文社会科学领域的工作经历和人际关系网对他尝试去说服一些对全校性创业教育持质疑态度的"异见人士"具有很大的帮助，他对那些对全校性创业教育持质疑的教师们说道，创业不是他们教学和研究兴趣的"诅咒"，同样也不会影响北卡罗来纳大学教堂山分校本科生文理教育课程体验。有趣的是，在具体的操作中，卡萨达教授同样通过一个广泛的创业定义来说服这些人，"卡萨达教授提供了一个广泛的创业定义来说明创业不是许多部门和教师一直以来所认为的仅仅等同于商业和营利性企业。他在提交给考夫曼院校的申报书中就在传统商业企业上加上了社会和公民创业（civic entrepreneurship）——发展自我持续的非营利性政府组织和学术创业——用创业方式解决教育传播和大学管理过程中的挑战，以此作为新的探索领域……在让更多的主要教师参与到全校性创业教育项目和让更广泛的大学群体认为创业原则实际上能够应用到他们的领域并且能够产生重要的教育效用上，一个广泛的创业定义已经被证明是非常重要的"。①

威斯康星大学麦迪逊分校在其提交给考夫曼基金会的总结报告中也明确提出"一个包括社会和艺术维度的广义创业教育定义对创业向全校拓展非常重要,这样能够将创业这一术语与那些在考夫曼校园计划之前不怎么认可创业的部门或学院相联系,甚至以此来吸引他们"。② 罗切斯特大学校长乔尔·塞里格曼(Seligman, J.)也声称:"罗切斯特大学提倡一个广义的创业概念,即认识到创业所创造的价值可以是经济价值、社会价值和文化价值"。③ 无独有偶,该校的创业教育主任邓肯·摩尔(Moore, D.)也指出:"我们采用的广义创业教育定义已经帮助我们改变了全校大多数教师、部门和学院的态度。"④ "通过高级管理者对创业教育活动的支持,以及围绕罗切斯特大学广义的创业概念,大学已经克服教师对创业教育的抵制。"⑤ 由此可见,广义的创业概念不仅使罗切斯特大学克服了全校性创业教育过程中一些阻碍;从更深层次来看,它也是该校进行文化转变的基础。

华盛顿大学圣路易斯分校以斯堪达拉李斯创业中心为全校性创业教育的载体,同样需要通过一个广义的创业教育定义才能有效地推行全校性创业教育项目。即使在普渡大学,在实施考夫曼校园计划之前,该校的创业教育已经成为探索研究园(Discovery Park)的重要组成部分,但在推行全校性创业教育时同样需要一个广义的创业教育定义来使全校性创业教育可以融入不同的学院和部门。有趣的是,另一所考夫曼院校——得克萨斯大学埃尔帕索分校在推行全校性创业教育时使用了较为

---

① Knapp, J. C., Siegel, D. J., *The Business of Higher Education*: *Management and Fiscal Strategies* (Volume 2). Praeger Perspectives, 2009: 22.

② Ward, D., etc., The Impact of the Kauffman Campus Initiatives at the University of Wisconsin Madison. University of Wisconsin – Madison, 2012: 13. http://www.kauffman.org/~/media/kauffman_org/research%20reports%20and%20covers/2013/08/kci_wisconsin.pdf.

③ Moore, D., Seligman, J., The Evolution of Entrepreneurship at the University of Rochester: The Nature and Scope of the KCI Impact. University of Rochester, 2012: 1. http://www.kauffman.org/~/media/kauffman_org/research%20reports%20and%20covers/2013/08/kci_rochester.pdf.

④ Moore, D., Seligman, J., The Evolution of Entrepreneurship at the University of Rochester: The Nature and Scope of the KCI Impact. University of Rochester, 2012: 1. http://www.kauffman.org/~/media/kauffman_org/research%20reports%20and%20covers/2013/08/kci_rochester.pdf.

⑤ Ibid..

狭义的创业教育定义，即把创业定位于创办企业，这种狭窄的定义导致了创业教育活动难以从商学院向其他学院和部门拓展。

从以上考夫曼院校在推行全校性创业教育中的经验可以看得出，广义的创业概念意味着广泛的参与；换言之，创业既可以具有一般意义上的经济维度，还可以有文化、知识、艺术和科学等价值。在全校性创业教育项目的推行初期，赋予其一个更具包容性的创业教育定义，使创业的内涵能够尽可能多地与其他非商业学科专业相联系，这样不仅有助于克服非商业学科教育对创业教育的抵制，而且能够团结非商业教育领域的教师和学生积极参与全校性创业教育项目。

四　加强宣传与沟通力度

美国高校内部运作结构的一个典型特征是高度分权化，即每个学院都有绝对自主权，甚至有时同一学院的不同部门在运作上也互不干涉、各自为政。在这样的背景下，大学内部，尤其是非商学院的部门并不是每个教授或职工都能熟知创业教育项目或者活动，对考夫曼基金会的全校性创业教育项目亦是如此。一位因为成功开发"社会创业"课程而备受瞩目并多次受邀演讲的教育学院教授在受访中谈道："我想说在我们学院并不是每个教授都熟知考夫曼校园计划的，每位教授都有自己的研究领域，每个教授都有很多事情要做，每个人都非常非常非常非常忙，他们不大可能去做超出自己研究领域的事情，这种情况在我们学校也很常见，因此，他们大概对考夫曼校园计划不太了解"（CG 宣传和交流FT26）。因此，无死角地向全校范围内的学院和部门推行全校性创业教育项目将面临宣传和沟通的问题。在笔者的调研中，有 4 个直接参与全校性创业教育项目的领导和行政人员认为在学校范围内加大创业教育活动或已有创业项目成就的宣传以及加强各个部门的沟通力度有助于全校性创业教育项目成功推行，这一比例占所有受访者的 17%，占回答该问题的 19%。

考夫曼院校在全校性创业教育项目的推行过程中，加强宣传和与不同部门之间的沟通已经被证明是促进全校性创业教育成功的有效因素，雷蒙德·法罗（Raymond B. Farrow）和约翰·卡萨达（John D. Kasarda）在总结北卡罗来纳大学教堂山分校的全校性创业教育成功经验时就指出，"我们成功的关键是拥有一个长期的综合沟通和宣传渠道"，[1] 他们进一步作出解释：在考夫曼校园计划开展初期，学校立即成立了一个拓展性网站用于公告考夫曼校园计划的有关创业活动及相关事宜；校园内部最受欢迎的日报——*Daily Tar Heel* 用于宣传和公布考夫曼基金会资助的创业活动。不仅如此，还邀请阿育王基金会创始人比尔·德雷顿（Bill Drayton）和其他著名的社会创业家到学校做演讲，以此吸引了很多师生。[2] 这些活动主要由主导全校性创业教育项目的柯南研究机构（Kenan Institute）发起，其在宣传途径上可谓多种多样，例如，除了以上开发网站和邀请著名社会企业家做演讲之外，还通过广播的形式向全校宣传企业家成功的故事，印制全校性创业教育手册并在全校发放，以此告知人们学校拥有哪些资源可用于全校性创业教育领域。

众所周知，北卡罗来纳大学教堂山分校是北卡三角研究园三所研究型大学之一，因此，对该校而言，从来就不缺少成功企业家的故事，在跟企业家商讨之后，大学还设计了全校性创业教育电子版的简讯（e-newsletter），以一年 10 次，平均每月 1 次（按学年算）向 3000 位订阅用户发送有关创业家企业介绍的简讯；除此之外还在《卡罗来纳校友评论》（*Carolina Alumni Review*）上报道成立的创业企业，这份校友杂志以每年 6 次的频率向 20 万校友发送，这种对全校性创业教育学项目广泛且深入的宣传，提高了高校学生、教师和职工的创业活动的知名度，"这些连贯性的宣传信息引起了外界关注和更大曝光度，从而极大地促进了北卡罗来纳大学教堂山分校的创业活动"。[3]

威斯康星大学麦迪逊分校组织全校范围的创业活动来引起不同部门对全校性创业教育的关注，例如，该校在每年 11 月邀请全校所有学院和部门参加全球创业周（global entrepreneurship week），设立威斯康星大学麦迪逊创业成就奖（UW-Madison Entrepreneurial Achievemen-

---

① Knapp, J. C. , Siegel, D. J. , *The Business of Higher Education*：*Management and Fiscal Strategies*（Volume 2）. Praeger Perspectives, 2009：30.

② Knapp, J. C. , Siegel, D. J. , *The Business of Higher Education*：*Management and Fiscal Strategies*（Volume 2）. Praeger Perspectives, 2009：30.

③ Ibid. .

tAward)，① 学校组织的这些活动都在向公众展现创业的重要性以及大学在创业的相关活动上能够为学生和其他对创业感兴趣的群体创造有利条件。对于因大学内部结构的分权化而导致各个学院或部门在相关事务上长期处于单打独斗的状态，这些活动和宣传起到了弥合作用，至少能够在一定程度上将有关全校性创业教育的信息和活动向各个学院的不同群体进行宣传。确实，创业楷模能产生积极的溢出效应。有研究表明："创业楷模与教师、工作人员和学生的互动对推动校园内的学术创业有很大的贡献，他们可以激发周围的人瞄准创业目标，施展自己的抱负，从而创建一个'让成功繁殖成功'（let success breed success）创新效应的良性循环，因为已有研究表明，当教师更加了解公司形成过程的相关事宜时，如果同行已经取得成功，那么他们更有可能推行商业化。"②

在亚利桑那州立大学，学校也在通过各种媒介和不同部门之间的沟通来加强师生对创业教育的理解和认识。具体而言，"亚利桑那州立大学创办了杂志、视频和在线出版物等来表达重塑大学创业的愿景"。③从大学网页到校友杂志上的文章再到新生的创业必修课程，全方位地诠释了创业在大学中的重要作用。除了利用官方形式进行广泛宣传之外，社交媒体也发挥着显著的辐射作用，"社交媒体例如推特（Twitter）和脸书（Facebook）在鼓励学生参与创业教育方面也起着非常重要的作用"。④ 简言之，"在亚利桑那州立大学，创业没有退回至商学院，有关创业话题的讨论也不限于仅仅注册创业教育的学生群体，通过网站和社交媒体学生们能够学习到其他人是如何更具创业性和创新性的，通过沟通，创业具有可获得性"。⑤

总之，从学校层面对各个学院和部门所做的创业工作进行表扬、庆

---

① Ward，D．，etc．，The Impact of the Kauffman Campus Initiatives at the University of Wisconsin Madison. University of Wisconsin – Madison，2012：18 – 19. http：//www. kauffman. org/ ~ / media/kauffman_ org/research%20reports%20and%20covers/2013/08/kci_ wisconsin. pdf.

② Allen，T. J．，O'Shea，R．，*Building Technology Transfer within Research Universities—An Entrepreneurial Approach*. Cambridge University Press，2014：367 – 368.

③ Arizona State University，Arizona State University as a Kauffman Campus，2007 – 2011. Arizona State University，2012：11. http：//www. kauffman. org/ ~ /media/kauffman_ org/research%20reports%20and%20covers/2013/08/kci_ asu. pdf.

④ Ibid. .

⑤ Ibid. .

祝和宣传，尤其是对成功企业家的励志故事的广泛宣传，不仅能够对在创业上志趣相投的学生起到推动作用，而且是把创业理念和激励故事渗透至各个部门和学科之中的有效途径，同时也能唤起更多的教师或学生群体参与到创业教育活动中。这对新加入的创业群体不仅有着精神上的支持，还可以获得物质上的支撑。宣传成功企业家等相关创业活动信息对于那些潜在创业者或志趣相投的教师或学生而言不仅仅是一种"告知"，更多的是一种积极的溢出效应。换言之，"宣传和沟通过程可以采取不同的形式，其中包括通过电子简报、会议、博客以及社交网络等，这些工具在构建积极参与、合作和生产力上都大有帮助。然而特别需要指出的是，为了超越宣传和沟通仅仅是传递信息的简单认识，需要建立一种对话机制"①。一言以蔽之，通过宣传创业能够在全校范围带来创业文化的转变，教师和学生都可以从他们的同行和前辈的成功中汲取经验。从宣传路径而言，大学的在线校园时事通讯、学院网站、学生报纸、学校相关的社交网络、社团、校友或校外通讯简报等信息输出手段都要积极参与其中。只有这样，我们才能通过信息流把各个部门和学院衔接起来，突破以简仓结构为主的大学运作模式的弊端，向各个部门传递出创业的蓬勃势头，强化它已经为大学、为学生群体创造的价值。当然，从考夫曼院校的经验来看，校长、教务长、各学院院长和项目主任等领导层为创业活动做"代言"对于促进全校性创业教育项目而言也是非常重要的。

第二节　高校推行全校性创业教育面临的主要挑战

笔者通过对美国 8 所高校中的 27 位直接参与全校性创业教育的领导、教授等受访者的访谈，利用 N - vivo10 版本对其在全校性创业教育推行过程中所面对的主要挑战或阻碍进行节点分析，得出了其主要挑战有非商学院教师和职工对创业的认知、资金等因素。每个因素在 N -

---

① Boyer, R. K., Achieving a Culture of Communication on Campus. *The Chronicle of Higher Education*, 2016 - 07 - 18.

vivo10 版本中所占的覆盖率①见表 3 - 3 所示。

表 3 - 3　　　　27 位受访者谈及推行全校性创业教育

面临主要挑战因素覆盖率一览　　　单位:%

	创业认知	地位	资金	其他
FT01	16.84	—	1.20	—
FT02	0.49	3.99	—	—
FT03	1.93	—	—	—
FT04	—	3.08	5.86	—
FT05	6.59	—	0.82	—
FT06	—	—	—	2.11
FT07	4.07	—	—	—
FT08	—	—	1.12	—
FT09	—	6.91	—	—
FT10	—	4.96	—	—
FT11	1.80	—	—	8.69
FT12	—	—	—	3.30
FT13	—	—	0.93	—
FT14	8.44	—	—	—
FT15	—	—	—	—
FT16	—	—	—	—
FT17	—	4.15	—	—
FT18	—	2.89	—	—
FT19	4.48	—	—	—
FT20	—	—	—	—
FT21	—	—	—	3.30
FT22	4.99	—	—	—
FT23	1.58	—	—	2.07
FT24	—	3.87	—	—
FT25	—	4.57	—	—

① 覆盖率即编码文本占总文本的比重, 用于衡量在访谈中的重要性。

续表

	创业认知	地位	资金	其他
FT26	—	5.18	—	—
FT27	—	—	—	4.60

注：1. 创业认知：校内各方人士（包括教师、职工和学生等）和校外人士对创业的认知是一大障碍。2. 地位：指的是全校性创业教育在学校发展中所占据的地位，很多受访者会提到这个问题，就是说创业教育在学校发展中不一定是重要的，或者说不一定是紧急的事项。3. 资金：既是取得成功的因素，也是所面临的一大障碍。4. 其他：主要包括校园文化、创新力等。

资料来源：笔者利用 N - vivo10 对 27 位受访者录音转录后文本进行分析得出的报告。

下文将主要挑战具体化为非商学院教师或职工对创业教育的抵制或质疑、创业仍未成为教师群体的优先事项、经济危机与项目长期财政健康的困境、领导层岗位流动和简仓结构五个方面进行阐述。

一　非商学院教师或职工对创业教育的抵制或质疑

根据笔者对调研中的样本分析，非商学院教师或职工对创业教育的质疑或抵制是考夫曼院校在推行全校性创业教育过程中面临的主要挑战，其主要表现包括非商学院教师或职工对创业教育持怀疑态度，质疑其成功率和可行性，认为创业仅仅意味着挣钱，大学作为与世隔绝的象牙塔，应该与这种关于金钱利益的活动保持距离。在 27 位直接参与全校性创业教育的受访者中共有 10 人认为非商学院教师或职工对创业教育的质疑是他们推行全校性创业教育的主要障碍，这一比例占所有受访者的 37%，占回答该问题受访者比例的 41.7%，是受访者提到的最频繁、覆盖率最高的挑战（见表 3 - 4）。

表 3 - 4　　　　　　提出各类挑战的受访者的统计　　　　　　单位：% ，人

	创业认知	地位	资金	其他
人数	10	9	5	7
占总数的比例	37.0	33.3	18.5	25.9
占回答者的比例	41.7	37.5	20.8	29.2

注：1. 受访者总数为 27 名，在访谈中回答了该问题的受访者数量为 24 人，未涉及该问题的是第 15、16 和 20 号受访者，需要注意的是，这 3 个人的访谈中是没有涉及该问题，而不是提问了没有回答或是直接认为没有任何挑战。2. 每个受访者可能会提出多个因素，所以以回答人数的总数不为 24。

一般来说，非商学院教师或职工对创业教育向全校拓展的抵制或质疑与他们对大学的办学定位有必然的联系，即认为大学应是一个学术探索之地，是一个典型的公共领域，它的一切教学活动从根本上说都具有公共性，"而公共领域不以权力和金钱为基础，而是以交往和对话为基础"①。全校性创业教育的"异见人士"担忧创业这种重商主义倾向的活动或教学将导致高校商业特征日渐明显，进而改变大学的面貌，损坏其公共形象。

究其原因，这与他们对创业教育的认知有直接的联系，即把创业仅仅等同于创办企业和其他营利性行为，认为创业教育只具有一般意义上的经济维度，高校学术人员卷入各种商业性活动是一种违背学术本分的事情。必须承认，部分校内教师对创业教育抵制或质疑在一定程度上影响了全校性创业教育的顺利推行，对创业教育与非商学院的不同专业相融合也造成了一定的阻力；但这并非不能克服的，而且在非商学院学生对创业教育需求不断上升的背景下，少数教师对创业教育抵制和质疑似乎越来越站不住脚。一位负责全校性创业教育项目——商业计划比赛的创业学教授在受访中指出，"学校仍然有一些人质疑和担忧，他们把大学当成一个学习、反思的场所，可以接受教学和研究，但却无法接受大学促进经济发展的职责。因此，创业或者说商业教学一般被认为是对这种使命的威胁。我们有时会遇到一些教师不愿意参与我们的全校性创业教育项目，而且也不邀请他们的学生来参与我们组织的活动，因为他们认为这跟大学所代表的使命相背离，但是他们的力量是有限的，只有小部分教师和学生持这样的质疑态度，而我们却有很多学生和教师支持，我们不试图去说服他们，但是我们会跟他们讲"（TZ 创业认知 FT14）。

全校性创业教育在面临部分教师对其进行抵制和质疑的情况下仍然能够取得显著的成就，除了离不开更多教师的支持和学生需求的推动外，与全校性创业教育本身所呈现的价值也息息相关。以上受访的这位教授进一步指出："我们是幸运的，不但大部分教师接受全校性创业教育，而且他们认为这对服务他们学生而言是个非常好的方式，他们已经

<hr />

① 蒋凯：《知识商品化及其对高等教育公共性的侵蚀》，《北京大学教育评论》2014 年第 1 期。

拥有非常成功的教师和企业，比如像来自微生物工程的洛克·麦基（Rock Mackie）已经拥有了三家医学计算机科学的公司。其他教师担心来自那些创业同伴的压力，他们受到这些榜样的引导，这些教师喜欢我们现在所提供的培训，所以他们可能会说，'是的，培训学生可以让他们避免跟我犯同样的错误'。那些在校园内备受推崇的成功教师也做出了很大的贡献，例如校长去年提到的马克·库克（Mark Cook），他拥有庞大且成功的实验室，既是一名非常成功的教师，也是一名创业者，这样的教师是非常重要的，因为他们将我们在校园内的全校性创业教育活动合法化。所以说，推行全校性创业教育的障碍在消除，原因是这一类教师受到学校的认可，并且在帮助我们提升工作的合法地位，当我们发现障碍的时候，我们会寻求别的解决方案"（TZ 创业认知 FT14）。来自同一学校的另外一位全校性创业项目——法律和创业实训中心（Law & Entrepreneurship Clinic）创始人兼主任也指出，她们在创建该实训中心的时候也面临着一些教师的质疑，但经过努力还是克服了教师们的质疑并且向其证明所开展项目的有效性，她说道："当我们创建'法律与创业实训中心'的时候，有一些教师对我们进行了抵制，因为他们不确定这种实训中心是否可行……但是当我们向其他教师证明我们能够成功的时候，他们就开始逐渐转向支持我们了，因为我看到有些教师在课堂上推荐这个实训中心给他们的学生"（TZ 创业认知 FT03）。

人们对全校性创业教育的抵制和质疑基本上都源自对创业认知的偏差，即在意识形态上有种先入为主的对创业教育等相关活动的否定和摒弃，夸张一点而言，人文社科的教师甚至把创业与"肮脏"词语相提并论。也就是说，部分教师和职工对创业教育的排斥已经在大学内部形成一种文化。一位全校性创业教育项目的执行主任在受访中谈道："推行全校性创业教育过程的一个文化障碍是许多教师认为对大学而言创业是不好的事情，因为这与大学的利益相冲突，而且与科学的核心使命相背离，所以你会发现很多人不想在大学看到创业活动发生"（TZ 创业认知 FT11）。另外一位来自教育学院的教育历史学家在受访中直接道出了高校内部部分教师对创业教育活动抵制或者质疑的深层意思，他直言道："他们不同意创业活动，是因为他们不支持单方面的商业活动，也就是说不是他们不支持商业，而是不支持只有商业维度的创业"（TZ

创业认知 FT01）。这种观点实际上反向证明了我们在分析促进全校性创业教育成功因素中，赋予创业一个广义的创业教育定义在促进全校性创业教育过程中是吸引原本对创业教育持质疑态度教师的有效方法。即通过一个包容性的创业教育定义不但可以缓解部门教师们在刚开始时对全校性创业教育活动的抵制和质疑，还可以通过对创业内涵的知识拓展，让那些一开始对全校性创业教育活动有质疑的教师从反对走向支持。

二 创业仍未成为教师群体的优先事项

创业教育从长期固守商学院到近些年来逐渐向全校拓展的发展趋势向我们表明，创业教育作为一门学科的发展在美国高校已经具有一定的根基，全校性创业教育已经成为当前高校的主流发展趋势。如前所述，很多大学已经把创业列入大学的发展规划之中，从长远发展战略来确保创业教育的可持续发展，例如创业教育不仅是华盛顿大学圣路易斯分校未来发展蓝图的重要组成部分，而且该大学甚至把创新创业作为游说大学校友捐赠活动的四大宣传支柱之一；亚利桑那州立大学在创建"新美国大学"的八大愿景中，创业教育名列前茅，等等。在大学满怀经济抱负的情况下，创业教育固然重要，但是大学的发展有诸多愿景或使命，例如，培养参与式公民、领导者、学者等；教师群体也为各种各样的教学和研究工作忙得不可开交。

考夫曼基金会曾经对考夫曼院校的 351 位教师就他们不参与全校性创业教育项目的因素做过调查，结果指出，42% 的教师回应称他们因为工作太忙所以没有时间参与创业教育活动；29% 的受访者认为他们不参与创业教育是因为觉得创业与他们的学科关系不大；大约 26% 的教师认为他们不参与全校性创业教育项目是因为缺乏足够的信息来源（见表 3-5）。

表 3-5　考夫曼院校教师不愿意参与全校性创业教育项目的原因　　单位:%

原因	比例
没时间/与自己的计划冲突/没有休闲时间	42
与自己的学科或者兴趣不符	29

续表

原因	比例
不知道任何的机会/缺乏足够的信息	26
感兴趣，但是却不够重要	5
不会提升职业发展/关注与获得终身教职有关的活动	4
已经参与了很多创业活动	3
很快将要退休或离开目前的学校	3
不认为创业应该是课程的一部分	3
不喜欢这些项目/不符合个人的设想/没有自己的位置	1
没有足够的资金来开发课程	1
其他	18

注：该调查问卷为多项选择。

资料来源：Hulsey，L.，Rosenberg，L.，Kim，B.，*Seeding Entrepreneurship Across Campus*：*Early Implementation Experiences of the Kauffman Campus Initiative.* Ewing Marion Kauffman Foundation，2006：36.

可见，从以上的调查当中我们可以看出，教师群体不参与全校性创业教育项目的首要原因是因为他们手头上的工作繁忙，难以抽出更多的时间从事与自己专业知识不相关或关系不大的创业教育活动。笔者自己的调研也再次印证了这种结论的准确性，在笔者对 8 所考夫曼院校中的27 位直接参与全校性创业教育项目的领导和教师的访谈调查中，共有 9位受访者认为创业教育在大学和教师群体中未被列为优先事项是他们推动全校性创业教育面临的主要挑战之一，占所有受访者人数的 33.3%，占回答该问题受访者的 37.5%。

高校首先作为人才培养机构而存在，教育或人才培养是高校教师的第一职责。美国高校有重视教学的历史传统，在 19 世纪 70 年代以前重视教学特别是重视本科生教育的传统十分深厚。[1] 而在研究型大学中，科研能力通常是候选人能够获得终身教职的首要因素，[2] 除了教学和科研之外，"美国高校还有开展社会服务的传统，注重服务是美国高等教

---

[1]　韦恩·厄本、杰宁斯·瓦格纳：《美国教育：一部历史档案》，中国人民大学出版社2009 年版，第 250—251 页。

[2]　蒋凯：《终身教职的价值与影响因素——基于美国八所高校的经验研究》，《教育研究》2016 年第 3 期。

育的显著特征之一"，① 尽管公共服务是教师教学工作的必要组成部分，但或许是受到最少认可和理解的教师职能。② 教学、科研和公共服务是当前高校教师的三大必不可少的服务职能，在这样的背景之下，高校教师已经难以抽出更多的时间来参与一种新活动或项目。一位受访的教授如此谈道："我想，可能是与人们的忙碌程度有关，与校园内已有活动数量有关。我做过一个关于大学教职员工工作量安排的调查。在我的研究中，大多数的教师每周大约工作 60 小时；大部分的教师很喜欢做科研，但是大学的教师花在研究上的时间每周只有 15—20 小时；他们每周还要花费 15—20 小时去做行政管理，例如：管理基金，写作。最后，他们的教学时间是 10—15 个小时，5 个小时在其他人员上。我们曾经尝试吸引他们的注意力，'哦，你们也应该成为创业家，我们一起来创业吧'，他们会回应称：'我已经有全职工作。' 创业教育因此是在与许多其他活动一起竞争，这对教师、行政人员和学生来说都是如此。学生们来到这里的时候，一般是十七八岁。他们想要收获友谊，想要参加各种聚会，想要愉快地生活以及在学校表现优异。由于没有足够的钱来支付这一切的费用，学生也许不得不去兼职。因此，他们需要一份工作来支付在学校的部分开销。因此，在他们的经历中加入创业有时也很困难。事实上，很多学生从事创业活动相关的事情也是从其他活动时间中挤出来的……因此，全校性创业教育面临的主要挑战是人们太忙了"（TZ 地位 FT04）。

因此教师被这三大职能的具体事务缠身，尤其是受科研为导向的研究型大学评价体系的羁绊，教师几乎不能或不愿意付出其他时间来从事与创业相关的研究，尤其是当创业未被纳入大学教师晋升的评价体系时，受到大学教师的排斥则会更加明显，或者说即使教师对创业感兴趣，但是碍于职业的发展，也会表现出力不从心。一位受访的全校性创业教育项目主任谈道："如果你是一位教师，你或许会对创业感兴趣，但是它不能在你的职业发展中帮助你。如果你是一位来自微生物领域的

---

① Brubacher, J. S., Rudy, W., *Higher Education in Transition: A History of American College and Universities* (Fourth Edition). New Brunswick, NJ: Transaction Publisher, 1997: 428 – 429.

② 程晋宽:《美国教师工作量浅析》,《高等教育研究》2005 年第 6 期。

教师，那么你的目标是进行更多的研究来获取一项又一项基金，并且把它们出版，这些才是衡量成功的标准，因此你想创业和帮助学生创业就会被放到一个次要的位置，推动你去做更多的或许更有用的基础研究，而不是创业"（TZ 创业认知 FT04）。所以在有些高校中，非终身教职的年轻教师对创业的排斥力度是非常大的，他们必须挤出更多的时间来写作和发表论文，这对于他们来说才是当务之急。

作为推行全校性创业教育项目的重要组成部分，教师承担着新创业课程开发、创业项目构建和组织创业活动等具体事务，作为全校性创业教育的实实在在的参与者，可以说教师在全校性创业教育项目中发挥的作用并不亚于项目主任和校长。"没有坚持不懈的教师，全校性创业教育项目是不能走到最后的"①，或者说，只要出现大部分教师对创业教育的抵制，全校性创业教育也就无从谈起，只能回到原有的商学院教学中。以考夫曼院校之一的霍华德大学为例，在全校性创业教育项目开始之际，该校对全校近 900 名教师进行有关摸底调查，结果显示"900 名教师中只有 18 名教师打算参与或对全校性创业教育项目感兴趣"，调查结论是教师们都希望校方能够提供具体的例子来证明创业教育与他们的学科的相关性。尽管校方在考夫曼校园计划中采取了一定的举措，例如成立创业教师研究项目（Faculty Fellows Programs），但是所取得的效果都不理想，其主要原因是除了商学院的教师外，其他学科的教师对创业几乎都持冷淡的态度，因此该校的全校性创业教育项目最终还是回潮到由商学院来具体负责，全校性创业教育有名无实。

高校教师繁忙的工作量和本身对创业教育缺乏兴趣开始牵制他们参与全校性创业教育教学和活动的热情，这种情况对于非商学院的教师，尤其是那些来自人文社科领域的教师而言则更加明显。虽然我们承认，高校教师和学生对创业教育感兴趣的数量越来越多，同样不可否认的是，仍然存在着一些教师只想完成工作范围内的事情，顺利取得终身教职，对于创业这种"费力不讨好"的高强度工作，他们似乎不怎么在意。一位来自创业中心的受访副教授这么说："我认为全校性创业教育的主要挑

---

① Katz, J., Corbett, A., *Academic Entrepreneurship: Creating An Entrepreneurial Ecosystem*. United Kingdom: Emerald, 2014: 107.

战是教师们很忙，他们中的很多人并不想花时间去创业……并非所有的教师或学生感兴趣于产生这样或那样的创意"（TZ 地位 FT02）。

应当说，除了大学内部很多教师因为职业发展和工作量问题而对全校性创业教育有所疏远外，大学本身也是百事缠身。一位担任过全校性创业项目主任，现已退休的教授如此说道，"大学有太多的优先事项（priorities）要处理，因此只有感兴趣的事情才会得到关注和变得更加重要"（TZ 地位 FT22）。或许有些大学已经把创业纳入大学未来发展蓝图的重要组成部分，却不是唯一的优先事项，因此就会存在平衡资源和政策倾向等问题。然而，当创业这种优先事项在大学内部得到不完全支持的情况下，例如仍然存在部分来自人文社会科学领域的教师对创业教育的抵制，那么创业在大学发展的重要性上可能就会出现被压制的情况。

总而言之，全校性创业教育注重跨学科创业师资队伍的建设，将来自不同学科领域的教师集中在一起进行创业教育、组织创业活动、构建创业项目等，从而集思广益、取长补短，利用知识结构多元的优势进行集合思维。显然，这种跨学科教学合作的一个基本条件需要来自不同学科领域的教师的积极参与，尤其是非商业学科的教师更是如此，他们的广泛参与将开拓创业教育的维度。然而，如果教师忙碌于本身的科研与教学而无法付出更多的时间来配合大学层面推动的全校性创业教育，那么对创业教育真正走出商学院向全校拓展将会面临创业师资队伍短缺的挑战。这也正是"近年来美国高校教师聘用和晋升时，不仅强调教师在学术领域的发展，而且须从事与他们学科相关的创业活动"，[1] 希望借此激励更多的教师群体参与到创新创业活动中。2010 年弗吉尼亚大学医学院（UVA's School of Medicine）首次将创新创业活动纳入教师晋升和获得终身教职的考核标准，该学院要求参与晋升或竞争终身教职的候选人提供发明申请专利情况的报告、已注册的版权材料、技术许可证以及其他在创业和创新领域产生过影响的技术转化活动的说明。[2]

---

[1]　赵中建、卓泽林：《美国研究型大学在国家创新创业系统中的路径探究——基于美国商务部〈创新与创业型大学〉报告的解读与分析》，《全球教育展望》2015 年第 8 期。

[2]　U. S. Department of Commerce, The Innovative and Entrepreneurial University：Higher Education, Inovation & Entrepreneurship in Focus. The Office of Innovation and Entrepreneurship at the Economic Development Administration, 2013（10）：24.

无独有偶，为了推动大学的创新创业，马里兰大学副校长兼教务长亲自组织会议，邀请该校的高级教师参与商讨修订教师晋升终身教职的政策，即把创新创业的标准嵌入终身教职的晋升政策中。[①] 然而，把创新创业纳入晋升政策本身就涉及很多评价因素或争议，如创新创业如何评价？是以创办公司数量的多少来衡量还是以开发创业课程的数量为标准？这些问题都需要事先给予回答，也正是因为评价本身的模糊性，当马里兰大学副校长兼教务长在组织的会议上宣称考虑把创新创业作为该校终身教职的评价维度之一时，"参会的很多教师刚开始不理解什么是创业，并且要求副校长进一步做解释"。[②] 因为这一决定势必触及很多教师群体的既得利益，对于非商学院教师而言更是如此，因此，很多高校还是极其慎重，至今本调研中的 13 所考夫曼院校仍未宣称它们有这种政策上的转变。

在这种情况下，高校教师没有把创业当作自己的优先事项显然是可以理解的。当然，这无疑也会对全校性创业教育发展形成一定的挑战，毕竟全校性是鼓励尽可能多的教师群体参与到创业教育教学或活动中，否则"全校性"就会大打折扣了。

三 经济危机与项目长期财政健康的困境

财政资源是美国高校全校性创业教育可持续发展的基础和保证。本书中的 13 所考夫曼院校之所以能够推行全校性创业教育，主要源于考夫曼创业基金。全校性创业教育项目要避免"时限性"，就要有短期的、具体的财政要求，也要有长期的适应未来需要的战略要求。短期的财政要求的最低标准是确保项目在受资助期限内的一切的收支平衡。例如，在考夫曼校园计划期间，考夫曼基金会所拨付的资金和高校自身筹集的匹配资金能够确保项目在这段时间的顺利推行；而长期的财政要求是指在项目期限之外，即后考夫曼阶段全校性创业教育项目仍有可持续发展的能力，保证收支在将来也能满足全校性创业教育教学、组织创业

---

① McClure, K. R., Building the Innovative and Entrepreneurial University: An Institutional Case Studyof Administrative Academic Capitalism. *The Journal of Higher Education*, 2016（4）.

② Ibid..

活动、开发新创业课程和项目等顺利运作，避免期限之外的全校性创业教育面临生存危机。

由此可见，一个项目的财政健康主要表现是它的长期财政健康，即资助期限之外全校性创业教育项目仍然能够正常运作。长期的财政健康才是衡量一个项目是否真正成功和旺盛生命力的重要体现。然而，我们遗憾地发现，考夫曼院校的全校性创业教育项目在期限之内和期限之外都在财政健康上受到一定的冲击，尽管在期限内 2008 年的国际金融危机使有些考夫曼院校在匹配资金筹备上遇到一定的挑战，但毕竟有考夫曼基金会的全校性创业教育资金强大的支撑，因此，整体上讲，资助期限之内的全校性创业教育仍能够顺利进行。但是期限之外，也就是考夫曼基金会资助结束之后，从领导层的支持力度到具体的全校性创业教育活动都有所放缓，例如，雪城大学开始关闭主导全校性创业教育的中央办公室，学校领导层和学院院长虽说继续支持创业教育，但只是一种"空头支票"，并没有采取具体实质性的举措。

这种缺乏实质性的支持对于后考夫曼阶段的全校性创业教育项目的财政健康而言将形成一定的挑战，缺乏资金的持续支持，项目是不可能发展下去的。因为在后考夫曼阶段，外部资金开始撤离，那么由领导进行内部支持或者再次寻求更多的资金来源就变得越来越重要了。正如一位受访的教育学院教授所说："任何人追求全校性创业教育遇到的主要挑战都是筹措更多的资金。"（TZ 资金 FT08）以下我们将分别分析考夫曼校园计划期间和后考夫曼阶段考夫曼院校的全校性创业教育资金面临的挑战。

考夫曼校园计划期间恰好遇到了 2008 年国际金融危机，金融危机的出现打破了美国高校财政收入的平衡，促使大学不断反思自身的财政健康状况，采取多项举措优化其收支结构。而作为大学财政收入约占 1/3 的校友、企业等捐赠资金在国际金融危机的冲击之下也面临着严重缩水的状况，显然这对考夫曼校园计划的推行造成了严重影响，因为考夫曼校园计划中更大比例的配套资金（2 倍配套或 5 倍配套）来自校友、企业、州政府外部资金的支持。正因为如此，佛罗里达国际大学、普渡大学、雪城大学、马里兰大学巴尔的摩分校和维克森大学都声称国际金融危机导致的经济持续下滑使它们在全校性创业教育资金筹集上面临着很多的困难。因此，考夫曼校园计划结束之后，高校难以筹集多余的资金来推动全校性创业教育，创业教育又开始回到原来的商学院之内。

维克森大学更是径直表达出后考夫曼阶段全校性创业教育所面临的资金困境。"考夫曼校园计划是一种外部资助的项目，而这类项目一般情况下是无法划入大学的支持范围的，因此获得资金的时候项目能够正常运作，但是资金结束的时候，项目也就跟着结束"。[①] 这也正是我们在前面谈到的，遭遇到全校性创业教育项目时限性的"瓶颈"。尽管该校在后考夫曼阶段通过将全校性创业教育办公室——"创业和文理办公室"（Office of Entrepreneurship and Liberal Arts）改组为"创新、创造力和创业办公室"（Innovation，Creativity and Entrepreneurship），希冀借办公室名称上的广泛性来更深入地推广到全校范围。但是其"面临的主要挑战仍然是寻找资金来资助管理人员和创业教师"[②]。

雪城大学关闭其全校性创业教育办公室也是因其项目的结束，校长不再为其提供运作资金的原因，而创建该办公室对整个全校性创业教育而言是里程碑性的事件，考夫曼校园计划期间的"一个重要里程碑事件是在全校范围内创建了由副教务长主管的创业创新办公室，这个举措为大学社区释放出我们非常重视创业教育的清晰信号。不仅如此，该办公室也监管全校性创业活动、课程群开发、社区参与活动和创业学生俱乐部和学习社区"[③]，但是如此重要的运作载体，也因为全校性创业教育项目资金缺乏长期财政保证而难逃关门的厄运。

普渡大学的全校性创业教育在长期的财政健康上也无法独善其身，正如该大学在全校性创业教育总结报告中所提出的"公立大学面临着政府拨款的持续下降所带来的越来越大的资金挑战，相反，政府对大学

---

① Gatewood, E., Corner, W., West, P., Changing a Campus Culture: The Role of the Kauffman Campus Initiative in Promoting Entrepreneurship at Wake Forest University. Wake Forest University, 2012: 26. http://www.kauffman.org/~/media/kauffman_org/research%20reports%20and%20covers/2013/08/kci_wakeforest.pdf.

② Ibid..

③ Syracuse University, The Kauffman Campus Initiative Impact in Central New York. 2012: 12. http://www.kauffman.org/~/media/kauffman_org/research%20reports%20and%20covers/2013/08/kci_syracuse.pdf.

在创办工作岗位和刺激经济发展方面的期待则越来越高",① 这种州政府经费越来越少，问责越来越严格的机制迫使大学思考如何资助下一阶段的全校性创业教育项目，毕竟"支持创业需要的是资源"②。加上"美国公立研究型大学的财务审查比私立大学更为严格，必须接受五方面的审计监督，即州议会审计、学校的法定审计、联邦政府对其拨付经费的审计、大学内部审计机构的审计以及邀请会计事务所对有关经济活动的审计",③ 这种严格的审计和问责制度促使公立大学在很多经费上必须专款专用。因此，当全校性创业教育项目的外部资金到期后，大学本身就难以把全校性创业教育项目纳入自己已有的财政预算框架之中。显然，全校性创业教育可持续发展上也就面临着严峻的财政问题。

四 领导层岗位流动：学校领导层或项目主任任期的不稳定性

当前美国大学校长的平均任期是 7 年，④ 各学院院长和教务长的平均任期更短。⑤ 而在那些设有文理学院的大学其院长或教务长的流动性则更加频繁。有研究者对美国 62 所大型研究型大学的调查指出，在其中 30 所设有文理学院的大学里，只有 5 所学院的院长任期超过五年。⑥ 大学领导层或各学院院长频繁更替除了大学体系本身的问题外还有两个很明显的原因。第一，文理学院院长是校长和教务长的后备力量。以考夫曼院校之一的北卡罗来纳大学教堂山分校为例，该校 2015—2017 年离职的三位艺术与科学学院（arts and sciences college）院长都已经在其他大学担任教务长或校长；而 2010—2015 年离职的四位教务长中就有

① Cordova, F. A., Fueling the Drivers of University Innovation and Entrepreneurship. Purdue University, 2012: 18. http://www.kauffman.org/~/media/kauffman_org/research%20reports%20and%20covers/2013/08/kci_purdue.pdf.

② Ibid..

③ 韩萌：《"后危机时代"世界一流公立大学财政结构转型及启示——以加州大学伯克利分校为例》，《教育研究》2016 年第 5 期。

④ June, A W., Presidents: Same Look, Different Decade. *The Chronicle of Higher Education*, 2007 – 02 – 16.

⑤ Thorp, H., Goldstein, B., *Engines of Innovation: The Entrepreneurial University in the Twenty – First Century*. The University of North Carolina Press at Chapel Hill, 2010: 115.

⑥ College and University Professional Association for Human Resource. 2008 – 2009 Administrative Compensation Study, Knoxville, Tenn: CUPA – HR, 2009.

三位出任其他研究型大学的领导。第二，美国大学很多，但是真正拥有出色管理经验的潜在管理者却不多，因此就会出现管理人才供不应求的现象，由此造成的管理者流动性也就不可避免。

必须承认的是，在考夫曼校园计划的推行过程中，学校领导层、各学院院长和项目主任任期的稳定性对于全校性创业教育项目取得成功有积极的作用。正如考夫曼基金会创业主任温迪·托伦斯（Wendy Torrance）所指出的："大学领导层积极参与并且保持任期的稳定性是考夫曼校园计划取得成功的重要保障"[①]。然而，根据笔者的调研和对已有文献的文本分析，我们认为 13 所考夫曼院校推行全校性创业教育的过程中面临的主要挑战之一是学校领导层、各学院院长或项目负责人任期的不可持续性。也就是说，负责全校性创业教育的原有校长、各学院院长或项目主任在推行考夫曼校园计划期间或之后离职，迎来了新的负责人。那么学校领导层任期的不稳定性对全校性创业教育项目而言究竟带来什么样的挑战呢？

首先是资金上的决定权。如 2013 年雪城大学新校长肯特·塞维尔（Kent Syverud）上任后就不再为主导该校全校性创业教育的中央办公室提供资金支持，导致该办公室不久后就关闭了，正如该校原副教务长兼全校性创业教育项目主任在受访中所说："我们当前的领导（校长）不支持也不反对全校性创业教育，但他不再为全校性创业教育中央办公室提供资金资助"（TZ 资金 FT05）。其次是对创业教育的态度进而转化为支持力度。这种态度往往与领导者的学术背景有直接的联系，"大学校长的教育学术背景是校长思想的重要基础，不同教育学术背景的校长是否会有不同的价值观和取向是值得深切关注的问题"[②]。具体而言，即领导者在大学或研究生期间所学专业与创业教育是否有一定的联系：如果有，那么这种学术背景上的联系对于他们支持创业教育是有推动作用

① Torrance，W. E.，Entrepreneurial Campuses：Action，Impact，and Lessons Learned from the Kauffman Campus Initiative. Ewing Marion Kauffman Foundation，2013. http：//www. kauffman. org/ ~/media/kauffman＿ org/research％ 20reports％ 20and％ 20covers/2013/08/entrepreneurialcampusesessay. pdf.

② 郭俊、马万华：《美国大学校长群体特征的实证研究——基于履历背景的视角》，《比较教育研究》2013 年第 1 期。

的，例如经济学、管理学等专业出身的领导更加容易意识到创业教育对经济发展和创建工作岗位的重要性。一位受访的副校长在谈及他们2013年新上任的校长非常支持创业教育时如此解释："因为她的学术背景是经济学，她认识到初创企业对创设新工作岗位的重要性，她每次所做公开发言以及她见校董和咨询顾问时经常会谈到大学在创业和帮助创建企业和教授学生创业中的重要作用，所以我知道她是非常支持整个全校性创业教育项目的"（TZ其他FT07）。也就是说，学校领导层或项目负责人等管理者的更替并不绝对会给全校性创业教育项目带来负面影响，一旦新的领导或项目管理者在学术背景上与创业教育有一定的联系时，对全校性创业教育会有一定促进作用。一位曾经在考夫曼院校担任过校长，现就职于另一所考夫曼院校的教务长并专门负责创业事务的受访者说道："如果所更换的领导是初创企业或创业出身，这将有助于他们来帮助其他人做他们所做过的事情并期待取得相应的成就"（TZ其他FT25）。

但从考夫曼院校在推行全校性创业教育项目期间或项目结束之后领导更替所造成的影响来看，学校领导层或项目负责人的流动性过于频繁对于全校性创业教育的可持续发展无疑会带来一定的消极作用。一位受访的教务长对此指出："领导层或项目负责人的更替关键要看新上任的人是谁。但总体而言，领导更替对全校性创业教育的可持续发展是不好的事情"（TZ其他FT25）。总体而言，考夫曼校园计划期间的领导层和项目主任任期变动出现以下三种情况，第一，校长离职，项目主任在职；第二，校长和项目主任都离职；第三，校长在任，项目主任离职（见表3-6）。

表3-6　　　　13所考夫曼院校在考夫曼校园计划期间校长和
项目主任的变动情况一览

序号	院校	校长和项目主任具体变动情况
1	威斯康星大学麦迪逊分校	（1）校长约翰·威利（John D. Wiley）任期2001—2008年；卡洛琳·马丁（Carolyn B. Martin）任期2008—2011年；戴维·沃德（David Ward）任期2011—2013年；丽贝卡·布兰克（Rebecca Blank）任期2013年至今 （2）项目主任艾伦·戴恩斯（Allen Dines）任期2007—2012年（注：该校属于第二批考夫曼院校，从2007年开始）

续表

序号	院校	校长和项目主任具体变动情况
2	霍华德大学	（1）校长帕特里克·西韦格特（H. Patrick Swygert）任期1995—2008年；西德尼·里本（Sidney A. Ribeau）任期2008—2013年；韦恩·弗雷德里克（Wayne A. I. Frederick）任期2013年至今 （2）项目主任约尼塔·海蒂（Johnetta Hardy）任期2003—2010年（注：海蒂走了之后就没有人担任项目主任）
3	普渡大学	（1）校长马丁·吉斯切克（Martin C. Jischke）任期2002—2007年；法朗斯·科尔多瓦（France A. Cordova）任期2007—2012年；米奇·丹尼尔斯（Mitch Daniels）任期2013年至今 （2）项目主任艾伦·雷巴尔（Alan Rebar）任期2003—2007年；肯尼思·卡恩（Kenneth Kahn）任期2007年至今
4	维克森大学	（1）校长托马斯·赫恩（Thomas K. Hearn）任期1983—2005年；南森·哈奇（Nathan O. Hatch）任期2005年至今 （2）项目主任伊丽莎白·盖特伍德（Elizabeth Gatewood）任期从项目开始至今
5	伊利诺伊大学	（1）校长詹姆斯·斯塔克尔（James J. Stukel）任期1995—2005年；约瑟夫·怀特（B. Jeseph White）任期2005—2009年；斯坦利·伊肯伯里（Stanley O. Ikenberry）2010年（临时）；迈克尔·霍根（Michael Hogan）任期2010—2012年；罗伯特·伊斯特尔（Robert Easter）任期2012—2015年；蒂莫西·基利恩（Timothy Killeen）任期2015年至今 （2）项目主任保尔·麦哲利（Paul Magelli）任期从项目开始至今
6	北卡罗来纳大学教堂山分校	（1）校长詹姆斯·莫泽尔（James Moeser）任期2000—2008年；霍尔·索普（Holden Thorp）任期2008—2013年；卡罗尔·福尔特（Carol L. Folt）任期2013年至今 （2）项目主任约翰·卡萨达（John D. Kasarda）任期从项目开始至今
7	罗切斯特大学	（1）校长托马斯·杰克逊（Thomas H. Jackson）任期1994—2005年；乔尔·塞里格曼（Joel Seligman）任期2005年至今 （2）项目主任邓肯·摩尔（Duncan Moore）任期从项目开始至今
8	佛罗里达国际大学	（1）校长莫德斯托·麦蒂克（Modesto A. Maidique）任期1986—2009年；马克·罗森伯格（Mark B. Rosenberg）任期自2009年至今 （2）项目主任艾伦·卡尔鲁德（Alan Carsrud）任期从项目开始至今

续表

序号	院校	校长和项目主任具体变动情况
9	华盛顿大学圣路易斯分校	（1）校长马克·赖顿（Mark Wrignton）任期1995年至今 （2）项目主任肯·哈林顿任期2001—2014年 （3）校长于2013年聘请霍顿·索普（原北卡罗来纳大学教堂山分校校长，考夫曼校园计划主要倡导者）为教务长
10	马里兰大学巴尔的摩分校	（1）校长弗里曼·哈罗伯斯基三世（Freeman Hrabowski Ⅲ）任期1992年至今 （2）项目主任维维安·阿莫尔（Vivian Armor）任期2000年至今
11	雪城大学	（1）校长南希·康托（Nancy Cantor）任期2004—2013年 （2）项目主任布鲁斯·金玛（Bruse Kingma）任期2007—2012年 （注：该校属于第二批考夫曼校园计划，从2007年开始）
12	亚利桑那州立大学	（1）校长迈克尔·克罗（Michael Crow）任期2001年至今 （2）项目主任杰奎琳·史密斯（Jacqueline Smith）从项目开始至今
13	得克萨斯大学埃尔帕索分校	（1）校长戴安娜·娜塔莉（Diana Natalicio）任期1998年至今 （2）项目主任戴维·诺威克（David Novick）任期自项目开始至今

注："至今"指笔者2017年完成项目调研止。

资料来源：研究者自制。

　　以在考夫曼校园计划期间和后考夫曼阶段未出现校长和全校性创业教育项目主任更替的情况的华盛顿大学圣路易斯分校和马里兰大学巴尔的摩分校为例。在华盛顿大学圣路易斯分校，校长马克·赖顿自1995年担任校长至今未离职，该校全校性创业教育项目主任兼主导该校全校性创业教育的斯堪达拉李斯创业中心管理主任肯·哈林顿自2001年任职以来直到2014年才退休（后考夫曼阶段），在这期间，校长赖顿还聘任了原北卡罗来纳大学教堂山分校校长兼该校考夫曼校园计划的倡导者霍顿·索普（Holden Thorp）担任教务长一职，以再次加强全校创业教育的支持力度，正如索普教务长在接受笔者受访者时所说："当我来这里的时候，我的老板（校长）跟我说：'创新创业就是你的责任'"（TZ其他FT25）。在赖顿校长的重视之下，该校所有相关的全校性创业教育事务都要直接向他汇报，除了在职责上给予大力的支持外，更为重要的是，由赖顿牵头组织发起的约20亿美元校友捐赠活动中明确把创业列为大学捐赠资金用途之一，在资金上确保该校全校性创业教育的可持续性。

与华盛顿大学圣路易斯分校一样，马里兰大学巴尔的摩分校在考夫曼校园计划期间校长和项目主任一直都在任期之内，校长弗里曼·哈罗伯斯基三世自 1992 年开始执掌该校至今未曾离职，而考夫曼校园计划项目主任维维安·阿莫尔自 2000 年开始就负责创业教育活动，从该校亚历克斯·布朗创业中心成立之后，就担任该创业中心主任并且直接向教务长汇报相关的创业事务。具体而言，创业创新在该校获得的重视在创业中心的成立和该校新近出台的战略规划中都可以体现。①

以上这两所高校领导层（校长）和项目主任任期的稳定性并由此在全校性创业教育取得的成功正好与有些考夫曼院校出现领导层和项目主任频繁更替的情况形成了鲜明的对比。例如，霍华德大学的校长、教务长和全校性创业教育项目主任在考夫曼校园计划期间都出现过更替，项目主任约尼塔·海蒂于 2010 年离职，但直到 2016 年 6 月 17 日笔者检索该校网站时仍作为项目主任出现在网页上。虽然学校有临时的校长和教务长在主持大局，但是项目主任的位置却一直空缺。在这种情况下，创业教育又开始回到考夫曼校园计划之前由商学院负责的状况。

从以上的分析我们可以看出，相对校长任期不稳定性对全校性创业教育所造成的负面影响而言，全校性创业教育项目主任在考夫曼校园计划期间的离职或退休所造成的直接影响或许更大。反过来讲，校长任期出现变动，但是在全校性创业教育项目主任不变的情况下，很多考夫曼院校在全校性创业教育学项目中仍然取得一定的成功。这种情况在罗切斯特大学、雪城大学、北卡罗来纳大学教堂山分校和维克森大学都有具体的表现。在罗切斯特大学，考夫曼校园计划执行的第三个年头——2005 年，该校校长托马斯·杰克逊就已经退休，同年 7 月份迎来了该校第十任校长乔尔·塞里格曼，但是该校全校性创业教育项目主任邓肯·摩尔（Duncan Moore）未曾离职。在邓肯的带领之下，该校全校性创业教育已经注入每个学院的专业课程中，"2009 年，由创业中心开发的

---

① University of Maryland – Baltimore County. Our UMBC：A strategic plan for advancing excellent（2015 – 01 – 01）. http：//planning. umbc. edu.

创业硕士学位项目——科技创业和管理（Technical Entrepreneurship and Management，TEAM），该项目的学费收入已经能够维持后考夫曼阶段该校的全校性创业教育活动"。[1] 2013 年新上任的雪城大学校长关闭了全校性创业教育办公室，但在全校性项目主任布鲁斯·金玛的努力之下，该校仍然把创业教育渗透到全校所有的部门和学院，正如金玛教授在受访中所言："创业教育现在已经是各个学院和部门的重要组成部分，所以现在就不再需要学校领导层提供资金支持了"（TZ 地位 FT05）。

其主要原因是相对于身处高层的领导而言，项目主任更加接地气，与教师群体的联系更加紧密，更加能够意识到在整个项目进行过程中让从事创业教育教学的教师参与到课程开发、项目构建和场地建设等全校性创业教育活动中的重要性。所以，一旦全校性创业教育项目主任离职，这对全校性创业教育造成的挑战是显而易见的，这种情况在威斯康星大学麦迪逊分校等考夫曼院校都已被验证。

五　简仓结构：高度分权化的高校内部运作结构

众所周知，美国高校内部运作结构的典型特征是高度分权化，这种极度分权化的运作结构被本研究的受访者称为"简仓结构"（silo structure），其运作模式的一个明显特征就是各学院、各部门之间各自为政，互不干涉，彼此之间难以构建深度合作的工作模式。具体而言，"一个学院的学生想听另一个学院的课，即使两个学院同属一所大学，他也不能跨学院注册……更重要的是，解决重大问题所需要的多学科支持被忽略了，因为两个学院的教务长和院系官员没有办法在管理问题和学分问题上达成一致"。[2] 正如有学者所指出的，"虽然在现代社会各个学科之间的联系日益紧密，但是毕竟不同的学科有自己的语言、自己思考问题的角度和方式、自己的文化及价值"[3]。一位在考夫曼校园计划期间担任全校

---

[1]　Hoskinson，S.，Kurako，D. F.，*Innovative Pathways for University Entrepreneurship in the 21th Century.* Emerald Group Publishing Limited，2014：238.

[2]　Thorp，H.，Goldstein，B.，*Engines of Innovation：The Entrepreneurial University in the Twenty – First Century.* The University of North Carolina Press at Chapel Hill，2010：107.

[3]　王英杰：《以美国为例：谈世界一流大学建设中的几个问题》，《华东师范大学学报（教育科学版）》2016 年第 3 期。

性创业教育项目的主任，现已退休的教授在受访中如此说道："我们称之为简仓（silo），所以它们都是垂直的（vertical），除了自上而下没有其他互动"（TZ 其他 FT02）。显然这种缺乏合作的自成体系结构容易导致长期以来由商学院（管理学院）主导的创业教育在获得考夫曼基金会的全校性创业教育项目后难以向全校范围推广。来自另一所高校的创业中心学校服务协调员（campus service coordinator）就指出这种简仓结构对于推行全校性创业教育项目的挑战，她在受访中说道："我们大学内部的结构运作方式是每个学院完全独立，这就形成了我所说的简仓结构，在这种结构中每个成员都在自己的学院或部门工作，要想让他们走出这个结构进行全校性创业教育项目有时是非常困难的"（TZ 其他 FT17）。

大学内部传统的高度分权化结构或简仓结构运作模式表现在具体事务运作过程中就会出现一种各干各的彼此之间毫不干预，完全独立的结构模式，一位直接参与全校性创业教育项目运作，并承担创业研究和社会创业教学的教授在受访中说道："相比其他同行院校或其他大学而言，我们有很多全校性创业教育项目，但是在向公众和其他部门分享和介绍这些项目时遇到了很大的困难，因为我们大学内部极其分权化，每个学院和每个部门都有很大的自由和自主权"（TZ 地位 FT26）。该校的另外一位来自公共服务中心（public center service）专职负责志愿者项目的主任在受访中也指出，在高度分权化的大学运作模式下，高校想要推行一个完全的（blinking）创业教育项目将是十分困难的。如其所言，"有太多的优先事项使我们分权化，这在很多方面可以带来好处，但我想要一个完全的全校性创业教育项目是十分困难的，'完全'也就是说所有人要做同样的事情，但每个单位都很不同，所以我想这有很大的挑战"（TZ地位 FT18）。

在简仓结构的主导下，大学各学院和各部门之间形同陌路，跨学科创业师资团队的构建几乎无从谈起，因此，无论是对辐射模式还是磁石模式的全校性创业教育推行都将形成一定的挑战。例如，磁石模式的全校性创业教育的主要特点是开放商学院，让其他学院的学生，无论其专业背景都有机会选择注册商学院开设的有关创业教育的课程学习，其关键是面向全体学生的创业课程的可进入性和适用性。然而，在简仓心态（silo mentality）之下，不同部门的教师有时也会干预自己学院或部门的学生去商学院注册创业课程学习，一位负责全校性创业教育商业计划竞赛的创业学教授就针对这种现象说道："历史专业的很多学生选修了我们学院的很多课程，因此他们交给学校的学费有部分就会流入我们的学院……然而像历史系的一些教师就会担心，他们不愿意看到学生注册创业课程的学费流入我们学院"（TZ 资金 FT14）。

至于辐射模式，也面临着自身的问题，该模式的主要特征是高度去中心化，即每个学院或部门各自承担自己的创业教学工作。实际上这种全校性创业教育的运作模式就是在已有筒仓结构基础上添加创业的元素，其他并没有太大的转变，各个学院和部门，不同学院的学生也不会有太多甚至没有交集与合作，因此"去中心化的辐射模式使得不同的学院之间的创业教育由于所在学院的差异而产生诸如师资力量不均衡、创业教育发展水平差异较大、创业项目融资难等问题"①。除了这些问题之外，"商学院不得加入引起了很大争议，它可能会导致创业项目的失败，或者很多学院所开展的项目和商学院已有的项目重复……而另外一些学院将商学院排斥在外之后会发现，他们需要商学院的帮助来指导他们避免资金浪费"② 和培训已有的创业师资力量。但是这一切的前提都是建立在跨学科和不同学院之间的合作基础之上，筒仓结构的大学运作模式显然对这种合作造成一定的阻力，进而也会威胁到全校性创业教育的有效推行。

第三节　小结

本章主要通过质性访谈方法梳理和分析了美国高校在促进全校性创业教育可持续性发展过程中所形成的主要影响因素及其在此过程中所面临的挑战与困难。

全校性创业教育的可持续发展是考夫曼基金会和高校推行全校性创业教育的终极目的，也是超越全校性创业基金时限性的最好体现。确切

---

① 黄兆信、王志强：《论高校创业教育与专业教育的融合》，《教育研究》2013 年第 12 期。

② Morris, N. M., Kuratko, D. F., Pryor, C. G., Building Blocks for the Development of University - wide entrepreneurship. *Entrepreneurship Research Journal*, 2014（4）.

地讲，全校性创业教育的可持续发展其内在更多的是折射出一种创业文化的转变，因为只有在高校形成浓厚的创业文化，才能维持创业活动的稳定性和可持续性，但是创业文化的形成和转变并非一朝一夕的事，文化变革需要时间。换言之，只有全校的主要领导及基层人员都承认和接纳创业文化时，大学才能真正地实现创业文化的完美转型，但现实中，这并非易事，更不是短期内能够完成的。先不说大学内部还存在着一股抵制创业教育向更广范围推广的力量，即使有些高校内部素有推动创业教育文化基础的商学院或管理学院，也不愿意其他学院使用创业或创业教育这原本就打下商学院烙印的专有词汇：或担心每个学院一旦都赋予广泛创业的概念时会弱化创业已有的定义，或出于对创业这种专属权的捍卫。

基于此，我们通过对美国 8 所高校的 27 位直接参与全校性创业教育的受访者的深入访谈后分析得出结论：学校领导的支持与鼓励、充足的创业资金投入、加强对全校性创业教育项目的宣传以及在推行全校性创业教育过程中赋予一个包容性的创业定义等因素有助于高校全校性创业教育的顺利推行和可持续发展。尽管这些因素看起来更多的是外在因素，但不可否认，我们在承认现有困难的情况下，尽可能多地去确保外在因素对一个项目的可持续发展的保障也不失为明智之举。正因为如此，学校领导的大力支持与推动、充裕的创业资金投入被受访者提及的比例是最高的。

退一步讲，跟任何项目在运作过程中都会遇到一些挑战与阻碍一样，美国高校全校性创业教育项目在推行过程中也无法独善其身。尽管创业教育走出商学院向全校拓展是当前高校创业教育发展的主流趋势，"但是，由于历史原因，超越商学院的创业教育只是现在正在进行的一个重要方式，它仍然处于早期阶段"。① 换言之，由于创业教育的教学和实践场所长期集中在商学院或管理学院，创业的课程和教学活动都是由商学院负责，因而在走出商学院向全校不同学科拓展时，自身就面临着诸多挑战和质疑。从商学院的立场来讲，跨学科的创业教育方式所形

① Robert, J., etc., The Challenges of Infusing Entrepreneurship within Non – Business Disciplines and Measuring Outcome. *Entrepreneurship Research Journal*, 2014（1）.

成的创业教育定义是否会弱化创业的核心知识？为了适应其他非商业学科所形成的创业教育概念是否稀释了创业应有的本质？从非商业学科的立场而言，非商学院教师在接受一些零星的创业培训后真的能从事创业教育教学吗？他们是否真的乐意在已有爆满的课程目录上继续添加新的创业课程？"特别是对于一些人文社科类的院系来说，向学生开设创业与专业相融合的课程所面临的挑战就是如何面对这些没有任何会计、金融、市场营销等基础知识的学生，而教师对创业教育的态度也非常重要，这一点直接影响到了创业教育与专业教育的融合质量。许多专业教师会认为创业类的课程不够'学术化'，认为这些课程对于学生来讲没有'任何帮助'，由此造成了很多专业课教师对两者进行融合的尝试的抵制"。① 这些问题与挑战都是全校性创业教育推行过程必须面对和解决的。这些潜在的问题一旦落实到推行过程中就会逐渐演化成现实问题，正如本书通过深入访谈分析后得出的结论，非商学院教师对创业教育的抵制和质疑、创业教育仍未成为很多教师的优先事项等高校推行创业教育过程中遇到的实际问题，都是这些潜在问题的具体体现。当然，一旦我们知道具体的困难所在，这对后续全校性创业教育工作的推行也有一定的警示作用。

---

① 梅伟惠、徐小洲：《中国高校创业教育发展难题与策略研究》，《教育研究》2013 年第 6 期。

第四章 美国高校全校性创业教育的案例研究

——以雪城大学为例

第一节 雪城大学开展高校全校性创业教育的背景透析

一 区域经济背景：雪城地区经济发展乏力与工业转型

雪城大学（Syracuse University）坐落于纽约州北部。纽约北部整体的经济、就业、工资水平和基础设施等方面都不如纽约州其他区域。从就业增长率来看，1978—2008 年，纽约北部的就业增长率为 14%，这一比例小于纽约州整体就业增长率的 20%，与美国整体高达 40% 的增长率相比更是相去甚远。自进入 21 世纪以来，纽约北部的私营企业的就业率出现了明显下滑，截至 2013 年 4 月，纽约北部的就业增长率仍低于 2000 年的 2%；与此相反，相比 2000 年，纽约南部的就业率则增长了 8%。

具体到纽约北部的雪城地区，虽然该地区在 1978 年至 2010 年的就业增长率为 20.3%，略高于纽约州的整体就业增长率，但是达不到美国整体就业增长率 44.1% 的一半。据统计，2000—2010 年，整个雪城地区工作岗位的流失高达 3.6%，"纽约北部的一些大城市，尤其是布法罗、尼亚加拉、雪城、罗切斯特继续被高失业率困扰着，在纽约北部的五个大城市中，失业率平均高达9.5%，比附近的郊区高出2%"。①

　　就平均工资水平比较而言，纽约北部的工资水平一直以来都低于纽约州的平均工资"，② 尽管纽约北部的年平均工资在1978年为41181美元，比美国整体平均工资的38794美元高出2387美元，但是自此以后，美国的整体平均工资水平出现了反转趋势，且两者的工资水平差距不断拉大，2010年，美国的整体平均工资为47067美元，远高于纽约北部的39374美元，高出了7693美元（见图4-1）。再具体以雪城地区的工资水平进一步说明，跟纽约北部整体平均工资水平差不多，一直以来雪城地区的工资水平与纽约州的整体平均工资水平差距很大。

　　1978年，美国的整体平均工资与雪城地区的整体平均工资分别是

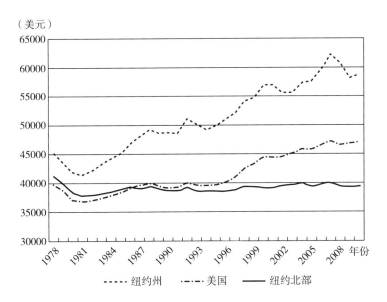

图4-1　1978—2008年纽约北部、纽约州和美国平均工资比较

　　① Fiscal Policy Institute, The State of Working New York 2013: Workers Are Paying a High Price for President Unemployment（2013-06-28）. http://fiscalpolicy. org/wp-content/uploads/2013/08/SWNY-2013. pdf.

　　② Piazza, M. C., etc., Upstate New York Regional Analysis: Demographic, Economy, Entrepreneurship and Innovation. Center for Economic Development, 2011（6）: 49. http://cua6. urban. csuohio. edu/publications/center/center_ for_ economic_ development/Upstate_ New_ York_ Consolidated_ Final. pdf.

39794 美元和 38922 美元，两者差距只有 872 美元，但到了 2010 年，两者的平均工资分别是 47067 美元和 39319 美元，差距直接扩大到 7748 美元（见图 4 - 2）。

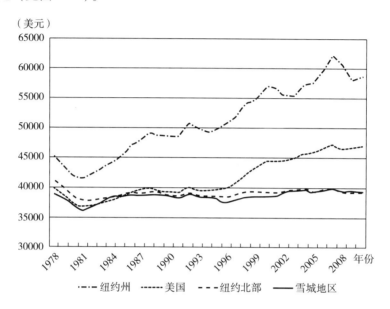

图 4 - 2 1978—2008 年雪城地区、纽约北部、纽约州和美国平均工资比较

　　除了在经济、就业率和工资水平等方面经历着持续下滑和差距不断扩大的趋势，纽约北部地区还在经历着工业的转型——制造业岗位持续减少，高科技企业冉冉升起。"自 1990 年以来，纽约北部已经失去了 22.7 万个制造业工作岗位，而纽约南部的制造业工作岗位下滑趋势更加剧烈，失去了 31.6 万个制造业工作岗位"。[①] 进入 21 世纪以来，即从 2000 年到 2004 年，纽约北部的制造业工作岗位下降了 20%，从 2004 年到 2008 年下降了 8 个百分点，即 8 年内失去了 10.5 万个工作岗位[②]。按比例算，在 2000 年至 2010 年，纽约北部的罗切斯特、雪城和

---

　　① McMahon, E. J., The Upstate Jobs Crisis: A Review of Employment Trends（2013 - 06）. http://www. empirecenter. org/wp - content/uploads/2014/11/UpstateJobs - June2013. pdf.

　　② New York State Office of the State Comptroller. The Changing Manufacturing Setcor in Upstate New York: Opportunities for Growth（2016 - 11 - 02）. https://www. osc. state. ny. us/localgov/ pubs/research/manufacturingreport. pdf.

布法罗三个区域至少失去了 40% 的制造业工作岗位。具体制造业领域的转变见表 4－1。然而，必须指出的是，尽管制造业工作岗位在不断下滑，但是制造业仍然是纽约北部经济的重要组成部分，在其劳动力市场中仍然占据主导地位，每 9 个人就有 1 人在从事制造业，制造业工作也占据了私营公司的 20%。与制造业工作岗位不断流失的情况相反的是，高科技就业岗位正在呈现稳定增长的趋势，2008 年，纽约北部不同类型的高科技岗位一共增长了 25 万个，占据私营劳动力市场的 12%，虽然这个比例仍然少于正在持续下滑的制造业在私营经济中所占的 20% 比例，但是它们正处于稳步上升的阶段，以信息和通信领域

表 4－1　　　　　2000—2010 年纽约州制造业工作岗位的转变　单位:%，千个

	2000 年	2010 年	百分比
美国总计	17249	11425	－ 34
纽约州	750	454	－ 39
纽约南部 MSAs	399	194	－ 51
纳萨－萨福克	105	73	－ 31
波基普西－纽伯格－米德城	31	18	－ 42
纽约城	179	77	－ 57
普特南－洛克兰德－威切斯特	37	27	－ 28
纽约北部 MSAs	399	260	－ 35
阿尔巴尼－斯克内克塔迪－特洛伊	29	20	－ 30
宾厄姆顿	23	15	－ 37
布法罗－尼加拉瓜瀑布	83	49	－ 41
埃尔迈拉	9	6	－ 34
伊萨卡	4	3	－ 28
罗切斯特	102	59	－ 42
雪城	45	27	－ 40
尤蒂卡－罗马	19	11	－ 40
纽约北部 Non－MSA	72	61	－ 15

资料来源：McMahon，E. J.，The Upstate Jobs Crisis：A Review of Employment Trends（2013－06）．http：//www. empirecenter. org/wp－content/uploads/2014/11/UpstateJobs－June2013. pdf.

（information and communication）为例，在 2004 年至 2008 年该领域就增加了 4.2 万个工作岗位，这些具有高度竞争力的岗位，年薪平均为 7.4 万美元。

更糟糕的是，纽约北部正在遭受人才流失的严峻挑战，这主要体现在两个方面：一方面，该地区难以留住从本地区高校毕业的人才，学生毕业后选择去有更好发展机会的地区工作；另一方面，州外学生来该地区求学毕业后没有选择留在该地区。这种情况在当前纽约北部表现得极其突出，"1999 年由美国制造商和贸易商银行（M&T Bank）针对纽约北部居民的一项问及他们是否准备在未来五年之内移居其他州的民意调查中，就有高达 40% 的 18—30 岁的群体持肯定回答，这些人大部分将前往南部和西部"；① 从调查结果来看，该地区流失群体"最大和最明显的是在 20—34 岁的青年，特别是在 25—29 岁的青年"。②其他相关的研究也指出：在布法罗、雪城和宾厄姆顿（Binghamton）等 13 个城市青年人口的下降超过了 30%③。

对此，美国制造商和贸易商银行副主席兼区域经济学家盖里·基思（Gary D. Keith）认为："经济萧条是促使青年人移居外地的最大推动力"④，而致力于推动雪城地区经济发展的大都市发展学会（Metropolitan Development Association）主席欧文·戴维斯（Irwin L. Davis）目睹雪城地区毕业生逐渐流失的现状后则无奈地说道："教育完成之后，他们就离开了。"⑤ 雪城等纽约北部地区的人才的流失不仅地区经济发展带来了严重影响，而且已经在一定程度上造成了恶性循环。

由于高校在经济发展和社会转型过程中所发挥的作用越来越大，而研究型大学的作用更是不言而喻，将其定位于 21 世纪地区和国家经济

---

① Roberts, S., Flight of Young Adult Is Causing Alarm Upstate. *New York Times*，2006 – 06 – 13.

② Eberts, P. R., "Brain Drain – Really?" In Fact, Upstate Rural and Suburban Counties O-verall Have a "Brain Gain" （2016 – 11 – 03）. https：//cardi. cals. cornell. edu/sites/cardi. cals. cornell. edu/files/shared/documents/AdditionalPubs/11 – 2007 – brain_ drain – eberts. pdf.

③ Roberts, S., Flight of Young Adult Is Causing Alarm Upstate. *New York Times*，2006 – 06 – 13.

④ Ibid..

⑤ Ibid..

发展引擎已经成为学术界对研究型大学或创业型大学的基本共识。在这样的背景下，本书深入挖掘的"雪城大学已经成为雪城地区的一个主要轴心机构，在增强社区发展中发挥了显著作用"①，雪城大学通过激活社区活力来加强与社区的联系；通过资本投资、基础设施建设、教育和医疗合作、学者参与等方式来促进社区的经济发展；而其中最为典型且本书着重关注的是雪城大学通过与考夫曼基金会的合作，成立考夫曼创业创新教授项目（Kauffman Professors of Entrepreneurship and Innovation）和开展全校性创业教育项目 Enitiative（由 Entrepreneurship 和 initiative 合并而成）来促进社区的创新创业进而促进经济发展。

二　高校学科知识背景：雪城大学长期重视专业学位项目培育

雪城大学创业生态系统的增长可以追溯到其对专业学位（professional degress）的重视，接受专业学位训练的毕业生更有可能自我雇佣，成为承包商或者创立自己的企业。② 从 1870 年雪城大学创建及随后相关学院的成立历程、课程设置和战略定位中，都可以看出重视专业学位项目是各个学院在成立之初的主要发展战略之一。例如，成立于1873 年的视觉及表演艺术学院（College of Visual and Performing Arts）设置了室内设计、时尚、企业设计、展览、陶瓷、冶金和电影等专业。建筑学院（1873 年）、法学院（1895 年）、信息研究学院（1896 年）、工程学及计算机科学学院（1901 年）、教育学院（1906 年）、运动及人体动力学院（1918 年）都向学生提供专业学位项目，学生在结束这些项目的学习及培训之后通常会选择建立自己的企业。而且成立于 1924年的麦斯威尔公民及公共事务学院（Maxwell School of Citizenship and Public Affairs）自创建以来就着力于推动社会创业、非政府组织和非营利性新企业的发展。

① Piazza, M. C., etc., Upstate New York Regional Analysis: Demographic, Economy, Entrepreneurship and Innovation. Center for Economic Development, 2011 (6): 132. http://cua6. urban. csuohio. edu/publications/center/center_for_economic_development/Upstate_New_York_Consolidated_Final. pdf.

② Katz, J., Corbett, A., *Academic Entrepreneurship: Creating An Entrepreneurial Ecosystem*. United Kingdom: Emerald, 2014: 99.

从 20 世纪 90 年代开始，觉察到学生创业兴趣增长之后，魏特曼管理学院顺应形势，将创业作为学院发展的核心战略，随后还开发了相关的课程与专业，设立了本科和研究生层次的商业高峰体验课程（capstone courses），该课程对学生在创业领域的训练是要求他们以团队协作的方式来开发和提交一项商业计划，着重培养创业过程中注重合作的团队精神，管理学院对创业教育的重视和推动促使该校在 20 世纪 90 年代和 21 世纪学生创业人数的持续增长。

正是因为雪城大学各个学院具有重视专业学位训练项目的历史，该校在 2007 年开始在推行全校性创业教育项目时采用辐射模式，每个学院都表现出各自的优势。总体而言，雪城大学的每个学院都开发了创业项目和课程，注重社区投入，并以此为学生提供体验式学习的机会。例如，建筑学院的学生在雪城西边的社区（Near West Side of Syracuse）学习经济发展；教育学院的学生则在教育类新企业中实习；大众传播学院（the Newhouse School of Public Communications）的学生则在社会传媒企业中学习锻炼；视觉及表演艺术学院的教师将创业模型整合到设计、电影和音乐类课程中；设计专业的教师为学生提供设计新产品和创建新企业所需的合作工作室；设计专业的学生建立企业，销售由同学设计的服装和饰品；音乐专业的学生注册了自己的唱片商标；电影专业的学生则开办了雪城国际电影节（the Syracuse International Film Festival）；在与当地工程学企业合作的过程中，工程学和计算机科学学院的教师开发了特殊形式的新企业周末活动（Startup Weekend Event），在这个新企业周末活动中，专业的工程师会与工程学专业的学生合作，寻找新方案和建立新企业，以解决企业当下面临的问题；信息研究学院、视觉及表演艺术学院、魏特曼管理学院的教师为支持学生建立新企业，设计了相应的课程，建立了资助基金和孵化器。

RvD 创业加速器的创建归功于雪城大学、社区孵化器以及雪城技术园（the Syracuse Technology Garden）之间的合作。它们每年能够创建100 家新企业。[①] 不同专业的学生都能够获得所需的空间、指导、资金

---

① Katz, J., Corbett, A., *Academic Entrepreneurship：Creating An Entrepreneurial Ecosystem.* United Kingdom：Emerald，2014：100.

以及相应的课程。并且开办了一系列的活动来支持企业创办者。2013
年，RvD 资助的竞赛吸引了 162 家学生企业一同争夺 23 万美元的种子
基金。然而，特别需要指出的是，在众多的全校性创业教育项目中，最
应提及的是，雪城大学利用考夫曼校园计划，开展全美首个致力于推动
伤残退伍军人就业的伤残退伍军人创业训练营（Entrepreneurship Boot-
camp for Veterans with Disabilities，EVB），该项目不仅在雪城地区造成
了深远的影响，而且在全美的高校中也引起了很大反响，以下我们将着
重介绍和分析该全校性创业教育项目。

第二节　创建综合性的全校性创业教育项目 Enitiative

2006 年雪城大学从考夫曼基金会第二期全校性创业教育项目的试
验学校评审中脱颖而出，成为考夫曼基金会独立资助 18 所院校之一，
获得了 300 万美元的考夫曼创业基金，并且按照考夫曼校园计划的资金
使用要求，专门为此匹配了 5∶1 的全校性创业资金。翌年，雪城大学
便建立了一个极具雄心的、转型性、全校性创业项目 Enitiative，Enitia-
tive 致力于体验式教育和促进雪城地区的经济发展，其目标主要包括四
个方面："（1）把创业注入课程群当中；（2）构建一个富有成效的校园
与社区之间的衔接；（3）鼓励跨学科创业教育研究；（4）运用创业的
力量和精力刺激地区经济发展"。① 雪城大学逐渐成为城市经济发展和
企业创造的引擎，由雪城大学全校性创业教育项目衍生出来的相关项目
也将学校与社区连接起来，可以说雪城大学不仅是一所创业型大学，同
时亦是参与型大学（Engaged University）。

以全校性创业教育项目为载体，与当地社区进一步紧密地合作，进
而促使当地的经济发展，可以说是雪城大学推动全校性创业教育的出发
点和落脚点。这契合了纽约北部雪城地区对推动经济发展的现实诉求。
从理论上讲，大学直接参与社区发展、鼓励学生参与社区建设和在社区
尝试创办企业，都能够为学生提供体验式学习的训练和熏陶。2014 年

---

① Hoskinson, S., Kuratko, D. F., *Innovative Pathways for University Entrepreneurship in the
21th Century.* Emerald Group Publishing Limited，2014：245.

11 月 12 日，全球大学新闻网站（Global University News）在《参与型大学促进经济发展》（*Engaged Universities Contribute To economic Development*）一文中指出，"大学参与社区服务、与社区有更多的互动，不仅可以让大学的教育更具相关性，还可以让学生在为社区提供良好服务的同时增强技能，让自己在就业中更具竞争力，甚至可以促进创业，这对缺乏就业机会的社会尤其重要。实践也表明，参与社区服务的学生具备更好的组织和管理能力，在搜集资料和分析复杂事务方面的能力也比较突出"。[①] 该校全校性创业教育的主任布鲁斯·金玛（Bruce Kingma）教授在受访中也明确指出，该校推动全校性创业教育的定位在于着重强调与社区之间的紧密联系，他说："我认为现代的大学都必须关注当地社区的事务，关心大学所在地方的经济发展，无论大学的责任是什么，这都应该成为大学的一个重要组成部分"（YX 社会贡献 FT05）。

在提及雪城大学推行全校性创业教育时言必称与其参与社区的经济发展相联系，还与大学本身制定的发展战略、愿景有必然的联系，即雪城大学在原校长南希·坎特（Nancy Cantor）领导下以"学术在行动"（Scholarship in action）为大学的发展愿景。"学术在行动"是一种直接参与到世界事务中的发展规划，它促使雪城大学利用专业优势与社区、全国，乃至全球进行联系，"参与世界事务必须系统地依赖学术优势"[②] 是雪城大学推行学术行动的文化基础，因为这在一定程度上说明了雪城大学参与社区发展并非一种无目的的参与，而是结合了自身的专业水平和学科优势。只有在这样的基础上，大学与社区和世界其他地区搭建的伙伴关系才有可持续性。

因此，可以说考夫曼基金会校园计划是雪城大学深入抑或进一步融入大学社区发展中的一个主要载体或机遇。因为，尽管雪城大学在获得考夫曼校园计划资助以前就拥有传统的创业教育项目，但是以往的创业教育项目主要是学术性的创业项目，即教师侧重讲授创业理论，没有从实践上教会学生如何创办企业，这在一定程度上也意味着，在谈及创业

① Global University News. Engaged Universities contribute to economic development（2016 – 11 – 02）. http：//www. universityworldnews. com/article. php？story = 20141119095 107901.

② Investment Focus 3：Engagement with the world（2016 – 11 – 02）. http：//www. syr. edu/chancellor/speeches/investmentFocus3. pdf.

学习和创业技能训练时，学生很少有机会参与到社区中，也很少通过社区这个平台进行训练。笔者对该校主管考夫曼校园计划的副教务长的访谈结论可以佐证，他说道："在参与考夫曼校园计划之前，我们的学院确实有创业教育项目，但这些项目都不致力于帮助学生创办企业，它是一种学术性的项目，我们也有相关的创业课程，但是这些课程也不致力于帮助学生创办企业，所以我们完全转变了，现在即使是商学院①也开始帮助学生创办企业。而且没有考夫曼校园计划，我们有些学院的创业项目是不可能有的"（TLL社会独立智库的影响FT05）。

可见，由考夫曼基金会资助的 Enitiative 全校性创业教育项目是每一个学院进行创业教育时用于讲授如何建立及发展企业的一个综合性战略，这一战略建立了一个创业生态系统，推动学生、教师和社区建立新公司。而且 Enitiative 全校性创业教育项目还与周边的五所大学合作，致力于把创业融入其他非商业学科。

第三节　成立全美第一个全校性的伤残
退伍军人创业训练营

一　洞察市场机会：伤残退伍军人创业训练营成立的动因

随着现代科学医疗技术的发展，美军服役人员在战争受伤后存活下来的概率高过了历史上任何时候。根据美国国防部的调查统计，在现代战争中受伤后幸存下来的军人超过90％，而在越南战争中军人的存活率仅为75％，在第二次世界大战中则只有70％。② 这就意味着这些退伍军人要与自己在战争过程中遭受的心理和生理的疾病和创伤进行长期斗争。虽然"这些军人相对同一群体的其他人而言，有着较好的教育

---

① 受访者在这里的意思是以前商学院虽然拥有创业教育项目和课程，但是这些项目和课程都是理论层面的，没有从实质上教会学生创办企业，现在已经有了大转变——笔者注。

② U. S. Department of Defense. Directorate of Information, Operations and Report. American War and Military Operations Casualties: Lists, Statistics, and Tables, 2002. http://siadapp. dmdc. osd. mil/personnel/CASUALTY/castop. htm.

背景、具备较好的就业能力和更低的贫穷率",① 但从现代战争中退伍回到家乡的军人和之前的退伍军人一样，都会在回归正常生活的过程中面临着接受教育、家庭和职业问题等诸多挑战。而那些在进入军队之前就有家室和工作经历的人同样面临着重新适应家庭生活的挑战和责任，准备再次进入以前所从事的职业领域，或者说面临着新职业所需的知识和技能等的挑战和考验，尤其在服役过程中身体和情感上遭受过重大创伤的人更是如此。而且这些退伍军人承受的创伤在回归家庭中也给家人带来了一定的挑战。确切地讲，退伍军人在战争中所遭受的身体残疾等问题，不仅给回归日常生活带来了严峻的挑战；跟常人相比，他们在就业上同样处于劣势，以就业率为例进行说明。参与海湾战争的退伍士兵的失业率从 2012 年 7 月的 8.9% 上升至 8 月的 10.9%，这个比例明显高于美国的总失业率 7.9%；② 跟同一年龄阶段的非军人就业率相比，20—24 岁的退伍军人的失业率高达 19%。③

据 2016 年美国国家退伍军人分析和统计中心（National Center for Veterans Analysis and Statistics）的统计数字，"美国当前大约有 19386589 名退伍军人",④ 截至 2013 年，男性退伍军人失业率高达 11.1%，女性退伍军人相对更高些，高达 14.7%，⑤ 尽管跟男性退伍军人相比，女性退伍军人的总数要少得多，在 2005 年统计的 23427584 名退伍军人中，男性的比例高达 93.1%，女性退伍军人则只有 6.9%。⑥

---

① Cunningham, M., Henry, M., Lyons, W., Vital Mission: Ending Homelessness Among Veterans. The Homelessness Research Institute at the National Alliance to End Homessness, 2007 (11): 3.

② Institute for Veterans and Military Families, Syracuse University. The Employment Situation of Veterans (2016 – 08 – 01). http: vet. syr. edu/pdfs/guidetoleadingpractices. pdf.

③ Ibid. .

④ National Center for Veterans Analysis and Statistics. Profile of Veterans: 2014 – Data from the American Community Survey. United States Department of Veterans Affairs, 2016 (3): 3.

⑤ Interagency Task Force on Veterans Small Business Development. Report to the President: Empowering Veterans Through Entrepreneurship. Washington DC: U. S. Small Business Administration, 2011: 1. https: //www. sba. gov/sites/default/files/FY2012 – Final% 20Veterans% 20TF% 20Report% 20to% 20President. pdf.

⑥ Cunningham, M., Henry, M., Lyons, W., Vital Mission: Ending Homelessness Among Veterans. The Homelessness Research Institute at the National Alliance to End Homessness, 2007 (11): 7.

21 世纪以来，仅从伊拉克战争和阿富汗战争中回国并有生理或心理健康问题的军人就超过了 6 万名，这些老兵面临生理或心理疾病、药物滥用、并发症、对有效医疗保健的需要、缺乏住房和工作等诸多问题，除了那些严重的生理疾病（例如脊椎受损），很多老兵都需要心理医疗服务。此外，更为糟糕的是，尽管退伍军人的比例只占到了成年人口的 11%，但是美国每四个流浪汉中就有一个是退伍军人。虽然退伍军人无家可归的现状在每个州各不相同，例如，内布拉斯加州、纽约州、佛蒙特州退伍军人无家可归的人数出现明显增长的趋势，而科罗拉多州、佐治亚州和肯塔基州则有明显下降（见表 4 - 2），如果从全国范围来看，美国退伍军人无家可归的情况则更加糟糕，并且这个数字在 2005 年至 2006 年有稍微的增长。

表 4 - 2　　　　美国各州流浪退伍军人的数量及其变化比例　　　　单位：人，%

州名	流浪退伍军人数量（2005 年）	流浪退伍军人数量（2006 年）	退伍军人总量（2005 年）	流浪退伍军人比例（2005 年）	2006 年与 2005 年变化比例
阿拉斯加	450	600	74482	0.6	33.33
亚拉巴马	816	824	403950	0.2	0.98
阿肯色	1350	850	259304	0.52	-37.04
亚利桑那	3637	3970	538880	0.67	9.16
加利福尼亚	49546	49724	2193336	2.26	0.36
科罗拉多	3895	1203	402091	0.97	-69.11
康涅狄格	4675	5000	261294	1.79	6.95
华盛顿特区	2400	2500	31959	7.51	4.17
特拉华	500	550	79151	0.63	10
佛罗里达	19394	18910	1717801	1.13	-2.50
佐治亚	5715	3297	731466	0.78	-42.31
夏威夷	800	800	116793	0.68	0
艾奥瓦	600	547	249911	0.24	-8.83
爱达荷	350	500	132844	0.26	42.86
伊利诺伊	2243	2197	853338	0.26	-2.05
印第安纳	1300	1200	505259	0.26	-7.69
堪萨斯	620	601	238506	0.26	-3.06

续表

州名	流浪退伍军人数量（2005 年）	流浪退伍军人数量（2006 年）	退伍军人总量（2005 年）	流浪退伍军人比例（2005 年）	2006 年与 2005 年变化比例
肯塔基	963	425	341752	0.28	−55.87
路易斯安那	10897	9950	331822	3.28	−8.69
马萨诸塞	1680	1700	453249	0.37	1.19
马里兰	3100	3300	480654	0.64	6.45
缅因	120	100	145352	0.08	−16.67
密歇根	3110	3513	782823	0.4	12.96
明尼苏达	493	523	407255	0.12	6.09
密苏里	4800	3325	533517	0.90	−30.73
密西西比	1136	1579	226398	0.50	39
蒙大拿	247	232	100637	0.25	−6.07
北卡罗来纳	1601	1659	723831	0.22	3.62
北达科他	1000	1000	58479	1.71	0
内布拉斯加	460	770	154607	0.3	67.39
新罕布什尔	350	257	129603	0.27	−26.57
新泽西	6500	6500	546437	1.19	0
新墨西哥	902	860	177687	0.51	−4.66
内华达	4600	4715	233633	1.97	2.5
纽约	12700	21147	1098272	1.16	66.51
俄亥俄	1698	1710	982418	0.17	0.71
俄克拉荷马	770	500	314464	0.24	−35.06
俄勒冈	6940	5891	350365	1.98	−15.12
宾夕法尼亚	2691	2784	1088379	0.25	3.46
美属波多黎各	75	80	135988	0.06	6.67
罗得岛	175	175	88971	0.2	0
南卡罗来纳	1375	1375	400152	0.34	0
南达科他	165	170	69573	0.24	3.03
田纳西	2515	2844	509881	0.49	13.08
得克萨斯	15434	15967	1612948	0.96	3.45
犹他	585	530	143301	0.41	−9.40
弗吉尼亚	911	870	757224	0.12	−4.50

续表

州名	流浪退伍军人数量（2005 年）	流浪退伍军人数量（2006 年）	退伍军人总量（2005 年）	流浪退伍军人比例（2005 年）	2006 年与2005 年变化比例
佛蒙特	20	30	57633	0.03	50
华盛顿	6567	6800	628595	1.04	3.55
威斯康星	915	828	444679	0.2	−9.51
西弗吉尼亚	357	347	175697	0.2	−2.80
怀俄明	111	98	55519	0.2	−11.71

资料来源：Cunningham，M.，Henry，M.，Lyons，W.，Vital Mission：Ending Homelessness Among Veterans. The Homelessness Research Institute at the National Alliance to End Homessness，2007（11）：17。

在战争中所造成的身体上的残疾和心理上的创伤显然会增加退伍军人应聘工作时所面临的挑战，尽管在退伍之后很多人愿意重操旧业，但是他们身体上的残疾却限制了这一可能性。高校在援助该群体重新定义和转变职业生涯目标上一直扮演着重要的角色。美国历史上颁布具有里程碑意义的《退伍军人人权法案》就是最好的例证，该法案旨在通过高等教育来帮助退伍军人适应更好的平民生活，让他们有机会接受适当的教育或训练。该法案的颁布实施，使数百万美国退伍军人受惠[①]。具体而言，高校在退伍军人中实行的"关注学费援助的计划、灵活的入学渠道以及将伤残退伍军人与帮助者配对的项目都确保他们人能够获得完成学业所需的住宿和其他帮助"[②]。

总的来说，相比传统教育而言，高校在为退伍军人提供服务中的角色和作用的定位上应该是不同的。尽管获得学位或证书能够提高退伍军人的薪水或找到工作的概率，但是越来越多的学者和决策制定者意识到，创业能够带来诸多好处，例如灵活性和自主权，而这是过去职场环境所不可能提供的，这些好处对于伤残退伍军人来说会显得特别珍贵，

---

① 百度百科：《退伍军人人权法案》（2016 − 11 − 02），http：//baike. baidu. com/view/1131782. htm。

② Maclean，A.，Elder，G. H.，Military Service in the Life Course. *Annual Review of Sociology*，2007（33）.

因为拥有自主权的自谋职业意味着独特的控制感，而这些正好能够应对战争中负伤所带来的恐惧和无助感。①

在支持退伍军人的问题上，雪城大学具有悠久的历史，第二次世界大战后，时任雪城大学校长威廉·托里（William Tolley）对退伍军人实行了"统一的招生政策"（uniform admission program），以确保从战场回来的退伍军人的入学率，退伍军人的注册人数以前所未有的速度增长。"截至1947年，以退伍军人的注册人数来计算，雪城大学位居纽约州所有大学的第一位，全美大学第17位"。② 可以说，雪城大学在支持退伍军人教育上的这些传统，为通过考夫曼校园计划，更好地服务退伍军人创业做了很好的铺垫。

正是在这样的背景下，雪城大学在获得考夫曼校园计划资助的第二年便建立美国高等教育领域第一个伤残退伍军人创业训练营，因为对雪城大学而言如果能够很好地为退伍军人这个群体提供创业教育，尤其是在雪城地区创业，这不仅可以在学术上拓展创业教育的范畴，使创业教育名副其实地辐射到任何群体；就经济角度而言，也有助于推动社区经济发展。为了帮助伤残退伍军人及其家庭更好地适应公民生活和进行创业，雪城大学在2010年在原有伤残退伍军人创业训练营项目的基础上进行拓展，重组为伤残退伍军人及其家庭创业训练营（Entrepreneurship Bootcamp for Veterans with Disabilities' Family Program，EVB－F），即该项目不仅为战争中受伤的退伍军人提供创业训练上的帮助，还帮助他们的家人，或者那些在战场上殉职或回国不久后去世的退伍军人家庭成员进行创业上的技能训练，帮助他们顺利进行生活转变（life transition），因为"退伍军人的这种生活转变与其家人是相互依赖的"。③

二 伤残退伍军人创业：美国创业史上浓墨重彩的一笔

伤残退伍军人实行自我雇佣（self－employed）或创业在美国创业

---

① Janoff－Bulman，R.，Assumptive Worlds and the Stress of Traumatic Events：Applications of the Schema Construct. *Social Cognition*，1989（2）.

② Syracuse University Archives. Exhibitions：Remembering the GI bulge（2016－07－18）. http：//archives. syr. edu/exhibit/bulge. html.

③ Dekelm，R. Goldblatt，H.，Is there Intergenerational Transmission of Trauma? The Case of Vietnam Veterans. *American Journal of Orthopsychiatry*，2008（3）.

史上并不是什么新鲜的事情，甚至可以说，自我雇佣或创业对伤残退伍军人（或一般的伤残人员）来说是一种极具吸引力的出路。"退伍军人创业家拥有 240 万所小企业，这个比例高于其他任何群体，是美国经济的重要贡献者"。① 在 2007 年，退伍军人创业家总共拥有全国企业的 51% 及以上比例，对美国经济产生了 1.2 万亿美元增加值，提供了 580 万个工作岗位，② 退伍军人创业家已经被美国政府定性为拓展美国经济和创造工作岗位的重要推手。③

实际上，只要回顾过去美国创业史我们同样可以发现，创业一直以来就是退伍军人为自己和家人创造美好生活，重新参与到社区以及国家经济发展中的一种重要的职业选择。创业和小型企业能够让退伍军人掌握自己的未来，与此同时，还让他们能够灵活地应对在战斗中负伤所带来的诸多不便。有几个方面的官方统计可以进一步佐证以上观点。

第一，美国劳动统计局（U. S. Bureau of the Census）的统计结果指出："在美国，残疾人士被雇佣的概率比一般人要高出两倍。④

第二，在军队服役的经历是小型企业主最重要的特点⑤。退伍军人更具创业性（entrepreneurial），他们非常渴望成功，希望在面对不确定情况时能够从容应对，⑥ 正如一位接受伤残退伍军人创业训练营训练后较为成功的退伍军人在受访中所言："基本上讲，创业就像战争，你只

---

① U. S. Census Bureau, Census bureau report veterans – owened business numbered more than 2 million in 2007. Washington D. C. ： U. S. Department of Labor, 2011： 01.

② Ibid. .

③ White House, American Jobs Act （2016 – 07 – 10）. https： //www. whitehouse. gov/sites/default/files/jobs_ act. pdf.

④ Gutierrez, C. M. , etc. , Characteristics of Business Owners： 2002. U. S. Census Bureau, 2007（7）. https： //www2. census. gov/programs – surveys/sbo/tables/2002/2002 – sbo – business – owners/sb0200cscbo. pdf.

⑤ Office of Advocacy of the U. S. Small Business Administration. The Small Business Economy： A Report to the President 2007. Washington, DC： U. S. Government Accountability Office.

⑥ Institute for Veterans and Military Families, Syracuse University. Guide to leading politics, Practices&Resources： Supporting the Employment of Veterans & military Families （2016 – 07 – 11）. http： //vets. syr. edu/pdfs/guidetoleadingpractices. pdf.

要完成使命，无论怎么样，你的工作就是完成使命。"① 这与军队中强调团队合作和相互依赖，并以高性能的团队合作和相互依赖为基础来促进个体对外服务有一定的联系，并且，退伍军人的许多工作经验和职业技能都是高要求的，而且是一般劳动力所无法从事的，这包括成熟、纪律和高效。简而言之，个体为团队利益牺牲的品质恰恰都是创业团队成员应该具有的基本品质，即在特殊的情况下，可以牺牲个体利益来成就大局。沃德曼协会（Waldman Associates）做的一项研究恰好证明了军人退役后在创办小企业中具有的优势，研究结果指出："军队服役的经历让数量庞大的退伍军人的创业新人和已有的企业主具备了开办企业必需的商业技能"，② 并且具有较高的比例，"跟非退伍军人相比，退伍军人具有高于45%的可能性"。③

第三，美国小企业管理局（Small Business Administration）的调查也表明："退伍军人的小型企业比非退伍老兵的小型企业拥有更高的成功率"④。以上的研究似乎都在说明，创业对伤残退伍军人来说具有可行性，自身的残疾不仅没有消磨他们对生活的意志，反而激发他们渴望把握未来职业发展的自主权和经济上的自由裁量权。

从公共政策的观点来说，美国官方也高度认可创业是有助于伤残退伍军人克服身体障碍进行自我雇佣的途径，并且在政策和实践上为退伍军人进行创业提供尽可能便利的条件。早在20世纪80年代，美国小企业管理局（The Small Business Administration，SBA）就已经资助并推行有关退伍军人创办企业的课题研究，许多联邦机构，如，美国退伍军人事务部（U.S. Department of Veterans Affairs）、国防部、劳动部、卫生

---

① Hoppednfeld, J., etc., Librarians and the Entrepreneurship Bootcamp for Veterans：Helping Disbabled Veterans With Business Research. *Journal of Business & Finance Librarianship*, 2013 (18).

② Waldman Associate. Entrepreneurship and Business Ownership in the Veteran population. Small Business Administration, 2004(11). https：//www. michigan. gov/documents/Business_ Ownership_in_the_Veteran_Population_110550_7. pdf.

③ Hoppednfeld, J., etc., Librarians and the Entrepreneurship Bootcamp for Veterans：Helping Disbabled Veterans With Business Research. *Journal of Business & Finance Librarianship*, 2013 (18).

④ Office of Advocacy of the U. S. Small Business Administration. T*he Small Business Economy*：*A Report to the President* 2007. Washington，DC：U. S. Government Accountability Office.

及公共服务部（Department of Health and Human Services，DHHS）、国土安全部（Department of Homeland Security，DHS）、社会安全管理局（Social Security Administration，SSA）等都出台了具体的支持伤残、患有疾病的退伍军人及其家人创业的激励政策。[①] 目前，美国劳工部的残疾人士雇佣政策办公室（Office of Disability Employment Policy）正在为技术援助中心提供资金，这些中心的任务是找到帮助残疾人士创业的最佳实践做法。其他诸如《退伍军人创业和小型企业发展法1999》（*Veterans Entrepreneurship and Small Business Development Act of* 1999）和《退伍军人福利法2003》（*Veterans Benefits Acts of* 2003）等为渴望自力更生的残疾人士提供了奖励。

有必要指出的是，在联邦和州政府机构引入专注创业计划和项目的同时，高校在推进伤残退伍军人创业中扮演了独特的角色，而且这种独特作用正在向全国范围拓展，2007年雪城大学的伤残退伍军人创业训练营产生了积极效果之后，就陆续有高校借鉴其模式进行拓展，例如，加州大学洛杉矶分校安德森管理学院、圣约瑟夫大学（Saint Josep's University）、佛罗里达州立大学商学院、得克萨斯A&M大学梅伊商学院、普渡大学、康涅狄格州立大学、路易斯安那州立大学商学院、密苏里大学、康奈尔大学都开展了有关帮助退伍军人创业的项目，并且它们都统一加入了伤残退伍军人创业训练营联盟（Entrepreneurship Bootcamp for Veterans with Disabilities Consirtium），这些高校在推行伤残退伍军人创业项目中有一个共同的特征，就是通过开发个性化的创业培训项目和课程来助推政府的行动，而且伤残退伍军人项目的成功推行必须跨学院、跨部门。

以雪城大学为例，雪城大学商学院无法提供与残疾人士有关的指导和训练，便与伯顿·布拉特研究所（Burton Blatt Institute）合作。必须指出的是，图书馆也参与到伤残退伍军人创业项目中，并对项目的成功做出了一定贡献，"雪城大学在EVB项目成立之初，图书馆就参与进来了，这能够帮助EVB参与者在进入第二阶段学习（进入学校）前面三个星期

---

① Rory，A. C.，Colpaul，F.，Drach，R.，*Warrior Transition Leader Medical Rehabilitation Handbook.* Washington DC：U. S. Government Printing Office，2011：213.

就能够获取图书馆的数据和其他电子学习资料"①。一位参与 EVB 项目的成员在受访中表达出图书馆在推动退伍军人创业项目中的重要性："图书馆资源非常有用，这些信息能够帮我制定一个缜密的商业计划。"②

简而言之，EVB 项目的跨部门、跨学院合作特点不仅契合了考夫曼校园计划强调的全校性、跨学科合作的本质，而且从创业教育项目本身出发，来帮助伤残人士或伤残退伍军人重新面对生活，让他们走向满怀希望的未来。

第四节 探索全校性创业教育新范式：EVB 创新模型

一 EVB 全校性创业教育实施阶段

伤残退伍军人创业训练营主要向伤残退伍军人提供创业和中小企业管理指导并进行体验性质培训的密集型创业教育项目，这一项目对合格的退伍军人不收取任何费用，所谓符合资格"即退伍军人具有战争导致的身体残疾和属于美国'后9·11'参与战争的退伍军人并具有创办企业的热情。在满足以上条件的情况下，他们只要有两份推荐信即可在网上申请报名"③。目的是向这些为国家做过贡献的伤残退伍军人打开创业之门，培养他们在创建企业的同时克服身体的不便，进而转化自己的职业发展能力。从雪城大学自身的定位来讲，该项目是为了充分利用高等教育的优势——培训、教学和激励，将退伍军人引向一条直面自身现状并创办和管理企业的意义非凡的道路。不可否认的是，雪城大学希望借退伍军人创业训练营这一全国独特的创新模式来促进经济增长乏力的雪城地区的繁荣发展。由于项目向注册的退伍军人免费开放，因此，该项目运转主要依赖校友的捐赠，校友们对于这种公益性质的创业项目亦表现出很大的兴趣，所以在资金的使用上也有一定的保障，正如该校一位直接参与 EVB 项目的教授在受访中所言："很多富裕的校友很乐意

---

① Hoppednfeld, J., etc., Librarians and the Entrepreneurship Bootcamp for Veterans: Helping Disbabled Veterans With Business Research. *Journal of Business & Finance Librarianship*, 2013 (18).

② Ibid..

③ Ibid..

为我们的伤残退伍军人训练营提供资金"（TLL 校友的支持 FT05）。伤残退伍军人创业训练营总课时持续 14 个月，主要向参与者提供商业计划撰写指导和会计、人力资源、法律咨询、销售等专业课程，并分为三个逐步加强的阶段进行。

在第一阶段，EVB 参与者通过为期 30 天的创业基本技能和商业基础知识网络课程的自学，在此阶段慢慢形成创业概念。进入第二阶段后，参与者会进驻雪城大学，接触成就卓越的创业者和创业教员。此阶段的学习包括了超过 80 个小时的指导，主要聚焦以下领域：识别市场机会、商业概念发展、收益模型、资源获取战略、商业计划开发、企业创建方法、游击队营销战略、建立交易和谈判、评估、寻找伤残退伍军人所需的独特创业资金、运作和运营模式、服务、风险管理、人力资源管理、法律和管理问题。此外，在整个校园学习期间，参与者还会聆听 30 位演讲者的故事。这些演讲者中有成功的创业者、《财富》500 强企业的 CEO、专业运动员、政府部门的领导和残疾人教育的国家级专家。参与者会开发自己的商业思想，学习撰写商业计划、财政总结、营销策划和寻找资金等技能。第三阶段则是共计 12 个月的支持和指导，由指导者和国际合作所构建的完整而健全的网络来推行。①

二　EVB 全校性创业教育实施模式

伤残退伍军人创业训练营，不仅涉及创业这一核心要素，在教学过程中还要帮助伤残退伍军人克服身体残疾所带来的不便；换言之，除了向参与者提供创业知识的教学外，还需提供残疾康复等相关的专业知识。然而，商学院或管理学院虽然拥有扎实的创业研究和教学队伍，但却缺乏有关残疾康复方面的专业知识。在这样的情况下，具有创业学科优势的商学院或管理学院就必须与在身体康复项目上具有优势的学院或部门进行合作，才能结合彼此的专业优势更好地推动项目的顺利进行。也就是说，如 EVB 项目等全校性创业教育项目应该利用大学已有的学科优势和校园资源，结合不同学院或部门的专业优势和知识，才能更好地促进全校性创业教育的发展，毕竟全校性创业教育的指向是整个大学

---

① Program and Schedule（2016 - 06 - 20）. ebv. vet. syr. edu/veterans/program - schedule/.

不同部门的共同参与，创业教育不仅仅是商学院或管理学院的事情，每个学院或部门在创业教育的推动上都不应该置身事外。下面我们将具体谈谈雪城大学在推动 EVB 项目上是如何与学院或部门进行合作的。

雪城大学 EVB 项目取得的成功和广泛影响与该校魏特曼管理学院与伯顿·布拉特研究所（Burton Blatt Institute）等部门的紧密合作是分不开的。伯顿·布拉特研究所是一个政策、研究和项目开发的卓越中心，其目的是推进全球对残疾人士、社会和经济的包容。研究所通过教学、研究、创造性服务来提高学习效果，在此过程中强调质量、关怀、多样性、创新和服务的核心价值观。该机构在校内外和国内外就权力、资源渠道（access）和住房问题是如何影响社区对残疾人士的包容进行了研究。当魏特曼管理学院为 EVB 参与者提供有关商业的概念化、开发、销售和资助商业企业的培训时，伯顿·布拉特研究所提供了同步的"自谋职业和残疾培训轨道"（self‑employment and disability training track）项目。举例而言，魏特曼管理学院的教师会提供企业构思和开发创业思维的培训，目的在于帮助有抱负的退伍军人理解创业的意义，鼓励在商业规划过程中开展相关技能和知识的培训。随后，伯顿·布拉特研究所的教师则会开办"定制和探索"（customization and discovery）的培训。这一培训的意图是帮助具有雄心壮志的退伍军人发展个人技能和优势，并寻找到创业所需的资源和支持——而这些恰恰是一个成功创业者所应具有的必备条件。上述双轨制培训的价值体现在不仅是帮助伤残退伍军人成为创业者，还在于为其提供过上健康生活的机会。

那么，伯顿·布拉特研究所在整个 EVB 项目中所发挥的独特价值是什么呢？作为一个有着具体公共使命的研究机构，它是如何与雪城大学商学院无缝合作的？伯顿·布拉特研究所通过开发和使用定制化的工具和课程来帮助伤残退伍军人培养创业意识，"伯顿·布拉特研究所已经公认为残疾人研究中的佼佼者"，[1] 他们所推行的有助于残疾人康复的方法在全国乃至全球的其他计划中也得到了相应的应用。必须承认的是，在 EVB 项目之前，研究所还没有任何将其运用在校园创业教育计

---

[1] BBI is Globally Regarded as a Leader in Disability Research（2016 – 06 – 20）. bbi. syr. edu/research/index. html.

划中的机会，尤其是对残疾退伍军人的创业教育。具体而言，伯顿·布拉特研究所在 EVB 项目中起到着消除伤残退伍军人在创业学习过程中的学术障碍的作用，让他们能够顺利进行创业教育训练和学习。"当我们将伤残退伍军人创业训练营概念化的时候，只有将魏特曼管理学院和伯顿·布拉特研究所的合作建立在协作性框架之上，并且确保能够更快地分享开放的信息，才能够使整个过程自然顺畅地进行"。[①]

第五节　成立全国伤残退伍军人创业训练营联合会

一　演进：从全校性到全国范围伤残退伍军人创业训练营

雪城大学推行的 EVB 项目不仅在全美属于首个创新的全校性创业教育项目，而且项目出发点切中了众多伤残退伍军人对职业转变的现实诉求，迎合了他们迫切需要克服身体缺陷来发展自己职业能力的愿望。毫无疑问的是，该项目能够从大学内部的一个初期项目拓展为全国性的联合会，主要是基于该模式在当下的市场上具有可持续推广的现实条件。正如 EVB 项目的创始人迈克尔·海尼（J. Michael Haynie）所指出的，"在 EVB 项目第一批学员取得成功之后，雪城大学的校门快被来自全国的一些学院和大学的访问团堵住了"，这些访问团一致认为 EVB 项目在伤残退伍军人群体中产生了巨大的影响力，并且认为这对进一步推动伤残退伍军人创业而言具有较大的潜力，经过商洽之后大家觉得有必要成立一个伤残退伍军人训练营联合会。如前所述，现在伤残退伍军人创业训练营联合会已经包括雪城大学、洛杉矶加州大学安德森管理学院等在内的 10 所高校，雪城大学作为该联合会的主管单位和秘书处。

伤残退伍军人创业训练营联合会不仅实现了全美首个针对伤残退伍军人创业的项目联盟，也是第二次世界大战后，美国高校之间商学院首次紧密的合作。创建联合会的出发点是希望利用参与大学的专业优势和社会资源网络在全国范围内构建起创业知识网络，最大限度地把创业知

---

① Kingma，B.，*Academic Entrepreneurship and Community Engagement.* Edward Elgar，2011：105.

识和技能辐射到更多的伤残退伍军人。可以说，联合会的成立，不仅在一定程度上使不同州的伤残退伍军人参与到创业训练营中，联合会还根据伤残退伍军人所在的地理位置有针对性地分配学校。换言之，伤残退伍军人在申请过程中并不是向联合会中的某所学校进行申请，而是向联合会进行申请，再由联合会根据伤残退伍军人的实际情况进行分配。这也说明了，伤残退伍军人创业训练营联合会的会员学校并不是像以往某些学会那样，表面上加入学会，实际上各个高校各自运作。

具体而言，伤残退伍军人创业训练营成立之后便对宣传、伤残退伍军人招聘和录取等工作实行了全国范围内的集中式管理。成功的项目申请者会依据地理位置的远近被分派到联合会会员学校中的任何一个。在课程模式运作上也是实行集中管理，这会确保所有的会员学校都能够为参与者提供统一的高质量的学习经历，与此同时还能降低开发成本。创业训练营项目具有双重责任：（1）资助校园内的项目；（2）为集中管理的创业训练营课程配备人员并讲授课程。越来越多的跨学校计划的概念化和创建在联合会会员学校中得到了很好的体现，这些学校关注的是为伤残退伍军人提供更多接受教育、上岗就业和创业的机会。

二 从全校性 EBV 模型到 EBV - F 模型

EBV - F 指的是雪城大学魏特曼管理学院在伤残退伍军人创业训练营（EBV）的基础上进行拓展而成的伤残退伍军人及家庭创业训练营（Entrepreneurship Bootcamp for Veterans' Families，EVB - F），该项目成立于 2010 年 11 月，旨在帮助那些为了照顾伤残退伍军人而牺牲职业和自由的家庭成员（如配偶、子女、父母等）而量身打造的一个教育和创业训练项目，为他们提供关于企业创建和管理的技能培训，是美国高校将对伤残退伍军人的职业关怀拓展至其家庭成员的一个社会创业项目，与 EBV 创业项目一样，该项目对伤残退伍军人家庭成员的参与者也实行免费制度，并在实践上同样推行三阶段的训练方式[①]。

实际上，对伤残退伍军人家庭成员在职业和生活等方面的关怀最早

---

① Program and Schedule（2016 - 06 - 20）. http：//ebv. vets. syr. edu/families/program - schedule/.

可以追溯到亚伯拉罕·林肯（Abraham Lincoln）在 1861 年 3 月 4 日就任美国总统时发表的演说，林肯总统当时明确提出了："应该关心那些在战争中牺牲的军人及他们的妻子和孤儿"，[①] 照顾伤残退伍军人及其家庭成员，帮助他们重新适应新的公民生活，是消除军人后顾之忧的基本条件，因为士兵在战争中所遭受到的伤害或牺牲不仅影响他们自身，还牵扯到家庭成员的正常生活，尤其当有些士兵是家庭的重要经济支柱时，这种影响更是不言而喻的。

可以说，这些牺牲和受创伤的军人在一定程度上打乱了千千万万个家庭的正常生活，这些军人在退役回归时必然需要家庭成员的护理，家人必须腾出足够的时间来照顾他们，这在一定程度上也影响了家庭成员的职业选择和时间的自由分配。因此，帮助退伍军人家庭成员通过创业来重新定位自己的职业发展，是美国政府的责任和义务，亦是高校立足于公共服务所应彰显的本质。而且在职业选择上，创业已经被证明是退伍军人及其家庭成员的可行性职业选择路径。从更宏观的角度讲，创业教育和项目是可以超越不同群体和规则的。

幸运的是，不仅雪城大学向退伍军人家庭成员在职业定位和选择上伸出援手，政府、相关的联邦机构等纷纷强调伤残退伍军人及其家庭在美国发展上的重要贡献和作用，并且采取一定的激励政策。2013 年 6 月 6 日，美国退伍军人事务局（Department of Veterans Affairs）秘书长埃里克·辛赛奇（Eric K. Shinseki）在纽约心理健康学会（Mental Health Association）的发言中再次强调，将致力于继续关注林肯总统提出的对退伍军人及其家人的关怀和责任。这些官方声明和高校的具体举措都说明了人们越来越认可创业对促进弱势群体在职业转变上是可行的选择。

---

① Lincoln，A.，Inaugural Address of the Presidents of the United States（2016 - 03 - 04）. www. bartleby. com/124/pres31. htm.

第五章 美国高校全校性创业教育成效

探索美国社会独立智库——考夫曼基金会推广的全校性创业教育在美国高校产生的影响是对考夫曼校园计划成效的最终考验，尽管考夫曼基金会在推行考夫曼校园计划之前就已经在相关的文件中说明，并且我们也在前文中再次求证：全校性创业教育对美国高校影响的最终考核指标是全校性创业教育在后考夫曼阶段是否获得可持续发展？尽管如此，我们在针对美国 8 所推行全校性创业教育的 27 位访谈者和结合相关参考文献所获得的信息中，仍然可以得出其中较为具体的回答，即美国高校在推行全校性创业教育过程中不仅能够对学校的名声、人才、资金等方面产生积极的效果，而且对教师和学生个人的就业和工作、能力和素养等方面同样带来积极的成效。受访者对以上影响因素回答的覆盖率见表 5 - 1。

表 5 - 1 　　　　27 位受访者谈及推行全校性创业教育对学校和
师生影响的覆盖率一览　　　　单位：%

	对学校的影响					对师生的影响		
	名声	人才	资金	社会贡献	发明或创新	就业和工作	发挥创业影响力	能力和素养
FT01	0.97	—	—	—	—	2.97	—	—
FT02	—	—	—	—	0.95	—	—	6.35
FT03	—	—	3.43	—	—	6.78	—	—
FT04	—	—	4.12	—	—	9.71	—	—
FT05	0.86	—	—	—	—	5.84	—	0.62

续表

	对学校的影响					对师生的影响		
	名声	人才	资金	社会贡献	发明或创新	就业和工作	发挥创业影响力	能力和素养
FT06	0.61	—	—	—	—	13.42	—	—
FT07	—	4.59	—	—	—	—	—	8.49
FT08	—	—	—	3.18	—	1.14	5.81	—
FT09	—	0.49	3.36	—	—	5.22	1.96	2.40
FT10	1.27	—	2.61	—	—	7.68	—	—
FT11	—	1.89	—	—	0.27	3.35	—	—
FT12	8.73	—	—	—	—	—	7.41	—
FT13	—	—	—	2.27	—	—	14.23	—
FT14	—	—	1.54	4.37	—	—	13.64	—
FT15	1.39	0.54	2.48	—	—	—	—	—
FT16	8.53	—	—	—	—	—	2.11	—
FT17	6.48	—	—	—	—	—	4.31	—
FT18	—	8.07	—	2.91	—	6.52	—	—
FT19	1.25	2.49	0.05	—	—	—	—	—
FT20	—	—	—	4.29	—	—	—	—
FT21	—	3.13	—	—	—	—	—	5.74
FT22	—	—	—	1.81	—	—	2.98	—
FT23	—	—	—	2.32	—	—	2.01	2.19
FT24	4.03	—	—	—	—	—	—	—
FT25	—	—	2.06	—	—	—	1.12	—
FT26	—	1.97	—	—	—	2.64	—	—
FT27	—	1.84	1.14	—	—	2.60	—	—

资料来源：笔者利用 N – vivo10 对 27 位受访者录音转录为文本的节点分析报告。

具体而言，27 位受访者就美国高校推动全校性创业教育对学校所产生的影响体现在名声、人才、资金、社会贡献和发明或创新领域，分别占受访者人数的 37%、33.3%、33.3%、25.9% 和 7.4%。而师生所产生的影响主要聚焦在对他们就业和工作、发挥创业影响力以及能力和素养等方面，这些因素分别占受访者总人数的 44.4%、37% 和 22.2%（见表 5 - 2）。

表 5 - 2　　　　27 位受访者就全校性创业教育对学校和
师生影响回答所占的比例统计　　　　单位:%，人

	对学校的影响					对师生的影响		
	名声	人才	资金	社会贡献	发明或创新	就业和工作	发挥创业影响力	能力和素养
人数	10	9	9	7	2	12	10	6
占总数的比例	37.0%	33.3%	33.3%	25.9%	7.4%	44.4%	37.0%	22.2%
占回答者的比例	37.0%	33.3%	33.3%	25.9%	7.4%	52.2%	43.5%	26.1%

　　注:"对学校的影响"这一部分的总数为 27 人，回答者为 27 人;"对师生的影响"这一部分的总数为 27 人，回答者为 23 人，未做出回答的是第 15 号、19 号、20 号和 24 号。

　　然而必须提及的是，我们在分析访谈文本和其他相关的参考文献中获知，名声—人才—资金，三者似乎是一种因果关系。换言之，全校性创业教育在提高学校声誉的同时，已经为吸引人才和资金铺好了路，而高校一旦具备了相应的优秀人才，资金便会闻声而来，因此我们在以下的影响因素分析中会把提高名声、人才和资金归纳为一个部分进行深入分析。以下我们将逐个对几个因素进行具体的分析。

第一节　全校性创业教育对高校本身的影响

　　人们或组织在推行某个项目或活动之前往往会对其设有期望，尽管并非所有的项目或活动都能够满足人们的期望，但是自 2003 年全校性创业教育开始在美国高校有序地推行以来，至少从直接参与该项目的受访者及相关文献的资料来看，全校性创业教育已经取得了初步成效，对名声、人才和资金等方面产生了积极的影响。

一　提升高校的名声进而吸引优秀人才和资金

　　名声对大学意味着什么？有人认为大学名声是吸引学者求职的首要因素，对学生就读选择有不容忽视的作用，还影响慈善捐赠和资助的数

额，被视为全球高等教育的通行货币。① 如果对大学名声进行拆解可以让我们能够更好地把握它在形成过程中有哪些关键主体发挥重要的作用，那么可以认为，"是大学知名度、美誉度、公信力等优质资源长期积累而形成的无形资产，是全体师生长期共同努力的结晶"。② 然而，当我们把名声与全校性创业教育项目或活动结合起来，我们就会发现很多高校把推行符合自身地区文化和学校特色的全校性创业教育项目视为对外的一张名片，抑或说全校性创业教育在打造学校形象方面使其变得更加有感染力和吸引力，不少于 5 位受访者，在受访的过程中使用了"性感"（sexy）一词来形容全校性创业教育对名声的影响进而吸引人们的注意力。一位全校性创业教育项目的评价主任如此说道："创业是非常性感的，因此能够吸引人们的注意力"（YX 名声 FT04）。尤其在谈及创业教育对学生的吸引力时，创业可以成为许多高校的非商学院学生的选择，一位长期执教于创业教育的教授说道："创业对很多艺术专业和历史专业的学生而言是非常亲切（approachable）的名字，它看起来非常吸引人"（YX 人才 FT14）。有受访者甚至把高校推行全校性创业教育归因为吸引学生前来学习的首要原因。雪城大学的前副教务长兼全校性创业教育中心主任在受访中如此说道："创业和创新是雪城大学的学术名片，它是学生前来雪城寻求创业和企业发展的体验式教育学习的机会"（YX 名声 FT05）。

据这位受访教授的说法，许多大学生已经把创业视为一种职业选择（career choice），他们很希望自己能够在创办企业上有所作为，他们可能会创办小型企业，或者从事创业咨询顾问，或者把富有发展前景的科技理念带向市场进而对其进行商业化，这些都已经成为当下学生的一种职业选择。而这些学生往往是希望在自己的职业生涯上大显身手的潜在企业家，至少在一定程度上他们已经突破了传统学生群体循规蹈矩的职业发展轨道。对此，高校可以说是乐于接受这一类学生群体的，因为一旦他们在创业上取得成功，他们就成为潜在的捐赠校友群体。另一位受

---

① 高飞：《"泰晤士报高等教育"世界大学声望排名探析》，《江苏高教》2015 年第 1 期。

② 郑忠梅：《珍视大学声望　守护大学精神——"墨尔本模式"发展及其启示》，《高等教育研究》2015 年第 10 期。

访的商学院教授如此说道，"有相关的研究指出，创业家作为校友能够为高校提供相关的捐赠回馈（gifts）来支持学院的发展，所以我非常喜欢这些从事创业和商学专业相关的学生，尽管在成千上万的学生群体中也只有一部分学生能够成为创业家，但是现在最要紧的是尽力去帮助他们，或许他们以后成功了会成为感激的校友。我想在他们还是学生的时候帮助他们做正确的事情，为他们提供培训，最后他们或许能够因感激而在将来进入我们的课堂，分享创业经验和捐赠资金给我们学校或学院的项目。对此，我们不奢望，但是希望他们能够这么做"（YX 资金 FT14）。

正如以上这位商学院教授所言，高校能够促使现在的学生成为潜在的感激校友，很多情况下建立在高校本身能够为学生在相关的专业领域提供什么专业的培训和人文关怀上。换言之，这在一定程度上促使高校在创业领域表现出应有的学科优势和特色。一位大学技术转化办公室的项目主任在受访中认为："全校性创业教育能够使大学富有竞争力，保持大学非常领先的位置，例如，人们所追求的前 10 名或前 20 名，因为它能够帮助大学获得名声，使大学吸引优秀的生源、人才和捐赠。"（YX 名声 FT15）。她进一步说道，虽然她无法确定校友捐赠与高校对人才培养是否有直接的联系，但现实情况是，她确实目睹很多成功创办企业的校友会对母校的培育怀有感激之情，进而对其进行回馈，尽管这种回馈是需要长期培育的，但是她最后还是强调全校性创业教育能够带给大学的最大影响是提高声誉进而吸引卓越的学生和教师。

从以上受访者口中所表述出来的观点我们可以看出，名声—人才—资金三者是在同一链条上的，但是，名声是吸引人才和资金的前提条件和动力，对高校而言，相比资金能够吸引卓越人才前来高校服务，人才实际上更能够吸引资金。换言之，"相对于资本能够吸引人才，人才可以更有效地吸引资本"。[1] 确实，优秀人才对于高校在创新创业能力建设和后续推行的创新创业举措上起着重要作用，而且，像考夫曼基金会和科尔曼基金会这种有志于推动全校性创业教育的社会独立智库在对高

---

[1] 卓泽林、曹彦杰：《美国高校如何构建创新创业生态系统——基于资源投入的视角》，《学术论坛》2016 年第 1 期。

校进行资助时，往往根据高校是否具备能够承担相关重任的人才，例
如，科尔曼基金会在美国高校推行的旨在促进工程、艺术、商学院等领
域的教师在全校范围内从事创业教学与研究的"创业教职研究者项
目"，就是一种直接针对高校内部教师进行资助的模式。因此，无论对
高校的整体发展还是仅仅局限于全校性创业教育领域的可持续发展，优
秀人才都是必不可少的，正如美国一名著名大学校长所言："如果人才
招聘做得不好而其他所有事情做得都很好，那么你不可能拥有一所优秀
的大学；但是，如果人才招聘做得很好而其他事情做得不好，你仍然可
以拥有一所优秀的大学。"①

　　从优秀学生方面而言也是如此，高校在创业教育方面的优势和学科
特色也是推动学生前往学习的动力。一位高校公共服务中心主任在受访
中谈道："如果学生要在两所不同的机构之间做选择，但是他们却知道
我们把创业教育项目置于高度优先发展的位置，那么就更有可能吸引他
们来我们这里"（YX 人才 FT18）。因此，无论是吸引优秀学生还是卓
越人才，高校在全校性创业教育上首先应打造出符合自身特色的创业氛
围。只有在这样的基础上，创业教育在全校范围内所点燃的创新、创业
精神才能在大学运作和人才招聘上有所助益，形成良性循环。从更为宏
观的角度讲，"当前高校建立富有感染力的创新创业文化，其任何功
能，如管理运作、研究、教学、服务，都能够从创新创业思维中获益，
高校必须培养创新创业思维，并将其教授给学生"②。

二　激发高校创新和发明的活力

　　高校全校性创业教育是建立在不同学院和部门紧密合作的基础上
的，从纵向而言，它的成功实施不仅需要学校领导自上而下的支持，也
需要不同专业背景的学生自下而上的配合；从横向而言，它需要不同学
院和部门之间的互动和通力合作，也就是说高校全校性创业教育的推行

---

　　① Stadtman，V.，*The University of California*，1868 - 1968. New York：McGraw - Hill，
1970：277 - 279.

　　② Synthesized Report of the Findings and Recommendations of the Flagship 2020 Commission
Work Groups （2016 - 12 - 08）. http：//www. umd. edu/Flagship2020/pdf/2020 commissionrecom-
mendations - final. pdf.

并非各个学院或部门在创业教学和研究上的单打独斗，相反，呈现的是一种跨学科合作的发展趋势。尤其在采用辐射性的全校性创业教育模式的高校中更是如此，即使在这种模式中，创业教育是融入各个独立学院乃至学科之中的，但"这种模式需要不同学科领域的教师都能够理解并支持创业教育与专业教育的融合，进行跨学科领域的教学合作"。① 因为在这种辐射模式中，非商学院在开始探索自身学院和创业教育相融合时，需要在人力和物力上向富有创业教学和管理经验的商学院和管理学院寻求帮助，或者说是建立一种相互的合作关系。有研究者指出，在全校性创业教育的背景之下，"从商学院拿物力来支持其他学科和学院基础上的活动对传播新的创业项目是经常发生且必要的"。② 毕竟当前的创业学科是在商学院建立起来的，关于创业的合法性的学术研究之争也是从这些学院打响的。

这种跨学科的教学与合作在一定程度上打破了传统上大学内部各个学院和部门自成体系的筒仓运作结构，光是这种跨学科的相互合作就能在一定程度上触发不同知识背景的学生和教师进行思想碰撞和启发。威斯康星大学麦迪逊分校在获得全校性创业教育资金后所构建的创业学习团体是该校在全校性创业教育学科合作和教学领域较为典型和引以为傲的例子。该项目主要包括四个预期目标：（1）教导学生通过创造性思维、分析和规划的方式把理念转变为行动；（2）为学生提供主要的资源，使其想法变为现实；（3）强调做中学的重要性；（4）帮助学生创造新的价值资源（如营利和非营利、私人和社会产品）。③ 自2007年成立至今，已经有超过70个专业的学生参与到该项目中。④

笔者在该校访学期间，曾经考察这个项目的运作方式。从知识接受的角度看，学生有机会注册学习一门三个学分的创业课程（课程代码MHR236 - 365），该课程将主要聚焦于向学生教授创业在商业、艺术和

① 黄兆信、王志强：《论高校创业教育与专业教育的融合》，《教育研究》2013年第12期。

② Morris, N. M., Kuratko, D. F., Pryor, C. G., Building Blocks for the Development of University - wide entrepreneurship. *Entrepreneurship Research Journal*, 2014 (4).

③ Entrepreneurial Residential Learning Community (2016 - 10 - 24). http: //www. housing. wisc. edu/residencehalls - lc - erlc. htm.

④ Ibid. .

非营利领域的知识，其教学目标是希望帮助学生获得创业的有关概念框架，以及作为一个世界公民如何在当前的社会中探索创业。而这些艺术和历史等较为广泛的文理知识虽然无法教授给学生较为精确的市场技能，但却能够培养他们的领导力，该校一位受访教育学院系主任如此谈道："我们有很多广泛教育无法培养学生的具体工作技能，但能够培养他们的领导力，使他们以更为广阔的视野看待世界，并以复杂和多学科的方式处理问题，这些培养方式就需要来自历史和社会学科方面的知识"（YX 社会贡献 FT01）。

可以看出，该项目并非一味强调学生如何在商业世界获得创业成功，相反，其定位是把学生置身于一个更为广阔的社会背景之中，着重培养他们作为一个世界公民应有的素养和责任感，在这样的基础上才开始教授学生探索创业的概念框架。正如创业学习团体官方网站上引人注目的标语一样："如果你渴望打造你完美的简历、领导转变世界经济，并且不恐惧就业市场，那么创业学习团体将是您完美的选择。"① 从对外联系角度而言，学校会给该项目的学生定期安排校外企业家进入课堂讲学，安排学生与相关负责企业领域的政策制定者和成功企业家共享晚餐，分享经验。从参与实践的角度而言，学校会定期组织相应的创业实践活动，例如有 100 小时挑战（100 hours challenge）、芝加哥之行（Chicago trip）、威斯康星企业家展览（Wisconsin entrepreneur showcase）等实践活动。

必须指出的是，正是由于该项目的学生来自不同的专业领域，他们在交流的过程中能够弥补彼此的知识不足和信息不对称，这对于激发他们在创新创业上的想法能产生一定作用。再者，学校为该社区的学生配套了相应的教育资源和机会，也进一步巩固和提升了创新理念付诸实践的可能性，"由于该社区为学生提供了较多的资源和教育机会，很多学生在本科学习期间就已经在麦迪逊创办了企业"。②

实际上，这种跨学科创业学习社区的设计方式不但能够在知识生产

---

① Entrepreneurial Residential Learning Community（2016 - 10 - 24）. http：//www. housing. wisc. edu/residencehalls - lc - erlc. htm.

② Ibid. .

方式上激发创新和发明的活力，从创业本身的性质而言，创新创业也需要来自不同学科知识的交流与碰撞，如，文理学科能够从知识的广度和深度上为创业的创新发明提供更为广阔的视野，而创业教育自身的学科知识、基础概念和框架能够使这些更有深度的想法"落地"，这种跨学科知识的相互结合很容易碰撞出创新的火花。正因为跨学科合作对于促进高校创新创业发展的重要性，所以，建立联系、鼓励对话、进行合作的跨学科研究和教学逐渐成为大学创新性解决社会重大问题的关键举措。美国高校也正借考夫曼校园计划的机会，加大力度推进跨学科创业教学和研究的合作，创建跨学科学生学习社区。

第二节　全校性创业教育对本州及社区的影响

21 世纪以来，美国高校与地方企业和社区的互动趋于频繁，一些高校甚至收购了当地的小型企业，允许学生去管理和运作这些企业，让他们在实践中磨炼技能、积累经验。例如，杜兰大学（Tulane University）的社会创新和创业行动将整个学校整合到周边的经济和社会生态系统中，为地方经济发展做出了贡献，甚至还与包括商学院、建筑学院、科学和工程学院在内的学院进行合作，该计划已经创造了很多由学生领导的社会组织和企业，帮助学生走出课堂，进入新奥尔良社区。不仅如此，雪城大学提出了"学术在行动"的大学未来发展愿景，也是一种旨在把雪城大学定位于服务雪城地区经济发展的战略。因为大学深知，大学参与社区经济发展活动能够为其带来积极影响的同时，社区的繁荣发展也能够反哺大学的发展，例如，一所大学除了吸引企业和高级技术人才来到学校所在的城市以外，还能够提供相应的文化设施，如博物馆、剧院和相关的课程，满足城市及周边居民的教育需求。而一旦大学所在的社区具备各种诸如娱乐、文化设施和博物馆等优质资源之后，这对于大学吸引卓越人才或学生前来服务和学习是有助推作用的。尽管高校自身的平台和发展潜力是优秀人才考虑是否前往的首要因素，但是具有良好服务的社区对于留住和吸引人才同样不可小觑。正如有学者所言，"大学与社区缺少互动发展，不仅达不到'一荣俱荣'的目的，而且很有可能'一损俱损'",① 而大学与社区的互相合作与互动显然有助于活跃当地的经济。

高校在推行全校性创业教育项目的同时，也助推了高校在更大范围与当地社区互动。这种强化趋势与高校本身在创业教育教学与研究范式上的转向和大学新的发展定位有一定的关系。首先，服务性学习（Service Learning）开始成为高校提高创业教育学习和教学效率的有效途径。"服务性学习是一种将有意义的社区服务与教学和反思进行整合，从而丰富学习经验、教授公民责任和强大社区的教学策略。其特别之处在于，它为学生提供以一种独特的方式巩固课堂所学，并将其运用于满足社区服务组织和非营利组织需要之中的机会"。② 换言之，服务性学习在一定程度上是超越传统的课堂教学和邀请嘉宾演讲等局限于校园内的教学策略，它把学生置于一种真实的实践环境之中，让学生在实践中锻炼和掌握创业技能和熏陶创业知识，而这种真实的实践环境在很多高校配置中就是与当地的社区合作。因为从就近原则而言，大学所在的社区是学生进行专业训练的一个较为便捷的平台。

从学习途径而言，服务性学习"比其他诸如嘉宾演讲、案例分析、讨论小组、报告会、课题研究、论文写作等方式都更有利于实现创业教育的培养目标，原因在于这些方式在创造实践性环境方面都不及服务性学习"。③ 从专业知识掌握的程度而言，相比传统学习，学生通过参与实践社区能够进行更高效学习，④ 因为在学习过程中忽略了工作环境复杂性的教育并不能准确反映出实际情况。换言之，需要通过参与、合作和社会建构进行学习，服务性学习就是学生通过将创业基础概念和工作经历以及和因地制宜的社区环境相结合的学习范式。

---

① 洪成文、伍宸：《耶鲁大学的当代辉煌与理查德·莱文校长的办学思想研究》，《教育研究》2014 年第 7 期。

② 刘志：《服务性学习：美国高校创业教育教学策略的新探索》，《教育发展研究》2015 年第 3 期。

③ Wessel，S.，Godshalk，V. M.，Why Teach Social Entrepreneurship：Enhance Learning and University – Community Relations Through Service – learning Outreach. *Journal of Higher Education Outreach and Engagement*，2004（9）.

④ Brown，J. S.，Duguid，P.，Organizational Learning and Communities – of – Practice：Toward a Unified View of Working，Learning，and Innovation. *Organization Science*，1991（1）：40 – 57.

在证明这种学习途径有助于提高创业学习效率时，显然就促使高校在专业领域与社区建立紧密联系，为繁荣社会经济输送拔尖、富有想法的学生。例如，雪城大学在获得考夫曼基金会的全校性创业教育资金资助之后，立即开发了相应的创业实践课程，并且与社区的企业加大合作力度。其中，全球企业技术项目（Global Enterprise Technology Program）就是一种大学与社区紧密合作的典型例子。2007 年 9 月，在获得大学许可的第一年，这一项目从校内 7 个学院中吸引了 150 名学生。此外，还提供了包括摩根大通、通用电气、思科和 IBM 在内的四家公司的工作机会。在接下来的几年内，实践经历及相关课程将会在越来越多的大学成为可能，进而组建一个不断扩建全球企业技术的社区。

其次，高校致力于改善周边的环境和繁荣当地社区的经济发展已经成为其办学使命之一，并且往往通过把创新创业纳入大学发展规划之中来深化执行，例如，雪城大学、威斯康星大学麦迪逊分校、亚利桑那州立大学以及马里兰大学巴尔的摩分校等都明确把创新创业融入大学发展愿景之中，希冀为地区经济发展服务。以马里兰大学为例，2011 年 4 月 28 日，该校第 33 任校长华莱士·罗（Wallace D. Loh）在就职典礼上，明确把创新创业列入大学未来四大发展愿景之中，排在第二位，仅次于学生机遇和成就，在大学国际化和向马里兰公民服务的愿景之前[①]，其目的就是激发当地经济的发展活力，正如他在就职典礼上所指出的："把创新创业划入大学的未来发展愿景旨在使其融入大学学术文化之中，拓展其相应的课程和活动课程，拥抱商业化理念，使大学成为地区经济发展的催化剂。"[②] 而全校性创业教育项目正好激发高校调动和鼓励不同专业背景的学生和教师参与到创业教育活动之中，并且通过相应的创业项目和活动进入当地社区服务，很多高校在全校性创业教育项目的背景之下纷纷成立了促进当地社区发展的项目，通过全校性创业教育项目进一步推动高校更好地服务于当地的社区，不仅能够赢得公众的信任，使大学在适应地方经济发展的同时，能够立足当地经济发展的

---

① Wallace Loh Inauguration（2016 - 12 - 08）. https：//www. president. umd. edu/commu-nications/statements/wallace - loh - inauguration.

② Ibid. .

经济形态，进而更好地为当地中小企业培养人才和提供技术支持。

第三节　全校性创业教育对师生的影响

一　促进高校直接型学术创业和间接型学术创业繁荣发展

所谓直接型学术创业是强调通过富有市场前景的科研成果来实现创新和商业化并获取竞争优势，典型代表是科研专家和学者创办的大学衍生公司；而间接型学术创业则立足于大学的教学科研活动，聚焦企业的组织衍生以及学生的创业行为。[①] 如果要把直接型学术创业和间接型学术创业作一个较为清晰的辨析，那么可以说，直接型学术创业更多的是强调教师群体的创业行为，而间接型学术创业则更加强调不同学生群体的创业行为。遗憾的是，过去学术界对创业教育研究领域的探讨，"把更多的精力投放在教师的直接型学术创业行为上，而较少关注学生群体的间接型学术创业行为"。[②] 然而，考夫曼校园计划开始向不同专业背景的学生推行创业行为，人们开始探讨或者说更加深入地分析高校内部不同学科领域学生创业行为的培养，毕竟考夫曼基金会推行的考夫曼校园计划在推动美国高校全校性创业教育具体落实上，是一次较为全面而有序的大规模行动，在资金投入力度上也是前所未有的。

首先，从影响教师参与的直接型学术创业分析。近年来，无论是美国高校还是世界范围内的大学对教师在科研成果转化和创办衍生公司上的重视程度已经达到前所未有的高度。大学所在区域的地方政府领导者对大学在社区经济发展中的贡献寄予厚望，高校已经打破了人们对其的传统认识，使其成为一个知识生成机构，是知识创新的主体，并且是培养技能型人才和创业者的策源地。因此，高校负责人、政策制定者和相关负责技术转化的管理人员期望相应领域的专家学者在创办衍生企业时

① Wright, M., Academic Entrepreneurship, Technology Transfer and Society: Where Next?. *Journal of Technology Transfer*, 2014 (3): 322 – 334.

② Levie, J., Hart, M., Anyadyke – Danes, M., The Effect of Business or Enterprise Training on Opportunity Recognition and Entrepreneurial Skills of Graduates and Non – graduates in the UK. *Frontiers of Entrepreneurship Research*, 2009 (23): 749 – 759.

能够做出更大的贡献。那么，全校性创业教育项目的推行是否在一定程度上进一步激发了这些教师群体在创办衍生企业上的活力或者数量，或者从深入的角度来说，是否转变了教师的生活？大多数受访的教师和行政人员认为，全校性创业教育促进了大学衍生企业的增长和转变了教师的生活。一位全校性创业教育项目的主任兼联合创始人还谈道，"全校性创业教育在转变教师生活方面不仅体现在经济回报上，同时也能使其获得满足感"（YX 就业和工作 FT03）。一位商学院的领导也说，这种经济财富回报有时不但改变了自己的生活，同时也改变了研究团队成员的生活。

然而，全校性创业教育除了促进教师在创办衍生企业方面所带来的成就之外，一位全校性创业教育主任认为，它能够转变教师群体的思维方式和视野（Outlook），让他们重新思考如何把研究在更大程度上推至市场进行商业化？他进一步解释道，有些学者所做的是为了研究而研究，但是有些研究是可以转变为科研成果乃至推向市场，进而改变世界的，所以这就需要他们思考如何改变他们的研究。尤其是"以大学为主体的科学研究的转型，也就是将大学的知识创新延伸到孵化阶段，意味着大学的创新不限于创造知识（包括基础研究项目结项、发表学术论文、申请国家专利等），还需往前再走一步，将科学研究成果推向应用，参与孵化新技术"①。

其次，就影响学生参与的间接型学术创业而言，从已有的各种数据和资料中都可以看到，全校性创业教育所发挥的效用似乎表现得更为明显。换言之，全校性创业教育对改变学生生活和职业发展的作用更为突出，这与推广全校性创业教育的初衷是提高全面普及全校学生在创业教育上的可获得性有一定的联系。

具体而言，从学生的职业发展来说，全校性创业教育在一定程度上为学生在未来职业发展上提供了更多选择，学生开始突破传统的大学就是为了找工作的发展轨道，很多学生在大学毕业后选择为自己工作。一位受访的商学院教授谈道："如果我是学生，我想说我想控制自己的职业发展，也就是说我会创立自己的公司而不是为别人工作，而且他们

---

① 洪银兴：《论创新驱动发展战略》，《经济学家》2013 年第 1 期。

（学生）确实这么做了，他们也能理解这一道理，他们除了寻找工作之外还有很多其他选择，例如成为咨询顾问和创业家"（YX 就业和工作FT11）。确实，在大学期间接受相关的创业教育在一定程度上确实会改变学生一以贯之的职业发展思路，人们会反思自己，除了安分守己地找一份工作之外，还能做些什么？有研究者就指出："有过创业教育经历的大学生的创业意向、创业动机和创业环境感知都强于没有创业教育经历的；而上过创业课程、听过创业讲座与没上过课也没听过讲座的大学生的创业意向和广义的创业态度均有显著差异；从创业计划竞赛的情况来看，有过参赛或获奖经历的大学生的创业意向和广义创业态度均有差异，且多次参赛与只有一次参赛经历的大学生的创业意向也有显著差异"。[①] 这些研究都在一定程度上说明了全校性创业教育背景下推行和开发的各种创业课程、创业项目和创业活动都能影响学生群体的创业意向。一位公共服务中心主任在受访中也再次肯定了这一观点，她认为学生在校期间有机会参与相关的创业教育或活动，能够改变他们的生活发展轨道。她进一步说到，一旦学生在校期间获得创业的经历，那么当他有新的想法和理念时，他们就有付诸实施的动力，例如他们会说："我有这个想法了，我需要去应用它。"或许学生的这种想法在一定程度上并非完全成熟，而且可行性也不强，但是他们一旦尝试了，就会有扭转乾坤的机会。在本研究考察的一所公立研究型高校全校性创业教育中，一位创业计划竞赛主任兼创业学教授骄傲地讲述了他的一位学生在全校性创业项目下的一个创业计划竞赛中如何把自己粗糙的想法进一步完善并一步一步走向成功。他高兴而具体地阐述了这一情形：

> 　　对全校性创业教育转变学生发展轨迹而言，我有一个很好的例子。我有一个叫马特·霍华德（Matt Howard）的学生参与了商业计划竞赛，他原本是政治学专业的本科生。他和一些工程学专业的朋友想要在网上买食物，但是餐馆却没有这样的网上服务或点餐系统，而他们就创建了这样一个系统并且想要

---

① 　向辉、雷家骕：《大学生创业教育对其创业意向的影响研究》，《清华大学教育研究》2014 年第 2 期。

出售。他们创建的网上点餐平台叫做 EAT Street。目前他们已经筹集到了 2000 多万美元的资金。

必须指出的是，马特和其他来自商学院的合伙人，原本已经拥有网站，但是他们不知道自己在做什么，仅仅是把商业计划结合到一起，他们也不知道怎样组织商业活动和寻找资金，有可能他们也未曾接受过任何商业训练。他们参加了比赛，将想法呈现给评委，这些评委是商业界的专业人士，他们拥有专业知识和创业知识，可当评委研究马特等人的方案时，却都难以相信他们竟然有顾客！"我不能相信有这么懒的学生，他们会需要从那么近的另一条街道把食物送到宿舍！"在第一次商业竞赛中，马特等人最终没有赢得评委的认可，他们失败了，没有赢得一分资助，可他们却有市场。他们从与评委的谈话中获得经验，即使他们没有赢得资助，但他们在赛后又去寻找别的捐款人和别的评委，讲述他们的奋斗经历和想法，希望自己的想法得到支持和建议。在听取了各方的建议之后，他们第二年又重返赛场并且赢得了比赛。起初，他们的父母说，不要创办公司，应该去找一份工作；但是当他们在赛后再次与父母对话的时候，得到的答复是，"或许这就是你们作为学生在空闲时间应该做的，或许你们就该这样。"这对马特来说是一个很大的冲击。通过参与比赛，他发展了自己多方面的能力，赢得了一大笔奖金和大学研究园里的办公场所，而这些都是有所助益的（YX 就业和工作 FT14）。

全校性创业教育对间接型学术创业的影响而言，不同高校的表现不一，一位直接负责全校性创业教育的私立研究型大学副教务长谈到，在每年有 200—250 名学生参与创办的企业中，大约有 100 名学生能够成功创办企业。然而，必须指出的是，从我们对受访者和以上案例的分析得知，实际上，全校性创业项目的推行还对另一群弱势群体——伤残退伍军人产生较大的影响。不仅在职业发展规划上给这些伤残退伍军人提供了选择的机会，而且在安抚和治疗他们心理上和身体的创伤方面也产生了较大的影响。正因为如此，高校在面对这一群体推行全校性创业教育项目时，往往都是采取与相关专业院系合作的方式，因为商学院或管理学院可以在创业知识和技能上大显身手，而面对伤残退伍军人在心理上和生理上的创伤却无能为力，这就促使推行该项目时必须把具有不同专业知识的院系或部门联合起来。例如雪城大学就是通过商学院和伯顿·布拉特研究所合作才成功推行该项目的。

目前该项目已经进入快速发展的轨道，该校一位负责全校性创业教育的主任在受访中谈道："我们每年也帮助大约400名退伍伤残军人去创办企业"（YX就业和工作FT05）。这一项目虽然首先是由雪城大学在获得考夫曼基金会全校性创业教育资金资助后启动的，但由于该项目产生的巨大反响，其模式目前已经辐射至加州大学洛杉矶分校、得州农工大学、普渡大学等8所高校，受惠群体也已经从伤残退伍军人扩展至一般的残疾人士。这也正是全校性创业教育逐渐兴起的包容性创业（inclusive entrepreneurship），即"通过商业规划训练、定制化的商业发展目标支持机制和使用财政资源并且与不同的群体合作来帮助各种伤残人士成为创业家的策略和过程"[1]

二　提升教师和学生的综合素养

全校性创业教育的突出特点是超越了以往创业教育面向少数群体的精英教育模式，在覆盖对象上无论学生专业背景如何，面向全体学生，既考虑大多数，也不忽略极少数。"面向全体学生开展的、主要定位为'通识型'启蒙教育，主要目标是培养'创业精神'、植入'创业意识'，培养学生'自主工作'和'持续学习'的能力"[2] 显然，在这些能力得到提升的同时，也有助于学生整体综合素养的升华。因为创业教育教学中的培养目标不同于一般学科上的教学目标，仅仅从掌握知识的程度来衡量，它不但强调创业基本概念和框架的掌握，更强调如何把这些创业基本知识和技能应用到实践中，换言之，也只有在实践中才能体现出这些知识的价值。具体而言，"创业教育一方面强调学科专业知

---

① Shaheen, G., Tihic, M., Abdul-Qadir, El J., Inclusive Entrepreneurship（2016 - 10 - 27）. http://bbi. syr. edu/docs/projetcs/startup_ ny/Inclusive%20 Entrepreneurship%20APSE. pdf.

② 王占仁：《"广谱式"创新创业教育的体系架构与理论价值》，《教育研究》2015年第5期。

识与理性之于人的发展的重要价值，致力于构建学生完备的专业知识结构，培养学生理性思考能力，引导学生在科学领域大胆探索，追求真理……另一方面，创业教育又强调知识只有在应用中才能存在，只有在应用中才有价值，强调知识的实践运用，培养学生将知识转化为创业实践的能力，将知识转化为创业素质……"①

因此，学生在创业课程学习和创业活动参与的过程中，其综合素质得到锻炼和提升，一位受访的教务长谈道："学生在创业教育学习过程中需要有巨大的学习创造力（learning creativity），和承担创办企业风险的挑战能力，而在这些能力的培养方面，我们的创业教育对他们产生了确切的影响"（YX 能力和素养 FT05）。另外一位来自公立研究型大学的负责全校性创业教育的主任在受访中也表达出学生在接受创业教育的过程中，通过掌握创业思维方式将提升他们进入社会后处理问题的能力。他说道："全校性创业教育不仅转变了学生职业发展路径，使他们在将来成为创业家，也促使他们以创业思维的方式来思考问题，而掌握了这一思维方式对教师和学生在解决问题过程中都具有广泛的价值"（YX 能力和素养 FT09）。

创业是一种具有高风险和高难度且专业性较强的活动，高风险意味着在创业过程中失败在所难免。正因为如此，尽管被称为世界科技人才创业圣地——硅谷依然把包容失败作为创业者的座右铭，而高难度则意味着创业活动不仅需要具备扎实的专业知识和创新的思维方式，更应具备把这些知识付诸实践的创新能力。换言之，正是因为这种高风险和高难度，才促使在创业教育过程中，应着重培养学生在应对创业过程所面临风险时的综合素质，例如自信心、不畏艰险的勇气和锲而不舍的意志等。就以自信心来说，学生在创办企业前期相信自己能够成功创业，并有勇气采取具体行动创办企业，这是成功的一个无形但无法取代的综合素养。在调研的过程中，一位受访的法律系三年级学生通过亲身的经历阐述自己在创业学习过程中对自身综合素质的提升，他说道："对我自身而言，我想全校性创业教育使我产生了巨大的改变，通过法律和创业

① 易玉梅、彭志明：《教育价值取向的分裂与创业教育对教育价值取向的整合》，《湖南社会科学》2011 年第 1 期。

实训中心等创业活动的锻炼和学习使我有机会与不同的人一起工作，这使我更懂得我将要去做什么，这对于我们在全校性创业教育活动中帮过的学生也是如此"（YX 能力和素养 FT21）。

第六章 结语

第一节 美国高校全校性创业教育可持续发展的经验总结

一 校领导层的支持是全校性创业教育可持续发展的决定性因素

我们从对推动美国高校全校性创业教育可持续发展的领导、资金、宣传等诸多因素的深入分析中看出，所有成功推行全校性创业教育并且在后考夫曼阶段仍表现出可持续发展态势的高校，都缺少不了校长等学校领导层的积极参与和响应。学校领导层尤其是校长的积极参与和推动在一定程度上说明了全校性创业教育理念开始融入学校的发展意图，也就是说，"创业已经成为大学愿景和拓展社区作用的重要推动力"，[①] 学校领导层只有把全校性创业教育项目并入大学未来发展规划和顶层设计中，全校性创业教育在后考夫曼阶段才有继续获得深度发展的可能性。因为"在外部结构性条件给定的情况下，人是最为能动的起重要作用的因素。按照德鲁克的界定，领导是做正确的事，管理是正确地做事。领导的主要任务是在确定性和不确定性之间寻找可能性，在纷繁复杂的环境中把握未来方向，动员各类资源，既在已有的轨道上领导，又能再

---

① Fetters, M. L., etc., *The Development of University – Based Entrepreneurship Ecosystem: Global Practices.* Edward Elgar Publishing Limited, 2010: 184.

辟蹊径，主导潮流，使机构不断改进，持续变革"。①

应当说，无论从亚利桑那州立大学的迈克尔·克罗校长就职演讲及后续多次公众宣称把创新创业列入大学未来八大愿景之一，还是从华盛顿大学圣路易斯分校校长马克·赖顿把创新创业作为 22 亿美元筹款运动的游说纲领，抑或像威斯康星大学麦迪逊分校、维克森大学等高校形成的校长或副校长兼教务长直接领导的全校性创业教育项目主任负责的运作机制，都无一例外地说明高校领导层的支持是全校性创业教育项目可持续发展的决定性因素，任何高校全校性创业教育项目的形成乃至执行，没有学校领导的支持都是难以付诸实践的。正因为学校领导在推行全校性创业教育项目可持续发展中起关键作用，如我们在上述所分析的，在全校性创业教育项目推行过程中，哪怕高校领导层出现更替都会危及项目的顺利进行。对此，考夫曼基金会原主席兼考夫曼校园计划全校性创业教育项目的发起者在受访中也表述了学校领导对全校性创业教育项目的决定性作用，他说道："如果学校领导层出现更替，那么应该和新的领导（校长、副校长或教务长）坐下来谈谈，帮助他们理解他们对全校性创业教育项目的成功推行是多么重要"（CG 领导支持 06）。

确切而言，学校领导层在全校性创业教育推行过程中所发挥的作用并非仅仅体现在帮助筹集资金、鼓励各个学院领导和教师参与到创业活动中等方面；更为重要的是，学校领导的参与对于高校在全校性创业教育项目特色的形成以及对构建和营造浓厚的创业氛围注入了更加积极主动的力量。例如，2004 年雪城大学校长南希·坎特到任时提出"学术在行动"（Scholarship in Action）的发展愿景，并承诺在此目标上承担更大的责任。于是，2007 年雪城大学获得考夫曼基金会全校性创业教育资金资助之后所形成的 Enitiative 全校性创业项目都是围绕"学术在行动"的发展愿景推行的，也就是说，就是利用雪城大学的创新创业行动为当地社区发展做贡献。全校性创业教育执行之后，雪城大学进一步致力于推动跨越校园和学校周边社区的界限的发展，在校园与商业社区之间建立起相互连接的关系。具体而言，通过利用全校性创业教育资

---

① 周作宇：《大学卓越领导：认识分歧、治理模式与组织信任》，《北京师范大学学报》（社会科学版）2016 年第 1 期。

金成立了链接式走廊（Connective Corridor）、新西边倡议（New West Initiative）和南边创新中心（Southside Innovation Center）等链接校园和社区的富有体验式的创业教育活动。这种围绕校长所提出的理念来推行的全校性创业教育，不仅对雪城南部和西部这两个全美最为贫穷的社区产生了重大影响，振兴了这些社区长期欠投资和高度贫困的社区经济、文化和人力，雪城大学也因此在全校性创业教育上形成了别具一格的特色。在受访中，考夫曼基金会原主席卡尔·施拉姆高度评价雪城大学在全校性创业教育上取得的成就。

由此可见，学校领导的积极参与和支持也促进了高校学术创业结构和政策的顺利进行，而且把全校性创业教育理念与大学的发展愿景相结合，也同样有助于发挥创业教育的多方面的价值。

实际上，即使我们撇开本书中考察的 13 所考夫曼院校，从更为宏观的背景来探讨美国高校创业教育生态系统的构建，同样会发现学校领导对于创业生态系统的顺利构建是不可缺少的。我们以全球顶尖的商学院百森商学院在创业领域的发展历程为例进一步说明，20 世纪 70 年代中期，百森商学院新校长拉尔夫·索伦森（Ralph K. Sorenson）入职后开始尝试深入理解百森的身份认知，即尝试摸索如何改变百森，使其不同于同行的其他院校，并在此过程中振兴商业教育，他总结道，以百森商学院本身的实力而言，它无法与百森地区的其他著名大学硬拼，但他通过研究百森商学院的成长历史后发现，百森商学院的创始人罗杰·百森（Roger Babson）曾经是一位创业家，有很多百森校友创办了企业并仍然在管理这些成功的企业。他甚至亲自去会见管理学教授杰克·霍那代（Jack Hornaday），鼓励其从更多元的视角来教授创业教育。很显然，百森商学院现在成为世界所公认的商学院并且在创业学专业的本科和研究生水平上连续数十年名列全美第一名[①]，这与当时拉尔夫校长为百森商学院确定的发展定位和打下的基础是分不开的。无独有偶，"斯坦福大学原教务长弗雷德里克·特曼（Frederick Terman），由于他在斯坦福大学和周围地区高科技集群快速崛起中的领导作用而被誉为'硅谷之

---

① 李华晶：《间接型学术创业与大学创业教育的契合研究——以美国百森商学院为例》，《科学学与科学技术管理》2016 年第 1 期。

父'；麻省理工学院校长卡尔·康普顿（Karl Compton）在 20 世纪 30 年代至 40 年代促进该校学术创业和大学衍生公司发展中发挥了重要作用"。① 这些都指向了学校领导层对于促进创业教育活动所发挥的关键性作用。

然而，必须指出的是，尽管有些高校推行创业教育项目采用自下而上的运作模式，但是他们同样认为学校领导层发挥了关键性的作用。相比其他高校而言，南加州大学在推行基于大学的创业生态系统构建中更多的是一种自发性或自下而上的运作模式。尽管如此，创业系统的主要参与者仍然认为来自学校领导层对各个二级学院的支持程度对创业生态系统成功构建发挥了重要作用，而且这些支持性的承诺也可以从校长山普（Sample）的领导力和大学发展愿景中得以窥探。不仅如此，校长还把创业家纳入校董委员会，从诸如此类的举措，可以看出该校校长对学校创业生态系统构建的重要作用。

因此，无论是从本书的角度还是更为宏观的角度看，抑或说无论大学在推行全校性创业教育项目还是构建创业生态系统中采用何种运作模式，学校领导层，尤其是校长对这些项目的顺利推行发挥的作用都是无法替代的。

二 广义的创业教育概念是全校性创业教育可持续发展的基础

从以上高校推行全校性创业教育过程的历史经验中可以看出，在推行全校性创业教育项目之前，赋予一个广义的创业教育定义一方面可以吸引更多的非商业知识领域的教职工群体参与到全校性创业项目的积极构建中，另一方面也可以缓解部分教职工对创业教育走出商学院的质疑态度。正因为一个包容性的创业教育概念彰显的多方面价值，因此，无论像维克森大学这种毫无创业历史经验的高校，还是罗切斯特大学这种在创业教育的概念中明确体现出经济价值、社会价值和文化价值的不同价值维度的高校，抑或像华盛顿大学圣路易斯分校通过创业中心冠名的转变体现广义创业教育重要性的高校，都足以说明，尽管各高校在确立

---

① Lieh, S., Teech, D., Campus Leadership and the Entrepreneurial University: A Dynamic Capabilities Perspectives. *Academy of Management Perspectives*, 2016（2）.

包容性的创业内涵和方式上不尽相同，但是这些努力所导致的结果都体现出一个广义的创业教育定义对全校性创业教育发展初期和后续可持续发展的根本性作用。"相关研究也指出，以一种符合自身定位的方式去定义这一术语是成功实施和维持创业教育在全校范围内发展的关键"①。值得思考的是，创业型经济时代的创业教育是否还是单纯地教育学生创办企业，抑或说人们一谈起创业就会联想到传统商业交易中商家的冷酷、贪婪、盈利、低自尊等与学术界相悖的情景？还是说，我们可以从文化、知识乃至社会价值的维度对创业教育重新定义，赋予它更加广泛和包容性的定义？

实际上，一个包容性的创业概念才是推动创业教育向全校范围推广发展的基础。试想一下，如果仅仅将创业界定为创办企业或者其他谋利的重商行为，那么其他非商学院的教师，尤其是旨在探索知识广度和深度，强调人文教育观念的文理学院教师如何接纳这种纯粹的商业化定义？尽管近些年来，学生对实科教育、商业性教育的兴趣不断膨胀，即使"在许多文理学院，其毕业生在专业或商业领域获得学位也已经超过60%，远高于博雅教育，相反，博雅教育课程已经成为专业与职业课程的附属形式"②。我们也承认学生对创业教育的需求是推动创业教育向全校范围拓展的主要因素，但是没有教师的配合，抑或说教师对创业教育持反感态度，那么全校性的创业教育推行将举步维艰。

必须承认的是，在创业等同于创办公司、商业和盈利等参与经济追求和获利的传统、单一思维作用下，人们对创业教育一直没有较好的印象。这种观念最早可以追溯到古希腊对追求经济活动的看法。在当时，人们更加关注的是维持生活现状，因为打破生活的现状，去追求经济活动被视为一种零和游戏，一方的收益必然意味着另一方的损失。这种理念一直持续到了18世纪，③彼时古希腊哲学家亚里士多德对此也进行过阐述，他认为赚钱的行为本身可以分为家务管理和零售贸易，前者是

---

① Beckman, G. D., Cherwitz, R. A., Intellectual Entrepreneurship as a Platform for Transforming Higher Education. *Metropolitan Universities: An International Forum*, 2008 (12).

② 卓泽林：《钱荒时代：美国文理学院艰难求生》，《中国教育报》2014年10月8日。

③ Robert, F., Link, A. N., *A History of Entrepreneurship*. Routledge: London and New York, 2009: 2.

必要的和值得尊敬的，而后者是不近人情的，因为它是在牺牲他人利益的前提下盈利的。① 也正是这种对商业活动的排斥与漠视态度，导致"从罗马帝国衰落直到 18 世纪，西方财富在人均收入积累上几乎没有任何增加"。②

但是，随着创业的出现，西方的人均财富积累和收入开始呈指数般增长，在 18 世纪、19 世纪和 20 世纪分别增长 20% 、200% 和 740%。③ 然而，值得一提的是，创业不利于社会福利的这种顽固思想在当代社会依然存在，具有良好教育背景的人对成功创业的回报更是持有怀疑态度，部分原因是西方的长期传统一直把商业人员等同于狡猾的人。④ 马克斯·韦伯曾经也对这种经济获利行为进行过尖锐的批评，他指出，"任何理性的经济追求，特别是经营者的活动，往往都被认为是丧失了身份资格。艺术与文学活动只要被用来赚取收入，或者至少与艰辛的体力投入有关，就会被看做丢人现眼的工作，比如套着满是灰尘的工作服、状如石匠的雕塑家就是这样，他与泡在沙龙般画室里以及大众群体所能接受的音乐实践形成了鲜明对照"。⑤

在当前高校创业教育的发展进程中，人们也普遍把创业教育等同于企业挣钱，部分非商学院的教师们不但质疑创业教育自身存在的必要性和合法性，还质疑创业教育想要从商学院走向全校。

综观以上对创业的观点，我们就会发现，人们对创业的理解更多的还是局限于创办企业和经济谋利等狭义层面。诚然，这种对创业的狭义理解在宏观上是会阻碍创业为地区乃至国家经济发展的动力；在微观上，将阻碍创业教育向全校范围发展。因此，除了狭义的创业教育概念外，我们必须赋予创业教育广义的概念，"广义的创业教育概念是一种

---

① Monroe, A E. , *Early Economic Thought.* Cambridge：Harvard University Press，1924：20.

② Drayton, W. , The Citizen Sector：Becoming As Entrepreneurial and Competitive as Business. *California Management Review*，2002（11）.

③ Ibid. .

④ Robert, F. , Link, A. N. , *A History of Entrepreneurship.* Routledge：London and New York，2009：2

⑤ ［德］马克斯·韦伯：《马克斯·韦伯社会学文集》，阎克文译，人民教育出版社2010 年版，第 184 页。

全新的教育理念和模式，而不是简单的教育方式和手段，它的目标在于培养具有开创性的个人，在于为学生灵活、持续、终身学习打下基础"。① 例如，美国学者盖里·贝克曼（Gary D. Beckman）在考夫曼基金会的资助下，对全美范围内高校的艺术创业领域进行了较为系统的研究，提议政策决策者重新构思、描述和定义已有项目中的创业概念，因为这有助于创业教育在艺术领域和全校范围内进行拓展。以下是贝克曼对创业重新定义的部分结论：②

> 创业是一种比喻思维，而不是从字面上思考某人拥有的技能，需要思考的是这些技能转移到其他领域中的潜力；关注的是满足同样的需求，以不同方式发挥同样的潜力。灵活、多变、善于发现和对机会的把握都是我对创业的感受。

> 以新的方法和组分将事物结合起来，重构已有的事物。从某种程度上说，相比于发明创造，这更像是对环境进行准确的扫描。

> 创业就是使个人能够发现新的可能性和带来变化。

> 小规模的创业就是运营小的企业，而大规模的创业关注的是如何生活。

> 创业是连通创新、创造力以及为社区做出贡献的企业的过程，其做出的贡献可能出现在经济领域、社会领域或是知识领域。

> 从广义上来说就是探险。对我来说，最重要的就是定义了

---

① 王占仁：《"广谱式"创新创业教育的本体论研究》，《高校辅导员》2015 年第 8 期。
② Beckman, G. D., "Adventuring" Arts Entrepreneurship Curricula in Higher Education: An Examination of Present Efforts, Obstacles, and Best Practices. *The Journal of Arts Management*, *Law*, *and Society*, 2007（37）.

与具体的工作生产模式相反的行为品质。

可以看出，首先，贝克曼并没有以一种大众的观点来定义创业，例如获取资金的方法抑或是创办新企业的方法。其次，广义的创业概念不但超越了重商主义，而且凸显了创业的知识维度、文化维度。创业教育的知识维度超越了商学院的学术限制，赋予了创业教育更加丰富的内涵；创业教育的文化维度超越了利益的得失，更加关注自身的满足感和喜悦度，就像熊彼特所言："创业有创造的欢乐，把事情办完的欢乐，或者只是施展个人能力和智谋的欢乐。这类似一个无处不在的动机。"①最后，创业教育要向非商学院领域拓展。学者们显然不愿意将创业限定于创造物质财富，"在大学学习过程中，创业是能够超越商业性课程成为一种思考方式、一种解决问题的方法、一种思维习惯、一种诠释的框架和一种识别的观点的"②。亚利桑那州立大学向全校学生开设创业导读课之后，该校的商学院执行院长菲利普·瑞格尔（Philip R. Regier）重申开设此课程的目的是培养学生的企业家思维方式，瑞格尔院长进一步指出，"如果他们认为创业的目标是创办企业，那么大学将犯下一个巨大的错误"③。

因此，我们可以认为，创业概念的延伸，是推动创业教育向全校范围发展的基础，是吸引非商业领域，尤其是人文学科领域教师参与全校性创业教育的出发点。正如人文学科的反对者指出的，构成高等教育基础的人文理念在人们对经济利益的追逐中已经摇摇欲坠，尽管学术界和创业传统之间拥有某些共同之处：获得教师的支持、提供领导力训练、开发新的创新创业课程，但是根据大学自身的文化来定义创业，赋予它更加包容、广泛的概念，是成功推行全校性创业教育并确保其可持续发展的关键。

---

① ［美］约瑟夫·熊彼特：《经济发展理论——对于利润、资本、信贷、利息和经济周期的考察》，何畏、易家详等译，商务印书馆1990年版，第107页。

② West, G. P., Gatewood, E. J., Shaver, K. G., *Handbook of University – wide Entrepreneurship Education.* Northampton：Edward Elgar, 2009：19.

③ Wasley, P., Entrepreneurship 101：Not Just for Business School Anymore. *The Chronicle of Higher Education*, 2008 – 06 – 20.

简言之，创业的定义或理念构建必须与更多的教师群体的专业知识相挂钩，才能够让全校范围内的教师和职工参与到创业教育中，倘若像得克萨斯大学埃尔帕索分校一样，在创业的定义上仍然局限于创办企业，那么创业教育必然囿于商学院之中，全校性创业教育也将无从谈起。因此我们可以认为，尽管促进全校性创业教育的成功涉及很多因素，但是一个广义的创业教育定义是考夫曼院校推行全校性创业教育的基本要素。

三 跨学科教学与合作是全校性创业教育可持续发展的保障

进入21世纪，跨学科研究已成为科技创新的重要途径，同时也成为高校适应和服务国家区域经济及科技发展需要的重要途径[①]，对于创业教育向全校范围拓展而言，跨学科教学与合作的关键作用更是不言自明，因为创业本质上就是一个包括管理学、社会学、心理学、经济学等学科的研究领域，如果创业教育想在全校范围内进一步拓展开来，当然离不开其他学科或是其他院系的合作，"这与创业本身作为一种复杂的现象，采用多元化的理论视角有助于人们更能对其进行理解"[②] 也有一定的关联。这方面的努力最早可以追溯到哈佛大学经济历史学者阿瑟·科尔（Arthur Cole）在1948年牵头组织成立创业史研究中心（Research Center in Entrepreneurship History），该中心彰显出跨学科的性质，许多有影响力的学者纷纷加入该中心，例如，社会学家塔尔科特·帕森斯（Talcott Parsons）、经济历史学者托马斯·科克伦（Thomas Cochran）、亚历山大·格申克龙（Alexander Gerschenkron）、大卫·兰德斯（David Landes）、弗里茨·雷德利希（Fritz Redlich）。[③] 科尔当时甚至提倡使用社会文化研究的视角来对创业的现象进行分析，所以我们可以看出，无论是半个多世纪前处于萌芽阶段的创业教育，还是当下全校性创业教育

[①] 陈勇等：《促进跨学科研究的有效组织模式研究——基于斯坦福大学 Bio - x 跨学科研究计划的分析与启示》，《科学学研究》2010 年第 3 期。

[②] Landstrom, H., Lohrke, F., *Historical Foundations of Entrepreneurship Research*. Northampton: Edward Elgar, 2010: 20.

[③] Landstrom, H., Lohrke, F., *Historical Foundations of Entrepreneurship Research*. Northampton: Edward Elgar, 2010: 20.

成为高校的主流发展趋势，鼓励跨学科合作，运用多学科视角对创业教育进行分析和教学，显然有助于我们进一步分析创业现象，更能够推动创业教育向全校范围拓展。

那么，跨学科教学与合作为何能对创业教育或全校性创业教育发挥促进作用？其背后的工作原理是什么？对此，美国学者雷杰·科莱特提出跨学科教学方法的概念模型，作出了比较详细的阐述。科莱特指出，跨学科教学方式主要基于不同学科之间的整合（integration）、合作（collaboration）和合成（synthesis），这三个原则互相联系（见图 6–1）。① 每个原则都有自己的知识维度，例如，整合原则主要是以知识的认知维度为导向，而合作原则主要是以实用维度为导向，合成原则主要是整合以上两个原则的相关知识。

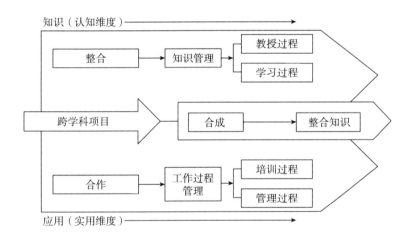

图 6–1 雷杰·科莱特的跨学科教学方式的概念模型

基于这些跨学科教学所彰显出来的价值，建立联系、鼓励对话、进行跨学科合作策略逐渐成为大学进一步推动全校性创业教育和创新性解决社会重大问题的关键举措。值得高兴的是，各高校已经意识到跨学科教学与合作的重要性，并开始纷纷提出建立跨学科创业中心、跨学科学

---

① West, G. P., Gatewood, E. J., Shaver, K. G., *Handbook of University – wide Entrepreneurship Education.* Northampton, MA: Edward Elgar, 2009: 147.

习空间以及跨学科学习团体等提案，这些提案的落实显然在创业认知和运作载体等方面为全校性创业教育的可持续推行提供了保障。例如，在亚利桑那州立大学，校长迈克尔·克罗（Michael Crow）就解散了 4 个传统部门，成立了 10 个新的有跨学科性质的部门。更值得一提的是，在构建"新美国大学"的愿景中，克罗校长着重强调创新和创业在大学未来发展的主要导向。

虽然跨学科合作无论对解决社会复杂问题还是推动全校性创业教育的努力都显得至关重要，但在现实中还是遭到许多阻力，"因为对于高校来讲，学科研究较问题研究具有压倒性的优势，高校的教师更容易以自己所在的单学科的研究为起点，完全忽略对单一学科之外问题的研究，更缺乏以问题为起点的研究"①。正如瑞典学者莱恩针对大学教师调查研究表明：在"就长远而言，在大学中，跨学科研究组织应该取代传统学科性院系机构"的调查中，完全不同意的比例超过 50%，完全同意的也仅仅在 3%—5%②。换言之，即使到今天这个人们广泛呼吁学科交叉和综合的时代，学科间交融的力量依旧远不及学科的分化力量来得强劲。③

即便如此，跨学科教学与合作对大学，尤其是就致力于全校性创业教育的高校而言依然是大势所趋。创业教育领域跨学科合作的动力通常来自两个方面，第一，非商学院的学生对创业教育的兴趣高涨；第二，为了解决一个更为重要的复杂问题。但是，满足学生的学习需求进而在不同学科之间构建起合作的桥梁是全校性创业教育最为普遍的形式，而且这些不同的学科或者院系都在一定程度上与长期主导创业教育教学的商学院建立起了某种联系，让不同学科之间拥有共同兴趣的学生能够进行互动和产生创造性的想法。一位担任研究型大学全校性商业计划竞赛负责人兼创业学教授在受访中说道："我马上就要去跟英语系主任探讨

---

① 顾海良：《"斯诺命题"与人文社会科学的跨学科研究》，《中国社会科学》2010 年第 5 期。

② Lane, J. E., Academic Profession in Academic Organization. *Higher Education*, 1985, 14 (3): 241–268.

③ 阎光才：《高等教育研究的科学化：知识建构还是话语策略?》，《北京大学教育评论》2011 年第 10 期。

鼓励我们学科之间学生的创业竞赛和共同合作的规划，我从来没有想过我们会与英语系的人建立起合作关系，这在以前是绝对不可能发生的"（CG宣传和交流FT14）。

尽管美国高校内部不同院系之间是以一种高度分权化的状态在运作，不同的学院甚至同一学院的不同部门和学科都拥有各自的文化，但是，非商学院学生对创业教育的兴趣和需求，有助于打破学科之间的壁垒，增加构建起跨学科教学与合作的可能性，这种跨学科教学与合作反过来为全校性创业教育项目的推行保驾护航。换言之，非商学院的学科知识对全校性创业教育项目的顺利推行不可缺少，它们是以主体的身份与商学院开展跨学科教学合作，而不是围绕着商学院进行工作。比方说，雪城大学在获得考夫曼基金会校园计划资助后所推行的伤残退伍军人创业训练营的全校性创业教育项目，就是通过与校内的伯顿·布拉特研究所通力合作执行的。很显然，该项目的顺利推行仅仅依靠魏特曼商学院已有的知识基础和力量显然是不够的，必须借助布拉特研究所在残疾人士康复方面的知识和技能。从这个方面来讲，没有在不同学科之间建立起教学与合作关系，显然是无法推行全校性创业教育项目的。

另外，非商学院学生对创业教育的兴趣也助推了创业教育跨学科教学与合作的发展，这可以从学生对创业教育的需求和认知上窥探。美国学者南希·列弗（Nancy M. Levenburg）教授及其研究团队对美国密歇根州一所公立大学的夏季入学的5000名学生之中的728名以调查问卷的形式在创业兴趣、企业家特征等因素上使用五点李克特量表的形式进行分析。研究指出，非商学院的学生对想创办自己的企业表示同意和强烈同意的远高于商学院的学生，例如，护理、社会科学、科学和数学以及教育学专业的学生分别达到65.5%、64.3%、60.9%和60.7%，高于商学专业的53.5%（见表6－1）。

表6－1　　　　密歇根州某公立大学来自不同专业学生对创办

自己公司的兴趣　　　　　　单位:%；人

学科	比例	数量
护理	65.5	81

学科	比例	数量
社会科学	64.3	98
科学和数学	60.9	184
教育学	60.7	56
艺术和人文	56.7	104
商学	53.5	143
工程学	45.9	24
社会工作	33.3	3
不详	—	22
其他	69.3	13

资料来源：Levenburg，N. M.，Lane，P. M.，Schwarz，T. V.，Interdisciplinary Dimensions in Entrepreneurship. *Journal of Education for Business*，2006（6）．

不仅如此，非商学院的学生在对"我想创办自己的公司"这一问题的认知上的强烈欲望也比商学院学生更为强烈，其比例分别是，非商学院的学生对这一问题表示强烈同意的比例是 24.2%，高于商学院学生的 18.3%（见表6-2）。另外，研究者们发现，在社会科学学院中，大约有 6% 的学生已经拥有了自己的公司。[①] 在对创业教育、创业培训和创业愿望的需求和认知上，非商学院学生可能表现出更为强烈的热情。在这种情况下，商学院的创业课程必须进行调整以迎合非商学院的学生，至于要怎么调整以及该增加哪些入门级的创业课程以满足非商学院学生的知识基础，则是需要通过商学院与非商学院的单位进行沟通和合作的，这是跨学科教学与合作的最好起点。

表6-2　　　　对"我想创办自己的公司"这一问题的认知

学院	强烈反对		反对		中立		同意		强烈同意	
	%	n	%	n	%	n	%	n	%	n
商学院	11.3	16	14.1	20	21.1	30	35.2	50	18.3	26

① Levenburg，N. M.，Lane，P. M.，Schwarz，T. V.，Interdisciplinary Dimensions in Entrepreneurship. *Journal of Education for Business*，2006（6）．

学院	强烈反对		反对		中立		同意		强烈同意	
	%	n	%	n	%	n	%	n	%	n
非商学院	9.6	54	12.6	71	17.1	96	36.6	206	24.2	136
总数	9.9	70	12.9	91	17.9	126	36.3	256	23.0	162

资料来源：Levenburg, N. M., Lane, P. M., Schwarz, T. V., Interdisciplinary Dimensions in Entrepreneurship. *Journal of Education for Business*，2006（6）。

显然，无论是对推动全校性创业教育的长足发展还是解决创业过程中的一些复杂问题，不同学科间的合作都是至关重要的。与此同时，我们也应该谨记，每一个成功的跨学科行动后面都可能有更大数量的失败案例，一些不成功的行动方案甚至会造成资金浪费、合作关系破裂的困境。正如一位受访的跨学科创业学习团体的负责人向笔者所透露的，在他们学校顺利构建创业寄宿学习团体之后，纽约大学尝试借鉴他们的创业学习团体模式，不料以失败告终。但不管怎么说，跨学科教学与合作是高校全校性创业教育项目可持续发展的保障，缺乏不同学科之间的合作，无论从创业知识传授的角度看，还是从全校性创业教育的运作模式看，都会使全校性创业教育项目的可持续发展后继乏力。

四　创业型大学的发展倾向更有助于全校性创业教育的可持续发展

作为一种教育实践，创业型大学诞生于 20 世纪中期；而作为一个学术概念，则出现在 20 世纪 90 年代之后。[①] 创业型大学作为一种新的大学类型，之所以从传统类型的大学中分化出来，与高等教育宏观环境的变化密切相关。[②] 随着创业型大学的蓬勃发展，近年来学界从概念界定、价值预设、发展起点、建设路径等方面对创业型大学进行了深入系统的探讨。[③] 尽管如此，学术界对创业型大学的概念内涵、组织特性等方面仍未形成一个基本的共识，探讨创业型大学的价值与组织特征当然也不是本书研究的范围，但是一般认为，"创业型大学把创业活动作为

---

① 付八军：《学术资本转化：创业型大学的组织特性》，《教育研究》2016 年第 2 期。
② 宣勇：《论创业型大学的价值取向》，《教育研究》2012 年第 4 期。
③ 付八军：《创业型大学的研究述评》，《黑龙江高教研究》2012 年第 7 期。

大学制度自然演进的一个步骤,即除了传统的教育和研究任务之外,大学更加强调经济发展的作用"。①

本部分所指的创业型大学的发展倾向(predisposition)的考察范围主要还是在高校推行全校性创业教育项目之前和之后的创业教育活动准备情况,根据高校已有的创业教育活动、创业项目、创业中心以及创业课程等维度来衡量。也就是说,那些在推行全校性创业教育活动之前就拥有相关创业教育活动与创业项目,特别是已经大幅度地开始推行这些创业活动与项目,抑或学校领导层已经在顶层设计上嵌入创业发展理念等的高校,相比较而言,能够更大限度地接纳全校性创业教育项目的理念和行动,并且在推行全校性创业教育活动中更有可能取得成功和获得可持续发展的动力。比方说,一位公立研究型大学的校长曾言:"无论是否获得考夫曼校园计划的资金,都应当推行全校性创业教育"(CG领导支持FT02);亚利桑那州立大学在校长迈克尔·克罗提出的包括推行创新创业的八大发展理念,以及北卡罗来纳大学教堂山分校在前校长霍尔登·索普(Holden Thorp)的直接领导下,通过柯南研究所(Kenan Institute)为运作载体来推行创业教育项目,"随着这个大学将一种校园的文化制度化,创业已经从过去独属于商学院和工程学院,走向了大众"。② 这些高校在获得考夫曼校园计划资助之前已经在商学院或全校范围内进行相关的创业活动,并且也形成了一定的创业文化,因此他们所推行的全校性创业教育项目不仅取得显著成就,而且在后考夫曼阶段仍表现出可持续发展的态势。

与此相反,那些在获得考夫曼校园计划资助之前很少或几乎没有推行创业教育活动或项目,而且在摸底调查中教师对于推行创业教育也表现出冷漠态度的高校,在实施全校性创业教育时,不但难以取得成效,而且考夫曼校园计划结束之后也呈现了"回潮"的趋势。例如,霍华德大学推行全校性创业教育项目之前学校不但没有任何有关创业教育的课程和项目,而且在项目实施伊始的一项针对全校 900 名教师对参与到

---

① Lieh,S.,Teech,D.,Campus Leadership and the Entrepreneurial University:A Dynamic Capabilities Perspectives. *Academy of Management Perspectives*,2016(2).

② 美国商务部编:《创建创新创业型大学——来自美国商务部的报告》,赵中建、卓泽林译,上海科技教育出版社 2016 年版。

创业教育活动的摸底调查中，只有 18 名教师有兴趣参与，众多教师都质疑创业教育与他们学科的相关性。正因为如此，在全校性创业项目的执行过程中，该校遇到重重阻碍：教师群体对创业教育活动的兴趣不高、全校性创业教育匹配资金无法完成、全校性创业教育项目在 2012 年考夫曼校园计划结束之后又开始返回到商学院主导等。这也告诉我们，在全校性创业教育项目推行之前对教师群体进行对创业活动兴趣的摸底调查有助于对创业教育项目推行基本情况的把握。

　　因此，全校性创业教育项目的成功推行更多的是建立在已有的创业文化基础之上，换言之，只有高校通过培养强有力的领导、支持结构和出台相关政策，才能使高校有希望打破象牙塔和商业世界之间的隔阂。只有在这样的基础上，高校才能为全校性创业教育项目的顺利推行培育更加丰富的创业文化。另外，我们从霍华德大学等高校的例子中看出，如果学者们的思维不加以转变，那么全校性创业教育将无法落到实处。因此，大学必须保证建立一种综合和协调的结构以支持文化的转变，除非创业教育是由该机构的上层领导发起支持的，并且还为之建立了适当的汇报机制，否则学者们将难以明白创业教育的合法性。具体而言，为了更好地推行全校性创业教育，高校必须培育一种文化，这种文化必须重视初创企业，拥护创业教育活动，而且致力于创业的学者能够获得同行的支持。只有推行创业教育活动或投身于创业教育教学的教师获得同行的支持，对那些对创业教育教学持质疑态度的群体才能产生一种积极的溢出效应，从而建立起一种"让成功繁殖成功"的良性循环。简言之，高校在已有创业活动或理念中固有的知识积累将影响它们在今后全校性创业教育项目推行的能力与深度，也就是说，创业导向型大学更有可能取得全校性创业教育项目的成功及可持续发展。

第二节　构建面向全体学生的中国高校创业教育体系的思考

　　继 1997 年清华大学率先开设了创新与创业方向课程以来，我国高校创业教育经过了长达 20 多年的改革与探索。尽管如今，创业教育已经成为各高校众所周知的优先任务，但在 2010 年之前，我国高校创业教育以开展创业竞赛、创业讲座和模拟创业等实践为主，并属于团委、学工部或就业指导中心推动的课外实践范畴，辐射的范围也多局限于小群体，无论政策还是实践中都没有体现出全校性或"面向全体学生"的趋势。2010 年开始，教育部先后颁布的《教育部关于大力推进高等学校创新创业教育和大学生自主创业工作的意见》（2010）、《普通本科学校创业教育教学基本要求（试行）》（2012）等文件，促使高校创业教育向纵深的方向发展，创业教育开始从以创业竞赛为主的实践性项目融入人才培养的体系之中，辐射范围也从针对少数人朝面向全体学生转变。

然而，特别需要指出的是，2015 年 5 月，国务院办公厅颁布的《关于深化高等学校创新创业教育改革的实施意见》再次明确强调"面向全体学生""融入人才培养体系"的基本原则。可见，面向全体学生的创业教育改革开始从教育行政部门上升至国家统一领导的战略高度，创业的列车再一次提速，大众创业、万众创新的理念前所未有地深入人心。我国各高校也已把深化创新创业教育改革作为重要的任务摆在突出的位置，但当前高校的创新创业教育也面临着一些突出的问题，其中一个亟待突破的瓶颈，就是高校面向全体学生的创新创业教育体系还存在许多问题，理想和现实仍存在一定的差距。以下我们主要从创业师资队伍建设、创业课程体系建构、创业教育支持机制、创业教育运行机制几方面存在的问题进行分析。

一　中国高校构建面向全体创业教育体系的现状及问题

（一）创业师资队伍建设：应然与实然的差距

为了实现"大众创业，万众创新"的国家发展战略目标，教育部再次出台具体的指导政策：《关于做好 2016 届全国普通高等学校毕业生就业创业工作的通知》，做出明确指示，要求从 2016 年起，全国所有高校必须设置创新创业教育课程，对全体学生开设创新创业教育必修课和选修课，并纳入学分管理。这意味着从目前至将来很长一段时间，我国各高校创新创业教育领域的师资队伍需求量巨大。但目前我国高校开展创新创业的教师大多是兼职老师，尽管从 2003 年开始，教育部在北京航空航天大学开始第一届创业教育骨干教师的培养，但时隔十年，截至

2012 年年底，该项目也只培训了 1300 多名教师；在 2005 年，共青团中央、中华全国青年联合会通过国际合作推进高校开展 KAB（Know About Business）创业教育（中国）项目，[①] 此举也是鼓励推动我国高校创业教育师资队伍培训的重要举措，可是接受过 KAB 专门师资培训的人数也比较少，导致开展的大学生创新创业效果不明显，针对性不强。以广东省为例，在国家创新创业改革的政策引领之下，"截至 2015 年年底，全省 137 所高校中，成立校级的创新创业教育领导机构的有 112 所；设立创业学院的有 52 所。仅去年一年，全省高校新设立创新创业学院的数量同比增加约一倍"，[②] 但是这些高校却出现了创业教育师资力量不足的窘境，"据统计，目前全省 137 所高校开设的各类创业孵化平台中，校内外导师共有 4357 位，但是相比全校在校生数量，这个师资力量仍不够"。[③]"有些高校即使从优秀的企业聘请一部分兼职创业导师，但由于经费以及教学时间问题，外聘企业教师教学安排的局限性较大"。[④]

创业师资队伍的构建是创新创业教育生态系统的重要依托，是我国创新创业教育取得突破性进展所面临的专业化考验。从国际经验来看，专业化是创业教育在高校发展的必然趋势，是创业教育在学术界取得合法地位的前提，是提升创业教育水平、培养创新创业型人才的基本要求。正如有的研究者所指出的，人力资本投资应成为创新驱动投资的重点，其中包括提高劳动者素质，但更为重要的是集聚高端创新创业人才[⑤]。显然，兼职教师是难担此任的，不但因为他们在创业理论知识训练和专业素养上缺乏专业基础，对实践中的企业创建流程和市场风险评估亦存在着一种信息不对称的隔阂。对此，有研究者就一针见血地指出，"总体而言，当下中国高校创新创业教育师资队伍还只是一个非职业

---

① KAB 全国推广办公室：《KAB 创业教育（中国）项目推广计划》（2016 - 11 - 09）. http：//www. kab. org. cn/content/2011 - 09/15/content_ 4894576. htm.

② 陶达嫔：《创业风潮下高校创新创业教育如何走?》，《南方日报》2016 年 5 月 17 日。

③ 同上。

④ 王庚：《高校创新——创业教育的当下困境与路径选择》，《华南师范大学学报》（社会科学版）2015 年第 6 期。

⑤ 洪银兴：《论创新驱动经济发展战略》，《经济学家》2013 年第 1 期。

性的临时队伍"①，"只是一群最为保守的教师在教授学生创新创业"。②

因此，我们可以看出，我国当前创业师资队伍建设应然和实然的差距至少体现在以下两个方面：一方面，国家政策提倡与现实供给的矛盾。尽管在国家相关政策的引导下，我国高校创新创业教育在持续开展，但是创业师资队伍的培养仍然处于供不应求的状态，探求其根本，原因在于我国创新创业教育的氛围刚刚形成，各省对于大范围扶持和鼓励教师进行专业的创业师资培训也处于观察和探索阶段，缺乏长期的安排与设计，而创业师资队伍的培养是个长期的过程，短时间内难以完成。另一方面，创业师资队伍构成形态单一性与多样性的落差。创业不但是一个实践性较强，同时也是一个综合性较强的研究领域，需要来自不同部门教师的协同合作。但从目前来看，我国创业师资队伍资源的调配单一，缺乏多样性，而且很多兼职教师主要是就业指导部门的职工凑合而成的，在学生面前难以树立威信。而一支较为完善的师资队伍应该是融合各方的师资力量，不但需要校内不同部门的配合，同时需要与社会、政府等第三方机构形成开放、互动的机制，凸显创业师资队伍的多样性。对此，有学者就建议，"讲授创业教育课程的教师，一定要引入第三方力量，邀请在企业一线、有实践经验，又有一定理论知识的人来授课"。③

（二）创业课程体系建构：理论与实践的脱节

课程教学、课程体系是高校践行创业教育的最基本、最重要的载体之一，而创业课程体系更是整个教学过程的核心。遗憾的是，我国当前创业教育课程的设置、设计还处于一种理论与实践脱节状态，难以满足学生的现实诉求，"我国多数高校的创业教育课程模块只是一些零散的公共选修课，创业教育的重点大多放在实践操作层面，忽视完整的创业课程建设"④，有研究者对我国高校创业教育课程开设现状分析后指出：

---

① 李绍伟：《大学生创业教育的哲学思考》，硕士学位论文，内蒙古师范大学，2013 年。

② Kuratko, D. F., The Emergence of Entrepreneurship Education: Development, Trends and Challenges. *Entrepreneurship Theory and Practice*, 2005 (9).

③ 《新常态下创业者要有创新 "功夫"》，《中国教育报》2015 年 3 月 7 日。

④ 黄兆信、郭丽莹：《高校创业教育课程体系构建的核心问题》，《教育发展研究》2012 年第 19 期。

"我国各高校基本是以选修课的形式开展有关创业教育，课程形式单一，数量较少，难以普及到多数学生，并且多数高校没有形成完整系统的课程设置，教材选取也因此比较随意，缺乏权威性"，① "据调查，我国 107 所 211 工程高校中仅有 41 所高校开设了与创业相关的课程，而且很多高校提供的课程非常有限，甚至仅仅局限于一门《创业管理》或《大学生就业与创业指导》课程，很难满足大学生创业理论学习和创业技能训练的需要"。② 可以看出，我国创业教育课程体系构建中，不但没有打通理论与实践之间的壁垒，从而形成理论联系实践的联动机制；在数量的提供上也处于供不应求的状态，开课量不足与课程内容理论脱离实践制约着创业教育课程体系的建设，仅仅从无法"开足课"方面来讲，就难以回应当前国家统一推动全国高校"面向全体学生开设创业教育"的全面部署。

实际上，创业课程体系设置上的理论与实践脱节和创新创业教育正处于探索阶段有一定的必然联系，虽然当前我国高校开始大张旗鼓地推行创新创业教育，但是对于如何构建完整、科学的创业课程体系，我们仍处于摸索阶段。具体而言，我国创业教育课程体系理论脱离实践主要表现在以下两个方面。第一，创业课程内容设置上理论与实践的矛盾。我国当前创业课程的设置更多的是以传统的课堂教学模式为主，辅以一些实践活动，即使有些学校开设创业教育的第二课堂，但未能凸显创业过程中应着重强调的"实践"特性，未能真正凸显"基于行动""体验""实训""探究"等创业过程中的"实践导向"特点。"创业能力与实践联系紧密，它更多关注'怎么做'而不是'是什么'，这种能力不能够靠'讲授型'的教学来传授，而必须通过'探究型'的教育来获得"。③ 换言之，高校在建设创新创业教育体系的过程中应突破教师讲、学生听，从理论到理论的传统模式，应该发挥学生在课堂、实践活动中的主观能动性。

---

① 丁志忠：《我国高校创业教育现状分析及对策探讨》，《企业改革与管理》2015 年第 4 期。

② 李伟铭、黎春燕、杜晓华：《我国高校创业教育十年：演进、问题与体系建设》，《教育研究》2013 年第 6 期。

③ 王占仁：《案例教学法与"广谱式"创业教育》，《教育发展研究》2013 年第 9 期。

第二，创业课程体系设置与现实生活脱节。即我国高校在推动创新创业教育课程建设过程中，没有与社区、企业及整个社会衔接起来。高校应该与企业、社会三位一体形成创新创业教育教学中的"三螺旋"，共同支持创新创业教育和学生的创业实践，使其从课内走向课外、社区、企业及整个社会，为学生毕业后真正面向社会进行创业奠定基础。高校在推行创业教育过程中与企业和社会构建起桥梁，不但有助于为学生提供一种独特、实用的方式，巩固在课程中所学的知识，并将其运用于企业实习锻炼、满足社区服务和非营利组织需要，同时也为学生在企业和社会中提供一种实实在在的"浸入式"学习和观察，培养他们的创业知识感知度；对高校自身而言也有裨益。"大学参与社区服务、与社区有更多互动，不仅可以让大学的教育更具相关性，还可以让学生在为社区提供良好服务的同时增强技能，让自己在就业中更具竞争力，甚至可以促进创业，这对缺乏就业机会的社会尤其重要。实践也表明，参与社区服务的学生具备更好的组织和管理能力，在搜集资料和分析复杂事务方面的能力也比较突出"。[①]

（三）创业教育支持机制：一体化与分散化的矛盾

创业教育自身的"实践导向"本质和综合学科集成知识的性质，使得搭建实践平台支持机制成为高校推动创业教育建设和可持续发展不可或缺的关键环节。遗憾的是，长期以来，我国高校创业教育存在"精英化"理念，使很多高校的创业教育只关注少数人的创业活动，尤其是倾向于理工科专业方向的学生，使得非理工科专业学生，尤其是来自人文社会学科的学生被排斥在创业活动之外，创业教育"面向全体学生"的全校性创业教育理念就无从谈起。这就导致了长期以来我国高校创业教育的配套支持机制，例如，综合性支持机构（如技术转化办公室）、孵化机制、配套资金机制以及政策机制等跟不上当前高校对创业教育的"蜂拥而至"的激情，或者说这些支持机制只为少数人服务，具体体现在以下两个方面：

首先，我国高校的创业孵化机构配套不到位。孵化场地问题已经成

---

① 赵中建、卓泽林：《美国研究型大学在国家创新创业系统中的路径探究——基于美国商务部〈创新与创业型大学〉报告的解读与分析》，《全球教育展望》2015 年第 8 期。

为制约我国高校创业实践教学发展的瓶颈，创业孵化场地可以是模拟创业环节的商业实践场地，也可以是简易的实验室场地，是学生走向市场，从事商务活动、科技创新、成果转让及商业化活动，实现自主创办、经营企业的重要场所。但这些都需要学校能够在用房、用地以及硬件配套设施上给予支持，然而由于受到资金、条件以及重视程度等方面的限制，很多学校未能提供孵化场地或场地非常有限，从而阻碍了部分学生创业实践的实现。① 由于大学生长期固守"象牙塔"，缺乏足够的商业意识和对市场行情评估不到位等。创业孵化场地、实验室等研究机构作为高校助推大学生和教师创业的重要实践平台，其"预创业"作用更加突出。这也正是近几年来，美国、英国等国的高校为了进一步加强和完善高校创业支持机制，在已有的创业孵化场地的基础上筹建"概念证明中心"（proof of concept center），进一步优化大学、政府和市场之间的协同关系，促进大学生创业发展的主要原因。

其次，创业教育的实践性也决定了它不仅仅是学校的事情，还需要得到社会、企业等外部因素的支持。但就目前的情况来看，即使是我国高校已建成的实验室，也缺乏与外部的企业和社会形成一体化培养机制，缺乏高校与产业界人才的双向流动。在高校与产业的合作机制中，学校的优势在于系统的培养，产业的优势在于实际应用，两者相辅相成，共同肩负着培养创业型人才的重要责任。如果高校固守一方领土，无法与产业界建立联系，所培养的学生无法进入产业界进行"情感熏陶"，那么学生在课堂抑或实践中所学到的创业知识就难以用于"实战"，"企业具有大量富有创新、创业实践和经验的研究人员和技术能手，他们是大学生创业实践的最好导师，是高校开展创业教育的宝贵资源"。② 因此，我们应该尽早破解高校创新创业教育脱离社会、产业界的分散化发展路径，构建起一体化的创新创业教育支持机制。

（四）创业教育运行机制：政策推动与实际操作的冲突

运行机制是高校推行面向全体学生的创业教育的运作载体，它不仅

---

① 李伟铭、黎春燕、杜晓华：《我国高校创业教育十年：演进、问题与体系建设》，《教育研究》2013 年第 6 期。

② 刘芸：《创业教育的产学研合作机制探析》，《教育发展研究》2010 年第 11 期。

是构建创新创业教育体系必不可少的重要组成部分，亦是高校有序推行全校性创业教育的基本保障，从我国当前的现实情况看，成立创业学院是高校致力于创业教育改革的具体举措。21 世纪，黑龙江大学、温州大学和上海交通大学等少数高校先后成立了创业教育学院，之后，2015 年开始成为全国各高校创建创业学院的“元年”。随着 2015 年 5 月国务院办公厅印发《关于深化高等学校创新创业教育改革的实施意见》的出台，以及一些地方性政策如《浙江省教育厅关于积极推进高校建设创业学院的意见》《关于实施广东省大学生创业引领计划（2014—2017 年）的通知》以及《上海市深化高等学校创新创业教育改革实施方案》等政策文件实施后，我国高校创业学院数量快速增长，截至 2016 年 4 月初，浙江高校已经建设了各类创业学院 99 所；① 广东省 125 所高校中，约三分之一的高校都专门设有创业学院。② 成立创业学院意味着创业教育拥有显性的组织平台、特定的目标群体、持续的经费来源以及可衡量的办学效果，因此是创业教育较快获得合法性的途径。③

显然，创业学院运作载体的创建对于完善“面向全体学生”创业教育体系相应的管理体制和运行机制都有促进作用。然而，必须承认的是，一窝蜂地创建创业学院之后，高校对于创业学院到底干些什么、谁来干，抑或说新成立的创业学院是直属于学校管理还是应该由学校的某个部门来管理，诸如此类的问题时刻困扰着高校。于是便会一方面高校在各地方政府的政策推动下大规模地创建了许多创业学院，另一方面对创业学院如何组织创业教育活动、如何培养创业师资队伍以及如何厘清适合自身专业布局组织模式仍是一头雾水。

我国高校创业学院在政策推动与实际操作上的冲突与长期以来创业教育隶属于就业指导部门等后勤部门管理和创业学院这种相对而言较新的组织模式有关。首先，长期以来，我国创业教育具有直接归就业指导部门、学工部和团委等部门管理的传统，这就导致各高校在大规模构建

① 王烨捷：《一窝蜂建创业学院，接下来怎么办》，《中国青年报》2016 年 11 月 10。

② 贺贝、尹来：《广东高校抢滩建设创业学院为哪般?》，http：//news. southcn. com/g－2015－06/12/content_ 12623614. htm。

③ 梅伟惠：《我国高校创业教育组织模式：趋同成因与现实消解》，《教育发展研究》2016 年第 13 期。

具有院级级别的创业学院之后不知应该由哪个部门管理。因为如果具有院级级别的创业学院仍然隶属原来的部门管理，显然在学院建制上是不大合适的。既然如此，那么创业学院应该由什么单位负责？归在某个部门之下是否会影响到创业学院往后实际工作的开展？正如浙江省某高校的一位创业学院院长经过调研之后所指出的："江苏整个创业学院体系几乎都是放在教务系统；我们浙江是放在学生处系统；还有的放在团委。到底怎么搞真是个问题。"① 而实际上，创业教育是一种集各种学科为一体的跨学科研究领域，它在高校的有效执行需要联合各个部门，整合资源。然而在这种情况之下，谁来主持创业学院的工作可以更加有效地统筹推进？是校长还是由原来就业指导部门等后勤部门领导同时负责？这些都是我国各高校大张旗鼓地创建创业学院之后亟待解决的问题。

其次，尽管从 2002 年开始我国少数高校就已经成立创业学院，但相对近年来在政府规定与引导下创建的创业学院模式对很多高校而言仍然是全新的事物：建设的技术路径还存在不确定性。② 高校对如何建设创业学院存在的不确定性与模糊性促使它们在实际的运作过程中倾向于模仿在创业组织方面已经获得合法性或较大成功的组织，于是高校创业运作机制在实际运作过程中便会出现趋同趋势。例如，一些高校模仿温州大学创业人才培养研究院，将创业学院建设成为"实体学院"，建立专门的师资队伍，负责全校的各类创业教育课程，管理大学生创业实训基地与提供资金扶持，开展创业教育研究，同时探索"3＋1""4＋2"等新型创业人才培养模式。一些高校模仿上海交通大学创业学院，将创业学院定位为"校内综合协调机构"，属于"虚拟学院"，负责协调由不同部门推进的创业教学体系、创业训练与实践体系、就业指导服务和创业孵化体系。这种模仿通过各类会议经验分享、参观交流、研究出版等机制得到了进一步强化。③ 但是，各高校在办学特色、条件和资源上各不相同，如果各方面条件相契合，可能在模仿上会产生一定的效

---

① 王烨捷：《一窝蜂建创业学院，接下来怎么办》，《中国青年报》2016 年 11 月 10 日。
② 梅伟惠：《我国高校创业教育组织模式：趋同成因与现实消解》，《教育发展研究》2016 年第 13 期。
③ 同上。

果，但对更多的学校而言，学校在推行创业教育上主要还是会受到区域因素影响的，例如，有的学校创业学院与企业合作，学生处副处长兼学院院长；有的创业学院因为人手稀少，主要搞创新创业竞赛；还有的创业学院直接与企业合作办学，学生的收入与合作企业五五分成。[①] 由此可见，尽管我国高校在创业教育的运作机制数量上已经取得显著进展，但在实际操作中却遇到了"中梗阻"的问题。

二 构建面向全体学生的高校创业教育体系的政策建议

2015 年 5 月国务院办公厅印发的《关于深化高等学校创新创业教育改革的实施意见》就我国高校创业体系建设问题作出了一系列重大战略决策，这必将对我国高校创业教育未来发展产生巨大且深远的影响。实际上，此政策推动下的影响已经在我国高校领域越发凸显，但是，各高校根据自身的发展条件和区域环境等因素如何在《意见》的总指导思想下，现实地选择高校创业体系未来发展的途径与模式，无疑是当前高等教育理论界及各高校面临的重大课题。

此部分所引发的思考和对策建议是建立在本书对美国 13 所高校推行全校性创业教育经验的研究上，并结合我国高校创业教育体系的现实情况，旨在探讨我国高校创业体系构建背后的发展因素。我们认为我国高校在未来的很长一段时间内要构建一个面向全体学生的创业教育体系，就必须充分认识各高校已有的区域条件与环境，并且结合以下的发展因素：创业理念或倾向、学校领导层的支持机制、创业师资队伍的建设、分层多元的创业课程体系（见图 6 – 2）。

根据图 6 – 2，区域条件与环境是我国各高校构建面向全体学生的背景，创业理念或倾向的确立是高校发展的一般趋势；而为了巩固这种发展理念，高校必须在实践层面依赖学校领导层的支持机制、创业师资队伍的建设以及构建一个分层多元的创业课程体系。我们将在下文继续探求以上因素之间的内在逻辑关系，来考察高校创业教育体系未来发展的模式与走向。

---

① 王烨捷：《一窝蜂建创业学院，接下来怎么办》，《中国青年报》2016 年 11 月 10 日。

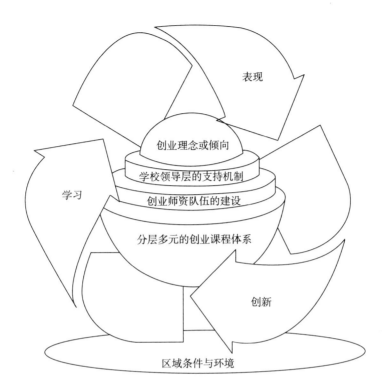

图 6 - 2　面向全体学生创业体系构建的动态发展要素循环

资料来源：Thomas，J. A.，O'Shea，R.，*Building Technology Transfer within Research Universities：An Entrepreneurial Approach.* Cambridge University Press，2014：373，笔者对图作了调整与修改。

（一）依托区域条件与环境

区域条件与环境是指高校构建创业教育体系必须依托和予以考虑的一个主要"变量"，是高校创业体系构建的有力支撑和驱动力。换言之，高校创业教育体系的构建发生在学校内部，但教育的资源和平台以及由创业教育所衍生出来的成果与产品却要依靠政府和社会提供和协调，尤其是地方政府和社区的发展条件对所在地高校在创业体系构建过程中选择发展哪种运作模式、主要培养何种创业型人才能产生较大的作用。例如，清华大学依托学校雄厚的科研优势，在面向全校学生普及创业教育的基础上，将创业课程体系深度集合在技术创新、技术商业化和高技术产业情境下，聚焦于培养能够提升企业自主创新能力和国际竞争力的技术创业人才①，而温州大学则根据当地经济的发展特点和民间文化，以培养岗位创业意识和能力为导向来开展创业教育。沿海地区的经济发展特点从当年的发展开放型经济向发展创新型经济转变，"转向创新驱动就是利用知识、技术、企业组织制度和商业模式等创新要素对现有的资本、劳动力、物质资源等有形要素进行重新组合，以创新的知识和技术改造物质资本，提高劳动者素质和科学管理"②。因此，该地区的高校在创新创业人才培养定位上可以着重强调高科技创新型人才和新产业劳动力。

由此可见，高校创业教育构建过程中的首要考量因素是区域条件和环境，具体而言，"各高校可依托当地产业特征、文化资源打造不同区域风格与特点的创业文化。将各地创新创业文化作为大学文化建设的重要内容，结合各高校的学科优势和资源优势，设立一批有特色的'大学生文化创业园'，并给予资金和政策上的扶持，整合校外创业资源，加强与属地政府、民间资本合作共建，集聚创业优惠政策和服务，打造高校创业文化精品"③。

简而言之，高校、产业界与政府的本地连接不仅有助于引导创业型人才培养的定位和发展，亦可以为高校提供额外的研究经费，并获得关于市场的相关知识。在高校、产业界和政府三边关系中，政府充当"区域创新组织者"，扮演着大学与产业界合作伙伴的领导机构，"政府介入创新最为重要的是对企业的技术创新与大学的知识创新两大创新系统的集成"④，搭建产学研合作创新平台。因此，在明确这些区域条件各自所扮演的角色之外，我们必须深刻意识到，我国每一所高校都是不同的，它们的进展将取决于高校的历史及其发展背景。

（二）创业理念与倾向的定位

如果说高校创业教育体系构建不管是自觉还是不自觉、愿意还是不

---

① 李伟铭、黎春燕、杜晓华：《我国高校创业教育十年：演进、问题与体系建设》，《教育研究》2013 年第 6 期。

② 洪银兴：《科技创新与创新型经济》，《管理学报》2011 年第 7 期。

③ 黄兆信、赵国靖、唐闻捷：《众创时代高校创业教育转型发展》，《教育研究》2015年第 7 期。

④ 洪银兴：《论创新驱动经济发展战略》，《经济学家》2013 年第 1 期。

愿意都应该首先考虑当地经济发展特点和产业政策规划，那么高校创业理念与倾向的确立，便是对当地政府和社区的积极反馈和具体体现。高校创业理念与倾向的确立或直接地称为创业型大学构建是当代高等教育发展的一个主流趋势，这是针对高校创业体系构建中意识形态部分的探求。也就是说，如果高校无法在其发展愿景中为创业教育体系的未来发展腾出一席之地，而只是零星地推行一些创业教育活动，那么这些创业教育活动或项目将缺乏内生驱动力，尽管这些项目或活动由于短时间投入极大的精力和资源会呈现出一片光明。这也正是本书探讨的全校性创业教育的"时限性"问题。如果高校无法把创业理念与其发展愿景或大学未来发展规划相融合，尽管对美国这种由市场驱动的高校创业教育发展模式而言，在全校性创业教育的受资助期限之内，可能会有固定的一些人和相应的资源投入，但一旦超过资助的期限，同样会出现全校性创业教育"回潮"现象。

而对我国这种本身就由政府驱动的高校创业教育发展模式来说，创业教育有现在这般繁荣发展景象，全凭国务院和相关教育行政部门的政策推动而成。应当说，国家相关政策推动的一个主要好处就是能够在较短的时间内调动更多的力量来完成一件事情。然而，必须承认的是，政府政策推动发展起来的创业教育景象本身就有其缺陷，例如缺乏自身发展的内生驱动力。因此，"我们除了要审视政府政策本身的有效性之外，还应该关注高校、社会是否发挥了积极主动的作用。从高校的角度来看，由于高等教育发展有其内在的逻辑，高等教育系统的中心是学科和院校之间形成的交叉矩阵，基层学术组织在高校运行中发挥着重要作用，因此，政府政策只有通过高校的积极辐射，才能发挥作用，任何被动、盲目跟风或不结合高校实际情况的创新创业教育，都会影响政策的实际效果"。[①]

更为具体地说，只有在高校的顶层设计或发展愿景上嵌入创业教育理念，才能在实践中自觉或不自觉地把教师和学生的日常生活沉浸在一种提高技术商业化、培养创业型人才的文化之中。如前所述，亚利桑那

---

① 梅伟惠、孟莹：《中国高校创新创业教育：政府、高校和社会的角色定位与行动策略》，《高等教育研究》2016 年第 8 期。

州立大学校长由于把"重视创业"列入大学发展愿景之中，所以所有学院、部门以及主要管理单位都在墙上张贴着作为亚利桑那州立大学"新美国大学"愿景之一的"重视创业（value entrepreneurship）"的海报，"重视创业"的理念每天都萦绕在成千上万个教师、职工和学生身边，成了他们耳濡目染的文化。同样的情况也出现在马里兰大学校长华莱士·罗（Wallace D. Loh）把创新创业列入大学四大发展愿景之后，在全校范围内营造了一种无处不在的创新创业宣传氛围。因此，学校领导层只有在大学的发展愿景之中融入创业文化或理念，一个真正的文化转变才有可能发生，尽管我们也必须承认，有助于一个面向全体学生的创业教育体系的构建可能不同的大学有所不同，但是高校领导层不应该放弃提供一个支持创业环境的大学发展目标。

（三）学校领导层的支持机制确立

如果说创业理念与倾向的确立是高校在发展战略上明确了创业教育的重要性，那么这种理念要获得长足的发展就少不了学校领导层的继续支持，甚至可以说只有在校长和学校领导层的长期支持之下，创业理念才有可能转化为更为具体的实践活动，才能在校园之中辐射开来。无论是从美国考夫曼校园计划期间所推行的全校性创业教育来看，还是对后考夫曼阶段全校性创业教育的进一步追踪，所有高校都在强调学校领导层支持机制在全校性创业教育中的决定性作用。

实际上，我国在推动高校创业体系建设的过程中也提出了高校应当成立由校领导分管创新创业领导工作小组的要求。为了不让校领导在面向全体学生的创业教育体系构建中所扮演的角色形同虚设，我们可以借鉴美国高校在推行全校性创业教育过程中学校领导层所扮演的具体角色。与我国在政策层面上明确成立由学校领导层牵头的创新创业领导工作小组一样，考夫曼基金会考核与评价美国高校推行全校性创业教育实践和成效时也着重强调学校领导层在当中所发挥的作用。考夫曼基金会虽然没有明确要求校领导在具体的创业教育过程中承担哪些职责，但经过十几年的探索，美国高校领导层所发挥的作用更多的是一种学校领导（主要是校长）领导下的全校性创业教育项目主任负责制。即校领导没有具体干预创业教育开展，而是从战略、资金筹措、校内外合作关系等方面发挥了支持作用。具体的事务仍由高校全校性创业教育项目主任负责推行，但是该主任的所有决策事宜必须向分管创业教育的领导汇报。必须指出的是，从美国高校的经验来看，这里所提及的校领导并非全指校长，亦有可能是副校长或教务长。换言之，尽管校领导在美国高校全校性创业教育过程中发挥了引领作用，但是具体推行的创业教育活动与项目仍由对创业教育教学与研究熟悉的主任来执行。

具体到我国高校当前的现实情况，全国各地高校都在快速地建设创业学院和其他相应的创业教育中心或基地。在这种情况下，我们必须明确校领导应该参与到创业学院所推行的创业教育活动与项目之中，发挥他们作为学校领导的统筹协调作用，但也必须记住，在具体的创业教育课程建设、项目和活动的推行过程中，校领导必须适当放权，把具体的事务交由熟悉创业研究的专家组成的团体来实施。

（四）全日制创业师资队伍建设

对于构建一个面向全体学生的创业教育体系来说，学校领导层的支持机制与打造一支全日制创业师资队伍都是必不可少的。即正是由于学校领导层的支持，高校对于创业人才培养和教师的引进，以及创业师资平台的建设才能获得资源和体制上的支持。如"我国高校的创业师资，一部分来源于校内经济学院、商学院等院系的专业教师，一部分来源于各院系受聘担任兼职创业指导老师的总支副书记和辅导员，一部分来源于企业、金融、政府等领域的高管和领导，这些人才力量的凝聚，单凭创业指导中心是无能为力的，必须由学校出面，统一组织领导，形成利益导向和评价分配机制，去统筹全校导师力量和社会导师力量"。[①] 与此同时，创业师资队伍与平台的建设反过来又能在实践中把学校领导层对于创业理念的确立付诸实践。哪怕是撇开这一层关系，对于仍处于探索阶段的高校创业体系构建而言，打造一支全日制创业师资力量仍是紧迫的任务。

如果没有一支具有扎实的理论基础和丰富实践经验的创业教师团队，那么面向全体学生创业体系的构建不仅基础薄弱，而且也将面临师资队伍供不应求的状况。但是全日制创业师资队伍的建设，势必涉及学

---

① 薛浩等：《高校创业教育中的误区反思与对策选择》，《高等教育研究》2016 年第 2 期。

校较多人力资本的投入，"低价位的工资只能吸引低素质的劳动力，只有高价位的工资才能吸引高端创新创业人才"①，只有如此，才能夯实创新创业体系建设的基础。美国的考夫曼院校在获得考夫曼校园计划资助之后，将80%左右的经费投入师资队伍的构建，并且着重引进全日制创业教师，因为只有全日制创业教师才能在专业基础知识上满足学生的专业需求。师资力量毫无疑问是促进高校创业教育体系构建和创建大学衍生企业的重要组成部分之一，因此美国高校在向创业型大学转型的过程中把吸引和开发相关领域的世界一流教师和研究人才称为高校发展的"塔尖战略"（Steeples of excellence）②。在面向全体学生创业教育体系构建中，大学领导层和管理人员不应该忘记，正是这些创业型教职工及其团队的能力为学术商业化和孵化创业型人才的出现奠定了基础。换言之，当务之急是，我国高校应该一方面组织内部师资力量参与到创业教育体系构建中，另一方面应该着重引入一批具有相应学术背景，尤其是具有国际化视野的全日制创业师资队伍。

（五）分层多元的创业课程体系构建

课程体系的设置和开展是推行创业教育的基础性工作，是创业教育的精神食粮，通过创业课程的学习和实践性教学方法的体验，能使学生转变创业态度。③ 那么何为分层多元的创业课程体系？所谓分层即在创业课程体系构建的过程中着重强调面向不同学生群体提供不同层次的创业培养。对于创业课程构建过程中的分层，有研究者提出了三层分类④的观点，即在第一层面，强调将创业教育与国家创新人才培养、高等教育改革发展的战略性目标相结合，向创新型国家人才战略的高度转变；第二个层面则把创业教育与专业教育相融合，培养学生的创业能力；第三个层面则着重于将高校创业教育定位为以培养创业意识和创业精神为目的，以培养创业能力为核心的系统性和开放性教育工程。这三层分类

---

① 洪银兴：《论创新驱动经济发展战略》，《经济学家》2013 年第 1 期。

② Allen, T. J., O'Shea, R., *Building Technology Transfer within Research Universities—An Entrepreneurial Approach.* Cambridge University Press, 2014：357.

③ 卓泽林、赵中建：《高水平大学创新创业教育生态系统建设及启示》，《教育发展研究》2016 年第 3 期。

④ 黄兆信、赵国靖、唐闻捷：《众创时代高校创业教育转型发展》，《教育研究》2015年第 7 期。

始于国家发展战略层面，到创业能力的培养，最终以创业意识和创业精神为落脚点，层层递进。因此在课程体系设置上可以围绕这三个层次有重点、分层次地开展各种创业文化活动。

而多元的创业课程体系，主要是指创业课程既要有注重理论性的知识创业传授，也要强调体验式的课程锻炼。虽然从较为宏观的方面来说可以暂且归纳为理论性课程知识和实践性的体验机会，但在种类上却可以划分为好几种。首先，高校应该提供社会创业课程、艺术创业课程、全球创业课程、精益创业课程以及包容性创业课程的学习，尤其在面向全体学生的创业教育课程体系构建中，注重社会创业课程、艺术创业课程和包容性创业课程的提供，因为这些课程的受众群体更多的是来自商学院以外的学生，在课程建设过程中根据不同专业背景的学生设置更加多元的创业课程体系，才能彰显这种全校性观照的实质。从体验式课程的角度而言，不仅应该包括惯常配置的创业竞赛等周期较长的创业活动，还应该定期举办创业训练和为学生提供展示的平台。例如，威斯康星大学麦迪逊分校除了每年定期组织面向全体学生的"威斯康星创业训练营"之外，还向大学一年级新生设置"创业学习团体"，并且在日常的教学工作中定期开展彰显体验式导向的创业教育活动，主要有："100 小时挑战"（100 – Hour Challenge）、"芝加哥之旅"（Chicago Trip）和"威斯康星创业展台"（Wisconsin Entrepreneurship Showcase）等。

因此，我国高校在多元化维度上考量创业教育课程建设时，应该突破体验式创业教育仅限于"挑战杯"创业计划竞赛的单一模式。此外，我们也可以面向志趣相投的学生设置跨学科性质的创业学习社区和定期组织其他相应的创业实践活动，例如，通过支持学生社团或创业俱乐部，举办创业工作坊、创业论坛，组织学生进入企业实习，浸入式地掌握企业的运作要旨。

必须承认的是，我国高校在构建面向全体学生的创业教育体系构建中，区域条件和环境、创业理念与倾向的确立、学校领导层的支持机制、高质量的创业师资队伍以及一个分层多元的创业课程体系，这些动态发展因素只是创业体系构建过程应给予最大关注和考虑的，但它们并不是一个健全的创业系统构建的全部要素。高校应当为创业教育体系的构建做出长久的承诺，而这是一个需要人力、物力等各方面投入的承诺，它可能建立在各种激励机制之上，亦有可能建立在对创业教育资源的投入上，抑或是两者以及更多方面的综合。在国家政策的驱动下，我国各高校正积极地构建一个面向全体学生的创业教育生态系统，并且保证鼓励更多的学生投入创业教育活动之中。各地高校应根据地方经济的特点和产业特征发展地方经济和探索培养创业型人才的方式，设法以最符合自身资源和环境的方式去组织和开展各种创业实施方案。美国高校全校性创业教育的经验是可以借鉴分享的，但适合自己的才是最好、最有用的，才是最有绩效的。

参考文献

中文文献

1. 程晋宽：《美国教师工作量浅析》，《高等教育研究》2005 年第 6 期。

2. 陈树生：《创业教育应纳入高校课程》，《光明日报》2005 年 6 月 29 日。

3. 陈勇等：《促进跨学科研究的有效组织模式研究——基于斯坦福大学 Bio－x 跨学科研究计划的分析与启示》，《科学学研究》2010 年第 3 期。

4. 陈向明：《旅居者和"外国人"——留美中国学生跨文化人际交往研究》，教育科学出版社 2004 年版。

5. 陈向明：《质的研究方法与社会科学研究》，教育科学出版社 2000 年版。

6. ［美］大卫·希尔弗曼：《如何做质性研究》，李雪、张劼颖译，重庆大学出版社 2009 年版。

7. ［德］马克斯·韦伯：《马克斯·韦伯社会学文集》，阎克文译，人民教育出版社 2010 年版。

8. 戴维奇：《美国高校社会创业教育发展轨迹与经验》，《比较教育研究》2016 年第 7 期。

9. 董云川、周宏：《可以卓越，无法"一流"——"双一流"建设语境下人文学科生长的价值困局》，《探索与争鸣》2016 年第 8 期。

10. 付八军：《学术资本转化：创业型大学的组织特性》，《教育研究》2016 年第 2 期。

11. 冯之浚、方新：《适应新常态，强化新动力》，《科学学研究》2015年第1期。

12. 高飞：《"泰晤士报高等教育"世界大学声望排名探析》，《江苏高教》2015年第1期。

13. 顾海良：《"斯诺命题"与人文社会科学的跨学科研究》，《中国社会科学》2010年第6期。

14. 辜胜阻、曹冬梅、李睿：《创业创新引领新常态》，《中国金融》2015年第3期。

15. 郭俊、马万华：《美国大学校长群体特征的实证研究——基于履历背景的视角》，《比较教育研究》2013年第1期。

16. 国务院办公厅：《关于深化高等学校创新创业教育改革的实施意见》，http://www.sic.gov.cn/News/473/5476.htm，2015年5月13日。

17. ［美］赫伯特·J.鲁宾、艾琳·S.鲁宾：《质性访谈方法：聆听与提问的艺术》，卢晖临、连佳佳、李丁译，重庆大学出版社2010年版。

18. 韩萌：《"后危机时代"世界一流公立大学财政结构转型及启示——以加州大学伯克利分校为例》，《教育研究》2016年第5期。

19. 韩梦洁、张德祥：《美国高等教育结构变迁的市场机制》，《教育研究》2014年第1期。

20. 胡旺盛等：《高等教育市场营销研究》，合肥工业出版社2008年版。

21. 洪银兴：《科技创新与创新型经济》，《管理学报》2011年第7期。

22. 洪银兴：《论创新驱动经济发展战略》，《经济学家》2013年第1期。

23. 黄兆信、王志强：《论高校创业教育与专业教育的融合》，《教育研究》2013年第12期。

24. 黄兆信、赵国靖、唐闻捷：《众创时代高校创业教育转型发展》，《教育研究》2015年第7期。

25. 蒋凯：《终身教职的价值与影响因素——基于美国八所高校的经验研究》，《教育研究》2016年第3期。

26. 阚阅、周谷平：《"一带一路"背景下的结构改革与创新创业人才培养》，《教育研究》2016 年第 10 期。

27. 刘宝存：《重在培养创新精神和创业能力》，《人民日报》2015 年 12 月 15 日。

28. 刘鹏、陈鹏：《高校弱就业愿景学科创业教育体系的构建》，《江苏社会科学》2011 年第 12 期。

29. 李华晶：《间接型学术创业与大学创业教育的契合研究——以美国百森商学院为例》，《科学学与科学技术管理》2016 年第 1 期。

30. 李强：《影响中国城乡人口流动的推力与拉力因素分析》，《中国社会科学》2003 年第 1 期。

31. 李伟铭、黎春燕、杜晓华：《我国高校创业教育十年：演进、问题与体系建设》，《教育研究》2013 年第 6 期。

32. 刘芸：《创业教育的产学研合作机制探析》，《教育发展研究》2010 年第 11 期。

33. 刘志：《服务性学习：美国高校创业教育教学策略的新探索》，《教育发展研究》2015 年第 3 期。

34. ［美］伯克·约翰逊、拉里·克里斯滕森：《教育研究：定量、定性和混合方法》，马健生等译，重庆大学出版社 2015 年版。

35. 美国商务部编：《创建创新创业型大学——来自美国商务部的报告》，赵中建、卓泽林译，上海科技教育出版社 2016 年版。

36. ［美］杰弗里·迪蒙斯、小斯蒂芬·斯皮内利：《创业学》，周伟民、吕长春译，人民邮电出版社 2005 年版。

37. ［美］卡尔·J. 施拉姆：《创业力——美国的经济奇迹如何改变世界，改变你的生活》，王莉、李英译，上海交通大学出版社 2007 年版。

38. Miles, M. B., Huberman, A. M.：《质性资料分析：方法与实践（第二版）》，张芬芬译，重庆大学出版社 2008 年版。

39. 梅伟惠：《美国高校创业教育》，浙江教育出版社 2010 年版。

40. 梅伟惠：《我国高校创业教育组织模式：趋同成因与现实消解》，《教育发展研究》2016 年第 13 期。

41. 孟祥霞、黄文军：《美国创业教育发展及其对我国创业教育的启示》，《中国高教研究》2012 年第 10 期。

42. ［美］约瑟夫·熊彼特：《经济发展理论——对于利润、资本、信贷、利息和经济周期的考察》，何畏、易家详等译，商务印书馆1990年版。

43. ［美］诺曼·K. 邓肯、伊冯娜·S. 林肯：《定性研究：策略与艺术（第2卷）》，笑天等译，重庆大学出版社2007年版。

44. ［美］萨拉·奥康纳：《勿迷信硅谷》，《金融时报（中文版）》2016年6月12日。

45. 沈陆娟：《美国社区学院全校性创业教育策略评析》，《比较教育研究》2014年第2期。

46. 唐俊超：《输在起跑线上——再议中国社会的教育不平等（1978—2008）》，《社会学研究》2015年第3期。

47. 万钢：《以改革思维打造大众创业、万众创新的新引擎》，《光明日报》2015年3月26日。

48. 汪丁丁：《知识劳动的工资问题》，《书城》2000年第12期。

49. 王庚：《高校创新——创业教育的当下困境与路径选择》，《华南师范大学学报》（社会科学版）2015年第6期。

50. 王烨捷：《一窝蜂建创业学院，接下来怎么办》，《中国青年报》2016年11月10日。

51. 王英杰：《以美国为例：谈谈世界一流大学建设中的几个问题》，《华东师范大学学报》（教育科学版）2016年第3期。

52. 王占仁：《"广谱式"创新创业教育的体系架构与理论价值》，《教育研究》2015年第5期。

53. 王占仁：《中国高校创新创业教育的学科化特性与发展取向研究》，《教育研究》2016年第3期。

54. ［美］韦恩·厄本、杰宁斯·瓦格纳：《美国教育：一部历史档案》，中国人民大学出版社2009年版。

55. 向辉、雷家骕：《大学生创业教育对其创业意向的影响研究》，《清华大学教育研究》2014年第2期。

56. 《新常态下，创业者要有创新"功夫"》，《中国教育报》2015年3月7日。

57. 薛浩等：《高校创业教育中的误区反思与对策选择》，《高等教育研究》2016 年第 2 期。

58. 徐小洲等：《大学生创业困境与制度创新》，《中国高教研究》2015 年第 1 期。

59. 宣勇：《论创业型大学的价值取向》，《教育研究》2012 年第 4 期。

60. 阎光才：《高等教育研究的科学化：知识建构还是话语策略?》，《北京大学教育评论》2011 年第 10 期。

61. 杨晓慧等：《大学生就业创业教育研究》，经济科学出版社 2015 年版。

62. 易玉梅、彭志明：《教育价值取向的分裂与创业教育对教育价值取向的整合》，《湖南社会科学》2011 年第 1 期。

63. 臧玲玲：《推进全校性创业教育的国际经验及启示》，《创新与创业教育》2015 年第 5 期。

64. 张等菊：《"广谱式"创新创业教育的意蕴、策略及路径研究》，《高教探索》2016 年第 10 期。

65. 张健、姜彦福、林强：《创业理论研究与发展动态》，《经济学动态》2003 年第 5 期。

66. 张立忠：《课堂教学视域下的教师实践性知识研究》，博士学位论文，东北师范大学，2011 年。

67. 张卫民、母小勇：《美国高校创业教育课程建设路径》，《教师教育研究》2014 年第 5 期。

68. 张玉利等：《企业管理理论与实践的新发展》，博士学位论文，清华大学，2004 年。

69. 赵中建、卓泽林：《美国研究型大学在国家创新创业系统中的路径探究——基于美国商务部〈创新与创业型大学〉报告的解读与分析》，《全球教育展望》2015 年第 8 期。

70. 赵中建：《创新引领世界——美国创新和竞争力战略》，博士学位论文，华东师范大学，2007 年。

71. 郑继伟：《要为大学生搭建创新创业教育平台》，http：//edu. peo-ple. com. cn/n1/2016/0315/c367001 - 28201726. html。人民网，2016 年 3 月 15 日。

72. 郑忠梅：《珍视大学声望 守护大学精神——"墨尔本模式"发展

及其启示》,《高等教育研究》2015 年第 10 期。

73. 周海涛、董志霞:《美国大学生创业支持政策及其启示》,《高等教育研究》2014 年第 6 期。

74. 周作宇:《大学卓越领导:认识分歧、治理模式与组织信任》,《北京师范大学学报(社会科学版)》2016 年第 1 期。

75. 朱玉红、邵园园、周甲武:《大学生创业社会资本的测量及其培育——以长三角地区普通本科高校为例》,《教育研究》2015 年第 5 期。

英文文献

1. Abosede, A. J., Onakoya, A. B., Intellectual Entrepreneurship: Theories, Purpose and Challenges, *International Journal of Business Administration*, 2013, 4 (5): 30 – 37.

2. Acs, Z. J., Parsons, W., Tracy, S., *High – impact Firms: Gazelles Revisited*, BA Office of Advocacy, 2008 (6): 12.

3. Allen, T. J., O'Shea, R., *Building Technology Transfer within Research Universities—An Entrepreneurial Approach*, Cambridge University Press, 2014.

4. Arizona State University. Arizona State University as a Kauffman Campus, 2007 – 2011, Arizona State University, 2012: 11. http://www. kauffman. org/ ~/media/kauffman_ org/research%20reports%20and%20covers/ 2013/08/kci_ asu. pdf.

5. Augier, M., March, J., *The Roots, Rituals, and Rhetorics of Change—North American Business Schools After the Second World War*, California: Stanford University Press, 2011.

6. Auken, H. V., etc., *Entrepreneurship Across the Campus: experience at Iowa State University: USASBE Conference 2008: proceedings of United States Association of Small Business and Entrepreneurship*, San Antonio, January 10 – 13, 2008, Whitewater: USAS BE, c2008.

7. Bazeley, P., Jackson, K., *Qualitative Data Analysis with N – vivo (Second Edition)*, California: SAGE Publications Inc, 2013: 75.

8. Beckman, G. D. , "Adventuring" Arts Entrepreneurship Curricula in Higher Education: An Examination of Present Efforts, Obstacles, and Best Practices, *The Journal of Arts Management, Law and Society*, 2007 (2).

9. Beckman, G. D. , Cherwitz, R. A. , *Intellectual Entrepreneurship as a Platform for Transforming Higher Education*, Metropolitan Universities: An International Forum, 2008 (12).

10. Benjamin, C. , etc. , A QFD Framework for Developing Campus – wide Entrepreneurship Programs, *International Journal of Business Strategy*, 2007, 7 (3): 25 –43.

11. Berman, E. P. , *Creating the Market University: How Academic Science Became an Economic Engine*, New Jersey: Princeton University Press, 2012.

12. Bilic, I. , Prka, A. , Vidovic, G. , How Does Education Influence Entrepreneurship Orientation? A Case Study of Croatia, Management, 2011 (16).

13. Blumenstyk, G. , Liberal – arts Majors Have Plenty of Job Prospects, if They Have Some Specific Skills, Too, *The Chronicle of Higher Education*, 2016 – 06 – 09.

14. Boyer, R. K. , Achieving a Culture of Communication on Campus, *The Chronicle of Higher Education*, 2016 – 07 – 18.

15. Boyles, Trish, 21st Century Knowledge, Skills, and Abilities and Entrepreneurial Competences: A model for undergraduate entrepreneurship education, *Journal of Entrepreneurship Education*, 2012 (15)

16. Brown, J. S. , Duguid, P. , Organizational Learning and Communities – of – Practice: Towarda Unified View of Working, Learning, and Innovation, *Organization Science*, 1991 (1): 40 –57.

17. Brubacher, J. S. , Rudy, W. , *Higher Education in Transition: A History of American College and Universities* (Fourth Edition), New Brunswick, NJ: Transaction Publisher, 1997.

18. Burton, C. R. , The Entrepreneurial University: New Foundations for

Collegiality, Autonomy and Achievement, *Higher Education Manage-ment*, 2001 (13).

19. Chang, W. J. , Wyszomirski, M. , What is Arts Entrepreneurship? Tracking the Development of its Definition in Scholarly Journals, *A Jour-nal of Entrepreneurship in the Arts*, 2015 (4).

20. Cherbo, J. , Wyszomirski, M. , In *the Public Life of the Arts*, New Brunswick, NJ: Rutgers University Press, 2000.

21. Cherwitz, R. A. , Beckman, G. D. , Reenvisioning the Arts PhD: In-tellectual Entrepreneurship and the Intellectual Arts Leader, *Arts Educa-tion Policy Review*, 2006, March/April, 107 (4): 13 – 20.

22. College and University Professional Association for Human Resource. 2008 – 2009 Administrative Compensation StudyR. Knoxville, Tenn: CUPA – HR, 2009.

23. Cone, Judith, Carolina Value Technology Commercialization Strategic Initiative, Board of Trustees Commercialization & Economic Development Committee, 2015 (09): 23. https: //bot. unc. edu/files/2015/09/ Commercialization – and – Economic – Development – Committee1. pdf.

24. Conners, S. E. , Ruth, D. , Factors influencing success in an introduc-tory entrepreneurship course, *Journal of Entrepreneurship Education*, 2012 (15).

25. Conrad, C. , Dunek, L. , *Cultivating Inquiry – Driven Learners: A Col-lege Education for the 21st Century*, Baltimore: The Johns Hopkins Uni-versity Press, 2015.

26. Crow, M. , Dabars, W. Designing, *The New American University*, Bal-timore: Johns Hopkins University Press, 2015.

27. Cunningham, M. , Henry, M. , Lyons, W. , *Vital Mission: Ending Homelessness Among Veterans*, The Homelessness Research Institute at the National Alliance to End Homessness, 2007 (11).

28. Dafna, K. , Entrepreneurial Orientations of Women Business Founders from a Push/Pull Perspective: Canadians Versus non – Canadians—A Multinational Assessment, *Journal of Small Business & Entrepreneurship*,

2011（3）.

29. Dawson, C. , Henley, A. , "Push" versus "Pull" entrepreneurship: an ambiguous distinction?, *International Journal of Entrepreneurial Behavior & Research*, 2012（6）.

30. Dekelm, R. Goldblatt, H. , Is there intergenerational transmission of trauma? The Case of Vietnam Veterans, *American Journal of Orthopsychiatry*, 2008（3）.

31. Denzin, N. K. , Lincoin, Y. S. , *Handbook of Qualitative Research*, Thousand Oaks, CA: Sage, 2000.

32. Dess, G. G. , Lumpkin, G. T. , Eisner, A. , *Strategic Management: Creating Competitive Advantage*（3rd edition）, Boston: McGraw Hill, 2006.

33. Drayton, William, The Citizen Sector: Becoming As Entrepreneurial and Competitiveas Business, *California Management Review*, 2002（11）.

34. Driver, Michaela, An Interview with Michael Porter: Social Entrepreneurship and the Transfermation of Capitalism, *Academy of Management Learning & Education*, 2012（11）.

35. Educational Innovation: An Invitation to Participate. http://news. wisc. edu/educational – innovation – an – invitation – to – participate/.（2016 – 11 –10）.

36. Eijdenberg, E. L. , etc. , Entrepreneurship Motivation in a Least developed Country: Push Factors and Pull Factors Among MSEs In Uganda, *Journal of Enterprising Culture*, 2013（3）.

37. Entrepreneurship & Social Enterprise Minor Requirements.（2016 – 04 – 14）. http://entrepreneurship. wfu. edu/learn – 2/ese – minor/.

38. Entrepreneurship – Course requirements.（2016 – 10 – 20）. http://bus. wisc. edu/bba/academics – and – programs/majors/management – human – resources/entrepreneurship.

39. Ewing Marion Kauffman Foundation. Entrepreneurship in American higher education, http://www. kauffman. org/ ~ /media/kauffman_org/resea-

rch% 20reports% 20and% 20covers/2008/07/entrep_ high_ ed_ report. pdf, 2006：06.

40. Farish, D. J., Stop Blaming Colleges for Higher Education's Unaffordability, *The Chronicle of Higher Education*, 2016 – 03 – 23.

41. Fetters, M. L., etc., *The Development of University – Based Entrepreneurship Ecosystem：Global Practices*, Edward Elgar Publishing Limited, 2010.

42. Finkle, T. A., etc., An Examination of the Financial Challenges of Entrepreneurshipcenters Throughout the World, *Journal of Small Business and Entrepreneurship*, 2013（1）.

43. Finkle, T. A., etc., Financial Activities of Entrepreneurship Centers in the UnitedStates, *Journal of Business and Entrepreneurship*, 2012（23）.

44. Finkle, T. A., Kuratko, D. F., Goldsby, M., The State of Entrepreneurship Centersin the United States：A Nationalwide Survey, *Journal of Small Business Management*（50th Anniversary Issue）, 2006(2). 2006a.

45. Finkle, T. A., An Examination of the Job Market for Entrepreneurship Faculty from 1989 to 2014, *Journal of Business and Entrepreneurship*, 2015, spring.

46. Finkle, T. A., Trends in the Market for Entrepreneurship Faculty from 1989 – 2005. *Journal of Entrepreneurship Education*, 2007b（10）.

47. Gatewood, E., Conner, W., West, P., Changing a Campus Culture：The Role of the Kauffman Campus Initiative in Promoting Entrepreneurship at Wake Forest University, Wake Forest University, 2012. http：//www. kauffman. org/ ~/media/kauffman_ org/research% 20reports% 20and% 20covers/2013/08/kci_ wakeforest. pdf.

48. Giudice, M. D., Peruta, M. D., Garayannis, E. G., *Student Entrepreneurship in the SocialKnowledge Economy：Successful Cases and Management Practices*, Switzerland：Springer, 2014：15.

49. Glasser, R. Broken B., Shattered M., *A Medical Odyssey from Vietnam to Afghanistan*, Palisades, New York：History, 2011：11.

50. Global Consortium of Entrepreneurship Centers（GCEC）．（2016 – 04 – 18）．http：//kelley. iu. edu/JCEI/AboutUs/GCEC/page17740. html.

51. Godwyn，M.，Can the Liberal Arts and Entrepreneurship Work Together？（2011 – 11 – 01）．https：//www. aaup. org/article/can – liberal – arts – and – entrepreneurship – work – together#. V1eIUPkrK4Q.

52. Gordon，R. A.，Howell，J. E.，*Higher Education for Business*. New York：Columbia University，1959.

53. Haltiwanger，J.，etc.，Business Dynamics Statistics Briefing：Job Creation，Worker Churning，and Wages at Young BusinessesR.. Kauffman Foundation，2012. http：//www. census. gov/ces/pdf/BDS_StatBrief7_Creation_Churning_Wages. pdf.

54. Harrington，K.，Philanthropy，Leadership and Relationship，Washington Universityin St. Louis，2012. http：//www. kauffman. org/ ~ / media/ kauffman_ org/research% 20reports% 20and% 20covers/2013/ 08/kci_ washingtonuniversity. pdf.

55. Harris Interative. Youth Pulse 2010：Kauffman Foundation Custom Report，Kansas City，MO：Ewing Marison Kauffman，2010. http：//papers. ssrn. com/sol3/papers. cfm？ abstract_ id = 1710013.

56. Heriot，K.，Simpson，L.，Establishing A Campus – wide Entrepreneurial Program in Five Years：A case study，*Journal of Entrepreneurship Education*，2007，10：25 – 41.

57. Hoffman，R.，Casnocha，B.，Griffith，K.，*The Start – up of you：adapt to the future，invest in yourself，and transform your career*，New York：Random House Audio，2012.

58. Hoge，C. W.，Auchterlonie，J. L.，Milliken，C. S.，Mental health problems，use of mental health service，and attrition from military service after returning from deployment to Iraq or Afghanistan，*Journal of the American Medical Association*，2006（9）．

59. Hoppednfeld，J.，etc.，Librarians and the Entrepreneurship Bootcamp for Veterans：Helping Disbabled Veterans With Business Research，*Journal of Business & Finance Librarianship*，2013（18）．

60. Hoskinson, S., Kurako, D. F., *Innovative Pathways for University Entrepreneurship inthe 21th Century*, Emerald Group Publishing Limited, 2014.

61. Hulsey, L., Rosenberg, L., Kim, B., Seeding Entrepreneurship Across Campus: Early Implementation Experiences of the Kauffman Campus Initiative, Ewing Marion Kauffman Foundation, 2006.

62. Initiative for Studies in Transformational Entrepreneurship. (2016 – 11 – 07). http://bus. wisc. edu/centers/insite.

63. Johnson, J. H., Kasarda, J. D., Jobs on the Move: Implications for U. S. Higher Education, *Planning for Higher Education*, 2008 (1).

64. Jones, C., English, J., A contemporary approach to entrepreneurship education, *Education + Training*, 2004 (46).

65. Joseph, R., Infusing Entrepreneurship within Non – Business Entrepreneurship, *Journal of Entrepreneurship in the Arts*, 2013 (2).

66. Judith, C., Carolina Value Technology Commercialization Strategic Initiative, *Board of Trustees Commercialization & Economic Development Committee*, 2015 (09): 13.

67. June, Audrey Williams, Presidents: Same Look, Different Decade, *The Chronicle of Higher Education*, 2007 – 02 – 16.

68. Katz, J., Corbett, A., *Academic Entrepreneurship: Creating An Entrepreneurial Ecosystem*, United Kingdom: Emerald, 2014.

69. Katz, J., etc., Perspectives on the Development of Cross Campus Entrepreneurship Education, *Entrepreneurship Research Journal*, 2014 (4).

70. Katz, Jerome, The Chronology and Intellectual Trajectory of American Entrepreneurship Education 1876 – 1999, *Journal of Business Venturing*, 2003 (18): 283 – 300.

71. Kingma, Bruce., *Academic Entrepreneurship and Community Engagement—Scholarship in Action and the Syracuse Miracle*, Northampton: Edward Elgar, 2011.

72. Knapp, J. C., Siegel, D. J., *The Business of Higher Education: Vol-*

ume2: *Management and Fiscal Strategies*, Santa Barbara: Praeger, 2009.

73. Kozlinska, I. , Contemporary Approaches to Entrepreneurship Education, *Journal of Business Management*, 2011（12）.

74. Kuratko, Donald, The Emergence of Entrepreneurship Education: Developments, Trends and Challenges, *Entrepreneurship Theory and Practice*, 2005, 9: 577 – 597.

75. Landstrom, H. , Lohrke, F. , *Historical Foundations of Entrepreneurship Research*, Northampton, MA: Edward Elgar, 2010.

76. Levenburg, N. M. , Lane, P. M. , Schwarz, T. V. , Interdisciplinary Dimensions in Entrepreneurship, *Journal of Education for Business*, 2006（6）.

77. Lieh, S. , Teech, D. , Campus Leadership and the Entrepreneurial University: A dynamic Capabilities Perspectives, *Academy of Management Perspectives*, 2016（2）.

78. Mathew, M. M. , Gary, R. , Socially Oriented Student Entrepreneurship: A study of Student Change Agency in the Academic Capitalism Context, *Journal of Higher Education*, 2012（83）.

79. McClure, K. R. , Building the Innovative and Entrepreneurial University: An Institutional Case Study of Administrative Academic Capitalism, *The Journal of Higher Education*, 2016（4）.

80. McEwen, T. , McEwen, B. , Integrating Entrepreneurial Learning into the General Education Curriculum, *Business Journal for Entrepreneurs*, 2010, 4: 63 – 80.

81. Mckinsey & Company. The Power of Many: Realizing the Socioeconomic Potential of Entrepreneurs in the 21th Century Economy, G20 Young Entrepreneur Summit, 2011（10）.

82. Menzies, T. V. , An Exploratory Study of University Entrepreneurship Centers in Canada: A First Step in Model Building, *Journal of Small Business & Entrepreneurship*, 2000（15）.

83. Morris, N. M. , Kuratko, D. F. , Pryor, C. G. , Building Blocks for

the Development of University – wide entrepreneurship, *Entrepreneurship Research Journal*, 2014 (4).

84. Morris, N. M., Kuratko, D. F., Cornwall, J. R., *Entrepreneurship Programs and the Modern University*, Northampton, MA: Edward Elgar, 2013.

85. Murphy, P. J., Liao, J., Welsch, H., A Conceptual History of Entrepreneurial Thought, *Journal of Management History*, 2005 (12).

86. O'Shea, R., etc., Entrepreneurial Orientation, Technology Transfer and Spin – off Performance of U. S. Universities, Research Policy, 2005 (34).

87. Parthasarathy, M., etc., The University of Colorado Certificate Program in Bioinnovation and Entrepreneurship: An interdisciplinary, cross – campus model, *Journal of Commercial Biotechnology*, 2012, 18: 70 – 78.

88. Parthasarathy, M., etc., The University of Colorado Certificate Program in Bioinnovation and Entrepreneurship: An update and current status, *Journal of Commercial Biotechnology*, 2015, 21 (2): 69 – 75.

89. Pati, Niranjan, Focusing on University – wide Entrepreneurship and Using Incubators as Proving Grounds for Multidisciplinary Collaborations, Decision Line, 2013, October: 7 – 12.

90. Pfeifer, S., Borozan, D., Fitting Kolb's Learning Style Theory to Entrepreneurshiplearning Aims and Contents, *International Journal of Business Research*, 2011 (11).

91. Reeves, P., etc., Assessment of a New University – wide Entrepreneurship and Innovation Minor: ASEE Annual Conference & Exposition 2014: proceedings of the American Society for Engineering Education, Indianapolis, June 15 – 18, 2014, Washington DC: ASEE, 2014.

92. Regele, M. D., Neck, H. M., The Entrepreneurship Education Sub – ecosystem in the United States: Opportunities to Increase Entrepreneurial Activity, *Journal of Business and Entrepreneurship*, 2012 (Winter).

93. Roberts, Joseph, Infusing Entrepreneurship within Non – business disci-

plines: preparing artists and others for self – employment and entrepreneurship, *A Journal of Entrepreneurship in the Arts*, 2015, 1 (2): 53 – 63.

94. Rory, A. C., Colpaul, F., Drach, R., *Warrior Transition Leader Medical Rehabilitation Handbook*, Washington DC: U. S. Government Printing Office, 2011.

95. Sá, C. M., Kretz, A. J., *The Entrepreneurship Movement and The University*, Palgrave Macmillan, 2015.

96. Shaheen, G. E., "Inclusive Entrepreneurship": A Process for Improving Self – Employment for People with Disabilities, *Journal Policy Practice*, 2016 (15) .

97. Shane, S., Venkataraman, S., The Promise of Entrepreneurship as a Field of Research, *Academy of Management Review*, 2000 (25) .

98. Shaver, Kelly G., Reflections On A New Academic Path: Entrepreneurship in the Arts and Sciences, Peer Review, 2005, spring: 21 –23.

99. Shinnar, R. S., Toney, B., Entrepreneurship Education: Attitudes Across Campus, *The Journal of Education for Business*, 2009 (1) .

100. Solomon, G. An Examination of Entrepreneurship education in the United States, *Journal of Small Business and Enterprise Development*, 2007 (2) .

101. Streeter, D. H., etc., University – wide Trends in Entrepreneurship Education and the Rankings: A Dilemma, *Journal of Entrepreneurship Education*, 2011, 14: 75 –92.

102. Streeter, D. H., Jaquette, J. P., University – Wide Entrepreneurship Education: Alternative Models and Current Trends, Southern Rural Sociology, 2004 (2) .

103. The Facts about the New Badger Partnership. (2016 – 11 – 10) . htps: //socialistworker. org/2011/04/20/new – badger – partnership.

104. The George Washington University Center for Entrepreneurship Excellence. The National Survey of Entrepreneurship Education: An Overview of 2012 – 2014 Survey Data. (2016 – 11 – 08) . http: //www.

nationalsurvey. org/files/2014KauffmanReport – Clean. pdf.

105. Thorp, H., Goldstein, B., *Engines of Innovation*: *The Entrepreneurial University in the Twenty – first Century*, Chapel Hill: The University of North Carolina Press, 2010.

106. Torrance, W. E., Entrepreneurial Campuses: Action, Impact, and Lessons Learned from Kauffman Campus Initiative, *Ewing Marion Kauffman Foundation*, 2013 (8).

107. Wasley, Paula., Entrepreneurship 101: Not Just for Business School Anymore, *The Chronicle of Higher Education*, 2008 – 06 – 20.

108. Weaver, Mark, etc., Promoting Entrepreneurship Across the University: The Experiences of Three Diverse Academic Institutions, *Journal of Small Business and Entrepreneurship*, 2010, 23: 797 – 806.

109. Welsh, D., etc., Responding to the Needs and Challenges of Arts Entrepreneurs: An Exploratory Study of Arts Entrepreneurship in North Carolina Higher Education, *A Journal of Entrepreneurship in the Arts*, 2014, 3 (2): 21 – 37.

110. Welsh, D., Tullar, W., A Model of Cross Campus Entrepreneurship and Assessment, *Entrepreneurship Research Journal*, 2014, 4 (1): 95 – 115.

111. Welsh, Dianne, *Creative Cross – Disciplinary Entrepreneurship*: *A Practical Guide for a Campus – Wide Program*, New York: Palgrave MacMillan, 2014.

112. Wessel, S., Godshalk, V. M., Why Teach Social Entrepreneurship: Enhance Learning and University – community Relations Through Service – learning Outreach, *Journal of Higher Education Outreach and Engagement*, 2004 (9).

113. West, G. P., Gatewood, E. J., Shaver, K. G., *Handbook of University – wide Entrepreneurship Education*, Northampton, MA: Edward Elgar, 2009.

114. Wisconsin School of Business – news and Events. (2016 – 11 – 05). http: //bus. wisc. edu/centers/insite/news – events.

115. Wisconsin Tech Search. （2016 – 11 – 09）. https：//wts. wisc. edu/.

116. WiSys Technology Foundation. （2016 – 11 – 09）. https：//www. wisys. org/.

117. Wright，M. ，Academic Entrepreneurship，Technology Transfer and Society：Where Next?，*Journal of Technology Transfer*，2014（3）：322 – 334.

118. Yin，R. K. ，*Case Study Research：Design and Methods*（3rd ed），Thousand Oaks：Sage Publications，1994.

致　　谢

　　1982 年，两位美国管理学家汤姆·彼得斯（Tom Peters）和罗伯特·沃特曼（Robert Waterman）出版了一本轰动一时的书：《寻找卓越》。为了揭开管理艺术的秘密，作者深入数百家企业，掌握了大量的第一手资料。他们精挑细选，找出了 43 家"卓越"的企业，并试图找出这些企业的成功秘诀。他们谈到，卓越企业的共性是遵循了八项原则：崇尚行动、贴近顾客、自主创新、以人助产、价值驱动、不离本行、精兵简政、宽严并济。《寻找卓越》自此成为美国第一本销量超过百万册的商业管理书籍。三年之内，它卖出了 600 万册。汤姆·彼得斯也从一名麦肯锡普通员工一跃成为如雷贯耳的管理学大师。

　　两年之后，《商业周刊》进一步跟踪了《寻找卓越》一书中的 43 家"卓越企业"，结果发现其中有 14 家已经遇到了严重的财务问题。是因为《寻找卓越》一书的胡乱编造还是因为这些企业的运气太背了？实则不然，任何研究或关注创业企业的研究者都非常清楚，对于新创企业而言，"失败是常态，成功只是特例"。也就是说，本书分析得出的美国高校在促进全校性创业教育发展的可持续经验，以及基于美国高校全校性创业教育现状分析所得出来的政策建议并不是我国高校在构建面向全体学生创业体系的灵丹妙药。

　　言至此，该谈谈些许感触了。

　　虽然我生命的得失不能用短短三年攻博光阴来衡量，但它的质量和宽度必然带有读博期间的种种印记，这些印记刻满了无数个日夜的奋斗与憧憬、失落与重启。它的故事也无法用面前这本拙作归纳和表达得清楚，但是这印记的背后最可追忆和铭记的是我的导师赵中建教授，华东师大和华南师大的国际与比较教育研究所的老师们，我的同学们。同时还有默默奉献和支持的父母等亲人。感谢他们在我求学的某个阶段对我的帮助。

谢谢我的导师赵中建教授，能够成为赵老师的学生是一种缘分，亦是一种福分。赵老师宽厚的人格，敏锐的学术视野，不拘一格又独具匠心的学术剖析能力使我如临宝山，如沐春风，这三年来他对我的帮助是直接和多发的。能够遇到他并从教于他，我真的感到特别幸运。希望赵老师好好保重身体！

感谢我们华东师范大学国际与比较教育研究所的黄志成教授、彭正梅教授、郑太年老师、沈章明老师，教师教育学院的王斌华教授。尤其是黄老师、彭老师和王老师在课堂和学位论文上都给过我直接的指导和帮助，谢谢你们。

感谢华南师范大学国际与比较教育研究所的柯森教授、马早明教授和施雨丹老师，虽然我已经毕业三年，但是攻博期间，你们一直不忘给予我关怀和引导，虽然我们即将成为同事，但是我永远是你们的学生，你们也永远是我的老师。感谢华南师范大学粤港澳大湾区教育发展高等研究院院长、教育部长江学者特聘教授卢晓中老师对我入职华南师大以来提供的指导帮助和关怀；温州医科大学中国创新创业教育研究院院长、教育部长江学者特聘教授黄兆信老师对本书的出版提供了帮助，黄老师是创新创业教育领域的权威专家，也借此机会感谢他对我创新创业教育研究的指导和帮助。

同时也要感谢王志强、杨体荣、王小羊、郑佳、刘磊明、张梦琦、陈彩虹、马青、周蕾、马东影等人，跟你们的交流与友谊给我博士生涯增添了很多智慧和乐趣，谢谢你们。其中，周蕾师妹对论文进行了全文校对，师弟杨体荣为我读博期间分担了不少烦恼，非常感谢你们。

在这里，还要特别感谢我在美国留学期间的 Adam Nelson、Clifton Conrad Carlos Alberto Torres 和马爱民老师以及与我非亲非故却在百忙之中抽空慷慨参与我访谈并加以引导的威斯康星大学麦迪逊分校、伊利诺伊大学香槟分校、加州大学洛杉矶分校、雪城大学等十几所高校的数十位受访者。遗憾的是，由于威斯康星大学麦迪逊分校的受访者们希望我不要在文中体现他们的访谈内容，致使本书在收集一手资料时美中不足，但仍然对他们的帮助深表感谢。

我能顺利毕业离不开父母的支持。他们或许不明白学术上的种种含义，但是他们总是殷切期盼着他们的儿子能够顺顺利利，学有所成。还有我的大哥一直以来都是我生活和学习上的榜样，感谢他总是在我遇到挫折时给予我开导和鼓励。

此外，还要感谢华东师范大学研究生院在 2015 年 10 月给予我"华东师范大学优秀博士学位论文培育行动基金"的资助。

最后，感谢中国社会科学出版社王曦老师对本书出版过程中的细心校对和帮助。

2017 年 6 月 13 日（初稿）

2020 年 4 月 28 日（定稿）

华南师范大学国际与比较教育研究所